Législation, éthique, déontologie

Dans la collection « Les Essentiels en IFSI »

Les Essentiels en IFSI

Législation, éthique, déontologie

UE 1.3

Carène Ponte
Alain de Broca

avec la collaboration de
Hélène Fabrer
Formateur IFSI

ELSEVIER
MASSON

ISBN : 978-2-294-70965-4

Elsevier Masson SAS – 62, rue Camille Desmoulins – 92442 Issy-les-Moulineaux Cedex

Avant-propos de la collection Les Essentiels en IFSI

Les ouvrages de la nouvelle collection Les ESSENTIELS en IFSI ont été conçus et construits conformément au nouveau programme des études menant au Diplôme d'état infirmier défini par l'arrêté du 31 juillet 2009.

L'apprentissage repose sur des **mises en situation de soin au plus près de la réalité professionnelle**. En effet, le nouveau dispositif pédagogique se fonde largement sur ces mises en situation. Il prévoit une progression *en spirale* à partir des connaissances fondamentales et des savoir-faire professionnels acquis (UE 1 à 4, voir ci-dessous), lesquels sont ensuite mobilisés en situation à l'occasion des stages, explorés et interrogés lors des Unités d'intégration (UE 5), puis réutilisés dans d'autres situations de soins, ou remis en perspective dans la suite du cursus.

Les ESSENTIELS en IFSI couvrent, sur près de 20 volumes, toutes **les Unités d'enseignement (UE)** réparties sur les six semestres de formation et sur les 4 domaines constitués par :

- les Sciences humaines, sociales et droit ;
- les Sciences biologiques et médicales ;
- les Sciences et techniques infirmières, fondements et méthodes ;
- et les Sciences et techniques infirmières, interventions.

Ils répondent en outre parfaitement à l'articulation de la formation en **trois paliers d'apprentissage : Comprendre, Agir, Transférer**.

Chaque chapitre est articulé en trois volets.

Le volet COMPRENDRE permet **d'acquérir les savoirs essentiels sous une forme claire et concise**. Il regroupe :

- **les savoirs fondamentaux** couvrant point par point les thèmes prévus au programme des Unités d'enseignement, agrémentés d'exemples concrets ;
- **les savoir-faire et savoir-être professionnels** associés.

Le volet AGIR propose de **mobiliser ces savoirs et savoir-faire pour agir et prendre en charge en situation.** L'analyse des situations proposées, le questionnement suscité et la guidance dans le cheminement permettent l'émergence et le développement des **compétences infirmières**.

Ces situations professionnelles sont déroulées en quatre étapes, clairement exposées en **quatre tableaux** très didactiques, qui rendent compte de la progression du raisonnement clinique infirmier :

1 L'étudiant recherche les informations utiles pour comprendre et évaluer la situation. Cette première étape consiste ainsi à identifier les éléments significatifs, c'est-à-dire les données, sélectionnées dans l'énoncé, qui sont pertinentes et utiles à la compréhension et à la prise en charge.

2 L'étudiant analyse ces données et procède alors à l'évaluation de ces éléments. Pour y parvenir, il mobilise des savoirs fondamentaux tels que des connaissances en physiopathologie, en législation, en psychologie... Pour cette étape, chacun de ces savoirs est identifié et permet de vérifier ses acquis et d'apprécier la **mise en lien de ces savoirs et savoir-faire, essentielle au métier infirmier**.

3 L'étudiant met en œuvre les actions appropriées, mobilisant des savoir-faire professionnels tels que l'approche relationnelle ou les techniques de soins. Pour cette étape, chacun de ces savoir-faire est également identifié.

4 L'étudiant ayant réalisé les actions nécessaires, analyse les résultats obtenus, pour adapter la suite de la prise en charge et assurer une transmission des données. Cette évaluation est également indispensable dans une **démarche d'évaluation de la qualité des soins et des pratiques professionnelles**, désormais impérative.

Le volet S'ENTRAÎNER offre :

- de **tester ses connaissances** au moyen de QCM, questions à réponses ouvertes courtes (QROC) ou de textes à trous et schémas muets ;
- de **transférer ses connaissances à une situation nouvelle**. Cette situation nouvelle permet la transposition des savoirs dans un nouveau contexte. C'est également le moyen de mettre en lien les connaissances acquises dans l'UE avec d'autres savoirs ou de procéder à une recherche complémentaire le cas échéant. Ce volet permet aussi de mettre en application les méthodes de raisonnement clinique et de démarche clinique infirmière.

Les corrigés sont donnés à la suite.

Les ESSENTIELS en IFSI permettront aux étudiants infirmiers de maîtriser l'ensemble des Unités d'enseignement prévues au programme de leur formation et d'acquérir ainsi les ECTS (*European Credit Transfer System)* nécessaires à la qualification du Diplôme d'état infirmier au grade de licence universitaire, et bientôt sa transformation en diplôme de Licence santé....

Katy Le Neurès et Carole Siebert

Table des matières

Organisation judiciaire et responsabilité juridique

Des concepts au service du patient en tant qu'être humain

1 Clarification des concepts philosophiques, éthiques et juridiques

COMPRENDRE

Face à la personne souffrante tout soignant va réagir avec sa propre culture, sa propre façon de comprendre le monde et avec sa manière de se représenter le bon, le bien et le juste, ce qu'on appelle représentations mentales agissantes. Cela est normal puisque cela fait partie de la construction mentale, psychique et existentielle de chacun.

Mais le soignant doit accueillir l'autre dans ses différences pour que les soins prodigués puissent prendre sens dans sa vie. Ces représentations mentales vont influer sur le comportement de chacun. C'est pourquoi cette partie ouvre sur les nombreuses façons de concevoir les principes qui construisent la vie de tout homme afin que les uns et les autres se comprennent et s'engagent de façon convergente lors d'un soin.

Chaque geste (praxie adaptée réalisée de façon inconsciente ou réflexe) et chaque agir (action d'un geste réfléchi conscient) à la base de tous les soins vont mettre en jeu une relation entre deux êtres.

À chaque relation, l'enjeu entre les deux personnes est de taille, puisque l'une et l'autre peuvent soit se sentir plus humanisées et respectées en tant qu'humain après cette relation, entraînant l'augmentation de la confiance résultante entre les deux personnes[1], soit l'une ou l'autre ou les deux vont se sentir instrumentalisées par l'autre, c'est-à-dire utilisées comme un moyen bafouant l'humanité de celui qui se sent malmené.

Si la réflexion philosophique semble éloignée du quotidien du soignant, elle est au contraire tellement au cœur de celui-ci qu'on pourrait ne pas s'en apercevoir. Le soignant fait de la philosophie sans le savoir au quotidien. Pour un soignant, les idées et les concepts en philosophie sont comme une grammaire que l'enfant utilise quand il apprend à parler et dont il découvrira la richesse seulement quand il apprendra bien plus tard les règles qu'il énonce sans le savoir.

1 de Broca A., *Comment penser l'Homme*, Éd. de l'Atelier, Paris, 2009.

D'ailleurs cette réflexion éthique est au cœur des valeurs professionnelles infirmières[2]. Un document de référence en cite trois[3] : « le respect de la dignité et de la liberté de l'être humain qui doit se traduire dans son projet de vie, la compétence professionnelle avec la validation d'un diplôme d'État et la responsabilité professionnelle qui ouvre sur son engagement pour l'humain en souffrance ». L'étude des textes concernant la profession d'infirmière[4] identifie aussi six valeurs : « la dignité de la personne, la liberté, l'égalité devant les soins, la fraternité, la probité et la responsabilité ».

Tout cela renvoie aux traités des premiers soignants tels le serment d'Hippocrate qui insistait déjà sur le respect dû à la personne humaine avec son fameux « *primum non nocere* » : d'abord ne pas nuire (non-malfaisance), le refus de profiter de la faiblesse d'autrui (dignité) et l'obligation de traiter également les personnes quelle que soit leur origine (principe de justice).

Nous allons donner en quelques pages un certain nombre de significations des concepts utilisés au quotidien car les principes que chacun décline n'ont pas les mêmes significations ou représentations pour tous, alors même que tous les utilisent et s'y réfèrent. Mieux en saisir toute la richesse amène le soignant à respecter toujours plus la personne soignée pour devenir ainsi plus responsable de sa pratique et de la relation qu'il institue avec elle.

Le soignant, par sa démarche intellectuelle, en voulant saisir la signification des questions de la personne soignée, comprendra au mieux ces interpellations conscientes ou inconscientes, directes ou indirectes.

➡ Voici deux exemples très brefs. La phrase « mourir dans la dignité » ne veut pas dire la même chose selon qu'elle est dite par une personne qui pense qu'il n'y a plus de dignité si elle présente une grande défaillance du corps ou si elle est dite par une personne qui se sait en unité de soins palliatifs. Le mot d'autonomie est si polysémique que des phrases comme « je suis autonome », « laissez-moi vivre ma vie ! » ne peuvent pas être interprétées immédiatement sans avoir pu discuter avec la personne qui la dit pour comprendre réellement ce qu'elle veut dire.

Voilà donc l'importance d'aller au-delà des mots, d'aller au-delà du signifié (ce qui est dit) pour comprendre le signifiant (ce que cela veut dire).

Le soignant porte une grande responsabilité dans son aide à la personne soignée pour qu'elle vive au mieux les difficultés voire le drame de la maladie.

Car si les techniques du soin permettent désormais au malade de ne plus trop ressentir la douleur physique, elles ne permettent pas de répondre à la question existentielle qu'il ne manquera pas de se poser : « pourquoi cette maladie me frappe-t-elle ? » Le soignant a pour mission d'entrer dans une démarche éthique, c'est-à-dire d'ouvrir un sas où les mots des uns et des autres peuvent être saisis puis compris. Les techniques d'écoute sont au premier plan pour mieux entrer dans la relation avec la personne blessée, vulnérable. Les techniques de reformulation et le désir de ne jamais plaquer sur autrui ses propres définitions sont au cœur de cette éthique de la communication que doit posséder tout soignant.

2 Création de l'ordre infirmier, 21 décembre 2006, au *Journal Officiel*.

3 *Soins infirmiers : Normes de qualité, Guide du service infirmier*, DHOS, 2e édition, septembre 2001.

4 Articles R.4312-1 et suivants du Code de la santé publique relative à l'exercice de la profession infirmière.

La pluralité des significations abordées permettra à chaque lecteur de vouloir continuer à mieux en saisir toutes les variantes. Si quelques auteurs sont cités ici, on ne peut prétendre à une quelconque exhaustivité et nous invitons bien entendu tout lecteur à prolonger à partir de la bibliographie[5]. Par ailleurs, certains concepts ont une perspective spécifique en matière juridique, ce pourquoi elles seront reprises en partie dans les autres chapitres juridiques qui suivent.

Nous abordons tout d'abord ce qui permet de comprendre le respect que chaque humain peut attendre de ses congénères, à partir des principes philosophiques successifs, avant de présenter les notions plus globales c'est-à-dire plus sociétales (notions d'éthique et d'Éthique, de morale et de Morale, les courants philosophiques actuels). Ceci est bien sûr un peu arbitraire car tout s'enchevêtre. Les situations cliniques donneront les liens entre tous ces aspects.

LES PRINCIPES PHILOSOPHIQUES CONSTITUTIFS DE LA PERSONNE HUMAINE

L'Homme ?

Avant de partir sur les principes philosophiques en tant que tel, il est nécessaire de se poser une question : qu'est-ce que l'homme dans la société actuelle ? Cette question[6] est la question philosophique par excellence mais est aussi la question que se pose tout soignant.

« L'homme malade couvert d'escarres ou en pleine démence est-il encore un homme ? » se demande parfois le soignant, et bien souvent la société.

Voici quelques perspectives qui vont aider à comprendre les ambiguïtés qui peuvent naître à propos de la façon de soigner l'homme défaillant selon les considérations philosophiques en lesquelles les uns et les autres croient.

Qui a créé l'homme ?

Que l'on soit croyant ou athée, l'homme doit admettre qu'il a reçu la vie. Il a été créé mais qui a engendré l'homme ? là est la question. Ainsi, vis-à-vis de qui l'homme doit-il avoir du respect ? L'homme est-il une créature faite à l'image d'un dieu (tel que dans le livre de la Genèse et ensuite toute la perspective des différentes religions – hébraïque, chrétienne, musulmane) ou est-il un simple agrégat d'atomes (déjà décrit ainsi par Démocrite ou Épicure) ?

Si l'homme est une créature divine, il doit à Dieu le respect le plus grand et il ne peut donc pas, par exemple, attenter à sa vie, puisque sa vie ne lui appartient pas. Les croyants, dans leur diversité, peuvent vivre leur relation à Dieu sur des modes opposés et contradictoires. Certains croyants pensent que Dieu les a certes créés mais les a aussi rendus libres de prendre leur vie en main jusqu'à pouvoir Lui dire non, alors que d'autres pensent que l'homme est totalement

5 Folscheid D., Le Feuillet-Le Mintier B., Mattéi J.-F., *Philosophie, éthique et droit de la médecine*, Paris, PUF, Thémis/philosophie, 1997.
Gruat F. *in Les concepts en sciences infirmières*, sous la direction de Monique Formarier et Ljijana Jovic, ARSI, Éditions Mallet Conseil, 2009
Hirsch et coll., *Éthique, médecine et société*, coll. Espace Éthique, Vuibert, Paris, 2007.
Thiaw-Po-une L. et coll., *Questions d'éthique contemporaine*, Les essais, Stock, Paris, 2006.
Durand G., *Introduction à la bioéthique,* Cerf-Fides, Paris, 1999.
Rameix S., *Fondements philosophiques à l'éthique médicale*, Ellipses, Paris, 2009.
6 N.B : Dans ce paragraphe, l'homme est l'humain en général et n'a pas de connotation sexuée.

déterminé par leur dieu et que la seule attitude est de se fondre dans ce qu'Il demande, dans une dynamique de fatalisme proclamée par ces croyants. Leur réaction face à leur maladie sera donc bien différente selon chaque personne.

Pour d'autres se disant athées, (tel J.-P. Sartre[7]) l'homme doit trouver en lui sa propre perspective et il est de sa responsabilité de donner du sens à sa vie. La maladie pour Sartre est certes un tourment, mais « le malade a tout autant qu'un bien portant un éventail de possibles. À lui d'assumer sa condition de malade pour la dépasser[8] ».

Si l'homme ne croit pas en un créateur divin, il ne doit pas oublier cependant qu'il est issu d'une union entre deux parents et cela l'oblige au respect vis-à-vis de ses deux parents mais aussi de la vie qui doit être pensée comme un don qu'il faut assumer.

Sartre disait que « l'homme était condamné parce qu'il ne s'est pas créé lui-même, et par ailleurs libre, parce qu'une fois jeté dans le monde, il est responsable de tout ce qu'il fait ». La responsabilité lui incombe de faire de sa vie ce qu'il veut en faire, que celui-ci soit en bonne santé ou malade.

Voici donc deux grandes visions de l'homme qui amènent à se demander si l'homme est « une essence avant d'avoir une existence » comme pour ceux qui sont croyants ou si l'homme a « une existence avant d'avoir une essence » comme Sartre le soutenait.

Pour le croyant, puisque l'essence précède l'existence, l'homme est digne en soi quelle que soit son existence, c'est-à-dire quelle que soit la vie qu'il a, la maladie qu'il présente.

Le soignant qui partage avec J.-P. Sartre le fait de penser que l'existence précède l'essence (« l'homme n'est rien d'autre que ce qu'il se fait »), va être amené à se demander si l'homme qui est dans le coma ou qui est dément est encore digne d'être désigné homme puisque ce dernier ne peut pas être responsable de sa vie et qu'il ne peut plus la réaliser.

Il est facile de comprendre que les concepts de liberté, de responsabilité et de dignité sont questionnés à partir de ces premières perspectives.

Mais ne peut-on pas, au-delà de ces aspects, se dire au moins que cette vie donnée est sacrée en tout lieu et en tout temps et que cela peut être partagé par tous ?

L'homme est corps, psyché et âme ?

Si l'homme est le plus souvent considéré comme soma (un corps) et psyché (psychique), il est aussi un être spirituel.

Mais l'âme est-elle tombée en l'homme (exemple : chez Platon ou dans le bouddhisme) ? Le corps et l'âme sont-ils interpénétrés ? Ou seul le corps fait-il mon existence ? Dans le premier cas, l'important est la vie au-delà, le corps n'ayant pas ou peu d'importance. Dans le deuxième cas, le corps est une façon de se dire au monde et le corps ne doit pas être malmené ni être asservi. Dans le troisième, le corps est au centre de toutes les préoccupations et la médecine doit tout faire pour que le corps soit toujours optimal. On voit encore ici combien la façon dont la personne soignée revendiquant telle ou telle philosophie influencera son comportement.

Toutes ces réflexions amènent certains à ne voir l'homme qu'en termes biologiques, comme un simple agrégat de fonctions, de cellules et d'organes. D'autres ont une vision holistique (*holos*

7 Sartre J.-P., *L'existentialisme est un humanisme*, Folio essai, Gallimard, Paris, 1996, 284.
8 Sartre J.-P., *Cahiers pour une morale*, Bibliothèque de Philosophie, Gallimard, Paris, 2000.

(grec) : totalité) qui associe aux dimensions physique et biologique, les dimensions intellectuelle, affective, psychologique, sociale, culturelle, spirituelle et religieuse.

L'homme est-il déterminé ?

Pour certains, l'homme est déterminé par Dieu. Pour les personnes ayant foi en Dieu, l'homme est libre de ses jugements mais doit aussi tenter de se conformer à ce que Dieu dit. Cette position l'amène à accepter des situations difficiles en s'y soumettant afin d'obtenir un salut dans l'au-delà. Cela peut donner à autrui le sentiment que ces patients sont fatalistes dans leur acceptation alors que pour ceux-ci, cette acceptation est signe de leur reconnaissance en tant que fidèles de Dieu. Aux yeux du soignant qui n'adhère pas à leur foi, leur comportement paraît parfois incompréhensible. Il est bon de demander de l'aide aux référents de la religion en question (aumôniers des hôpitaux par exemple) pour savoir ce qui dans leur attitude se réfère à un pilier même de la foi exprimée ou à des simples croyances personnelles. Si toutes les perspectives du patient sont à respecter, il reste qu'elles peuvent être discutées sur la référence faite à ces piliers de leur foi. À noter que certains religieux se servent de la peur de la mort engendrée par la maladie grave pour que certains malades suivent tels ou tels comportements.

Certains critiques antireligieux soulignent que si Dieu existe, l'homme est de fait manipulé par lui et qu'il ne peut donc pas se considérer libre. E. Kant, sans remettre en cause l'existence de Dieu, soulignait que si l'homme est à son image, il avait alors la capacité morale de trouver en sa raison des lois de vie universalisables et qu'en cela il devait user de cette liberté. C'est dire si le débat ne peut être clos et que le soignant doit se former sur ces différentes religions et spiritualités.

Pour certains modernes, l'homme est déterminé par ses gènes. Depuis les années 1960, la génétique envahit le champ de la pratique du soin. Il n'y a pas une maladie pour laquelle on ne cherche pas une relation avec un défaut génétique. Un certain nombre de maladies chromosomiques et génétiques sont d'ailleurs particulièrement marquantes pour dire que l'homme est sûrement en partie déterminé par son génome. La trisomie du chromosome 13 amène bien une déficience mentale grave avec un certain nombre de signes connus, la mucoviscidose aussi, etc. La vie ne peut se résoudre cependant à ces éléments génétiques car pour une même anomalie, la gravité des signes cliniques peut être très différente. En outre, certaines anomalies génétiques ne se traduisent pas par des maladies cliniques. *L'épigénèse* rappelle que bon nombre de gènes sont exprimés ou exprimables grâce à l'aide conjointe de nombreux gènes dits accessoires, inconnus à ce jour et dont l'importance est grande. Si la carte du génome humain permettra de mieux saisir l'humain, elle ne résumera sûrement pas l'homme et le soignant doit se garder de ne pas assimiler le patient à un pseudo futur consigné dans cette carte génétique.

Pour certains l'homme est déterminé par son inconscient. Depuis le début du XXe siècle, de nombreux psychanalystes ont permis de montrer que l'homme ne pouvait pas se comprendre s'il ne savait pas pactiser avec ses processus inconscients. Pour ceux-ci, si l'homme acquiert sa liberté, il ne peut le faire qu'en passant par de nombreuses étapes et avec beaucoup de conflits. S. Freud explique, par exemple, que l'enfant ne peut dire « moi », qu'en assumant son « surmoi », c'est-à-dire la morale de sa communauté et en assumant son « Ça », qui représente ses pulsions. L'homme doit aussi refouler dans une partie dite inconsciente ses désirs non satisfaits ou ses pensées culpabilisatrices afin de se sentir être dans le monde. Qui peut oser se dire vraiment responsable de soi si l'inconscient est aussi important ? Lacan soulignait d'ailleurs que même la parole était fausse avant même d'être prononcée. Que peut dire l'homme de sa responsabilité s'il est si facile d'être en porte-à-faux par rapport à ce qu'on croit être ou croit vouloir dire à chaque fois qu'il parle ? Dans un autre registre, d'autres psychanalystes (Winnicott, Bion, Anna Freud) nous ont appris combien l'homme, l'enfant en particulier, avaient de nombreuses capacités de résistance face au malheur, face aux sévices ou aux mauvais traitements. Ils ont montré que l'homme pouvait trouver en lui des forces insoupçonnées de lutte face à ces adversités, ce qui a été appelé résilience[9] un peu plus tard.

L'homme est-il un mammifère singulier ?

Une autre question sur l'homme renvoie à sa *nature*. Est-il autre chose qu'un simple mammifère ? L'homme est-il spécifique sur Terre ? L'homme doit-il se « *rendre maître et possesseur de la nature* » comme le dit Descartes[10] et si oui, comment et à quel prix ? Reprenant la mythologie grecque, on retrouve l'idée que l'homme n'est ni simple animal ni vraiment dieu. Son état intermédiaire lui confère une double facette. Il est en même temps très faible, très vulnérable puisqu'il n'a pas les mêmes capacités instinctuelles que les animaux mais il est aussi capable de découvrir et de créer, afin de se défendre et de survivre, comme le rappelle le mythe de Prométhée[11]. L'humain avait reçu de Prométhée le feu et l'intelligence, et de ce fait la *tékhnè*, c'est-à-dire la capacité à transformer la nature en outil pour son bien-être. L'homme est donc un être particulier doué de raison, ce qui le différencierait de l'animal. Pourtant, la génétique actuelle souligne quant à elle que moins de 1 % de gènes sépare l'homme des mammifères les plus proches. Et parmi les gènes de l'homme, seuls 3 % ont une expressivité manifeste. En quoi la nature de l'homme est-elle si différente si sa nature biologique semble si proche de certains mammifères, se demandent nombre de nos contemporains. Certains concepts d'écologie et de remise en cause de l'humanisme compris comme anthropocentrisme (c'est-à-dire que toute la nature est au service de l'homme, qui est au centre de tout) viennent du sentiment que l'homme est trop peu différent de l'animal pour se sentir supérieur à lui. Au point que certains philosophes (P. Singer[12]) ont pu écrire que certains humains qui n'avaient pas ou plus toute leur raison (des enfants aux personnes démentes ou psychiatriques) ne valaient pas plus voire valaient moins que des animaux qui eux avaient au moins leur capacité de penser et n'étaient pas autant dépendants. Les mêmes personnes soutiennent alors que les soins aux animaux devaient être autant voire plus importants que ceux octroyés aux humains.

L'homme est-il un être en développement ?

Cela semble évident, mais de quel développement s'agit-il ? Le développement est-il une simple péripétie biologique ou est-il une contrainte comme la vieillesse semble l'être ? Comporte-t-il une

9 Hanus M., *Comment surmonter son deuil*, Éd. J. Lyon, Paris, 2006, p. 57-65.
La résilience est définie comme la capacité à survivre après l'impact d'un drame ou d'une souffrance psychique physique. Elle permet de retrouver une situation sociale suffisamment bonne aux yeux des autres et de soi pour continuer de vivre au mieux. Ce n'est pas un vrai retour à une position normale puisque le drame a bien eu un impact sur la vie et qu'on ne peut effacer en l'homme ces moments de son histoire. Mais soit on les refoule et cela est un déni potentiel, soit l'homme les reconnait et vit avec. La résilience est une des formes de vie avec, l'autre forme de vie plus constructive et vitalisante est la cicatrisation après le pardon à celui qui a fait le mal.

10 Descartes, *Discours de la méthode*, chap. VI.

11 Commelin P., *Mythologie grecque et romaine*, Pocket, 4191.

12 Singer P., *La libération animale*, Grasset, Paris, 1993.

finalité et laquelle, si c'est finalement pour mourir ? Est-il une période pour aboutir à un état de maturité optimale, sachant qu'il est facile de voir combien les autres vous traitent de personnes dépassées après avoir atteint cette phase ? Mais qui peut dire à quel âge serait atteinte cette phase de maturité optimale quand chacun repousse le sentiment de vieillesse à plus tard ?

Une personne de 85 ans en rentrant dans une institution s'étonnait auprès de la personne d'accueil de ce que les pensionnaires présents étaient bien vieux !

L'homme doit accepter le fait d'être en développement permanent avec des passages d'étapes successives et où chaque étape est une maturation pour elle-même. En chacune d'elle, l'homme est capable de mettre en valeur de nouvelles potentialités. Toutes les étapes du développement de l'homme doivent être alors considérées comme aussi belles les unes que les autres[13]. L'homme se développe étape après étape depuis sa conception jusqu'à sa mort, que ce soit biologiquement ou psychiquement, voire spirituellement. Si aucune étape n'est plus importante que l'autre, la personne malade ou âgée aimerait assurément connaître le moins de troubles possibles (visuel, auditif) et avec le plus de forces afin de ne pas se considérer comme amoindrie et ne pas dépendre d'autrui.

Si le soignant a pour mission d'aider à diminuer autant que possible les désagréments de ces troubles ou de ces maladies, il a aussi pour rôle de signifier à la personne soignée combien il est source d'échanges et de réciprocité.

Notons que les principes de dignité et d'autonomie sont basés sur cette perspective contradictoire. Soit le soignant considère que l'homme n'est digne d'être appelé homme qu'après être arrivé à l'étape dite de maturité et l'homme n'est pas vraiment homme avant cette période (tel le fœtus ou l'enfant…) ni après (personne âgée démente par exemple). Soit le soignant considère que l'homme est en perpétuel développement et le patient a alors une valeur à toute étape de sa vie, du début de sa conception à la fin de sa vie (même malade) puisqu'aucune étape n'est jamais meilleure que l'autre.

Autres spécificités de l'homme ?

L'homme est certes pensant, mais l'animal aussi. Il est affectueux mais l'animal aussi. Si l'homme vit en société, la plupart des animaux aussi. Si certains éthologues rapportent que les animaux les plus proches de l'espèce humaine ont aussi des phases d'empathie vis-à-vis de leurs congénères, l'homme se particularise par sa capacité à penser la mort, par la façon dont il accorde de l'importance à celui qui n'est plus (culte des ancêtres par exemple), et par la façon dont il construit et utilise la technique en vue d'adapter son environnement.

Il est aussi celui qui a élaboré une culture qui soutient la communauté dans laquelle il vit. La culture vient renforcer la capacité de l'homme de s'inscrire dans la temporalité, c'est-à-dire de se considérer dans une perspective généalogique où les anciens (ancêtres) sont honorés autant que les descendants. Toutes ces caractéristiques semblent être spécifiques à l'homme. Vivre sa

13 de Broca A., *Développement neuropsychosensoriel de l'enfant*, Elsevier-Masson, Paris, 4e éd., 2009.
Comment penser l'Homme, *op. cit.*

spécificité amène l'homme à se sentir responsable de lui-même certes, mais aussi des autres humains et bien entendu de la nature autour de lui. Cette responsabilité pour soi et pour autrui n'est pas facile à assumer. De nombreuses personnes préfèrent alors vivre dans une temporalité où le *chronos* (le temps physique calculé par le physicien) a évacué tout *kairos* (l'imprévu à vivre dans le temps) et tout *présent-vécu* (Bergson[14]). Ils préfèrent vivre dans le « zapping », dans l'instantanéité, dans la succession de moments de passions déconnectés les uns les autres comme dans une fuite hors du temps.

Humanisme et humanité

Les propos ci-dessus amènent à poser la question de l'homme et son ressenti par rapport à ses congénères. L'humanité n'est-elle qu'une simple forme de vie parmi tant d'autres ou est-elle spécifique et particulière dans le monde où elle est ? Cette question débouche sur des significations bien différentes voire opposées de ce qu'on appelle *l'humanisme.*

L'humanisme compris comme anthropocentriste

Partant du fait que l'homme doit devenir « maître et possesseur de la nature » notamment depuis Descartes, l'humanisme a été considéré pour certains comme l'affirmation de l'homme en tant qu'être suprême, en tant que centre de référence exclusif à partir duquel toutes règles et toutes actions doivent être déterminées. L'humanisme part ici de la conception de l'homme comme sujet, ce *sub-jectum* en latin, ce sous-jacent, celui sur qui tout repose et de qui tout dépend.

Si l'on poursuit dans cette perspective, l'homme peut se croire permis d'asservir tout ce qui l'entoure (et donc la nature), quitte à asservir autrui ou soi-même comme une source d'objectivation si c'est « pour son bien à venir ». L'homme devient son propre créateur et postule que la science a tous les droits et la raison est toute-puissante.

Il est facile dans la société actuelle de devenir anthropocentriste, quand on dit que toute chose est au service de l'accomplissement de l'homme. La nature ne peut avoir d'autre intérêt que de servir l'homme. Et, si l'on dérive, l'homme peut devenir très vite un matériau au profit d'autrui.

En fait, il est facile de voir comment du souci de mettre l'homme au centre de la préoccupation de la vie, comme le prônait Descartes, certains en viennent à instrumentaliser ou à utiliser tout ce qui ne fait pas partie de leur idée d'humanité (ceux qui ne sont plus ou pas vraiment homme à leurs yeux et la nature) pour leur profit.

Contre cette idée, Lévi-Strauss[15] renvoie au fait que l'homme existe bien dans la nature et dans une structure biologique et culturelle précise mais qu'il ne peut prendre une décision qu'en interaction avec la structure dans laquelle il vit (naissance du structuralisme). En cela, il réfute l'idée du sujet et donc d'humanisme au sens anthropocentrique.

La notion d'humanisme comprise par d'autres philosophes au contraire comme le symbole de responsabilité envers autrui et envers la nature

Rousseau, en voulant présenter l'homme comme celui qui est en rapport avec les autres, ouvre sur un autre humanisme. Il s'ensuit que l'homme par la capacité à dire « *Je* » révèle une aptitude

14 Bergson H., *La pensée et le mouvant*, PUF, Quadrige, Paris, 78, 1998.

15 Lévi-Strauss C., *L'homme nu*, Plon, Paris, 1971.

à sortir d'un cercle répétitif de la vie instinctive, et donc du cercle répétitif de la consommation pour déboucher sur la culture[16]. L'humanisme pour E. Levinas[17] n'est pas de dire que l'homme est seulement sujet parce qu'acteur comme le disait J.-P. Sartre[18] mais parce qu'il est présence au monde. Ainsi dans son rapport à l'autre, l'homme ne peut se soustraire à sa responsabilité envers autrui, dès que cet autrui est sous son regard. L'humanisme est à notre sens[19]une façon de vivre cette double tension entre la capacité de dire « *Je* », c'est-à-dire se dire autonome, et l'acceptation de l'interdépendance intersubjective sans laquelle l'homme ne peut pas se dire (*cf.* la konomie, ci-dessous).

Quels exemples citer de ces deux positions en pratique de soin ?

Première position. Si on considère l'homme comme au-dessus de tout, celui-ci se croit tout puissant et créateur. Il aura tendance à instrumentaliser tout ce qui l'entoure pour son profit direct. Cela peut se produire dès qu'on ne demande pas l'avis à la personne soignée pour son soin, pour sa toilette. C'est la position adoptée quand on soumet une personne à un soin ou à une recherche sans qu'elle puisse donner un consentement éclairé.

Seconde position. Toutes les lois sur les droits du patient épousent cette dynamique (voir chapitre 3).

La personne

Du point de vue juridique et donc social, les représentations du mot « personne » sont très anciennes mais jamais univoques, soulignant sans doute que l'homme a du mal à intégrer sa propre place dans l'univers.

La personne humaine au sens juridique a été mise en exergue dès le temps des Grecs. La *persona* était le masque sous lequel s'avançait l'acteur qui devenait le personnage de la tragédie[20]. Il prêtait sa voix et son corps pour rendre vivant une image, une idée, un individu. Peu à peu, la personne est devenue celle qui était reconnue à son masque facial, c'est-à-dire à son visage. Ainsi identifié par son visage, chaque homme devient un personnage qui va tenir son rôle propre au sein de la société derrière son propre masque, sa propre forme (en latin : *forma* : figure).

Depuis, la notion de personne au sens juridique a permis de différencier la personne et la chose, désignant la personne comme sujet de droit quand la chose ne serait qu'instrument. La personne peut être désignée comme personnalité propre ou morale, sauf si elle est déchue de ses droits de façon variable selon les lieux et le temps du fait de déficits ou de handicaps et en cas de faute pénalement répréhensible. En France, la notion sociale et juridique d'une personne digne et qu'il faut respecter ne date que du 10 décembre 1948, alors que la déclaration des droits de l'homme en 1789 en avait esquissé les termes[21]. Si tout homme adulte

16 Arendt H., *Considérations morales*, trad. M. Ducassou, Payot-poches, Petite bibliothèque, Paris, 181, 2007.

17 Levinas E., *Humanisme de l'autre homme,* Fata Morgana, Paris, 1972 ; Rééd. Le livre de Poche, 1987.

18 Sartre J.-P., *L'existentialisme est un humanisme, op. cit*., 284. L'existentialisme est un humanisme, c'est-à-dire que l'humanisme est la capacité pour l'homme d'être acteur de sa vie : c'est ce qui en fait sa valeur et donc sa dignité.

19 de Broca A., *Comment penser l'Homme*, *op. cit.*

20 Folscheid D., « La question de la personne » *in* Folscheid D., Feuillet-Le Mintier B., Mattei J.-F., *Philosophie, éthique et droit de la médecine*, PUF, Témis-Philosophie, Paris, 1997, p. 78-84.

21 Préambule de la déclaration des droits de l'homme : http://www.un.org/french/aboutun/dudh.htm (consulté le 15/5/10).

peut revendiquer peu à peu un statut socio-juridique, il faudra attendre 1979 pour parler d'une convention internationale des droits de l'enfant, approuvée seulement par un petit nombre de pays en 1989[22].

L'enfant est-il une personne à part entière, peut-on également se demander ? Il est trop petit, trop immature, trop inconsistant, pas assez rationnel peut-on entendre. Ce texte de promotion des droits de l'enfant souligne désormais (dans les pays qui l'ont ratifié) que l'enfant a des droits en soi, pour lui-même et non pas seulement en référence à un adulte dont il est dépendant. Ce texte adopte une doctrine de protection intégrale, basée sur le fait de considérer l'enfance comme un sujet de droits. Ceci doit permettre aux enfants d'exiger de leurs familles, de la société et de l'État, le respect de leurs droits. Le texte essaie de montrer combien l'enfant a des droits malgré sa vulnérabilité et ses besoins propres notamment pour « croître en autonomie et liberté » ce qui dit implicitement que les enfants n'ont pas encore d'autonomie ni de liberté et que de façon plus brutale, on bafoue l'enfant par le travail forcé, par la prostitution et la pornographie.

À quand les droits du « vieillard », se demandent certains quand tant de situations tragiques sont mises à jour pour ces personnes si vulnérables ? Si générer un système de droit pour chaque période de la vie peut s'avérer indispensable, cela peut paraître aussi dangereux car cela remet en cause l'universalité de l'homme quel que soit son âge. Mais l'humanité a encore de grands progrès à faire puisqu'il a bien été débattu des droits uniquement pour le genre masculin tout en délaissant le genre féminin dans de nombreux pays. L'humain ne semble pas encore pouvoir prétendre à une réelle universalisation juridique du genre humain, ni en âge ni en spécificité. L'homme est sur ce point de vue encore à une étape de son développement (social et juridique) bien archaïque.

Comment penser le sujet de droit, à savoir la personne qui seule pourrait penser sa vie par elle-même et devenir ainsi autonome face à ses choix de vie ?

Faut-il alors revendiquer la notion de personne sous sa seule forme juridique ou sociale, ce qui impose que des instances définissent qui peut ou non être considéré comme sujet de droit, ou faut-il plutôt prôner une notion où tout être humain est en soi une personne malgré son âge, malgré ses handicaps (notion ontologique ; *onto* : être, *logos* : parole – langage sur), et à partir de laquelle pourraient se prendre les décisions politiques et juridiques au fil des progrès de la technique ?

Autrui et altérité

Le soignant est formé pour soigner. Sa mission est de soigner une personne, un être vivant. Qui est cette personne parfois appelée autrui ? Qui est autrui dont l'étymologie renvoie à l'autre, à l'altérité.

Epictète[23] lui-même, maître stoïcien qui prônait pourtant le détachement vis-à-vis de toute chose de ce monde, pouvait écrire « combien si c'était nécessaire, qu'il ne fallait pas refuser de pleurer avec autrui et de compatir à sa douleur par ses discours. »

22 www.uniceflac.org (consulté le 15/5/10).

23 Epictète, *Manuel*, trad. A. Dacier, 1715.

S. Kierkegaard[24], existentialiste chrétien, soulignait qu'autrui est ce prochain et le terme de la vérité absolue qui exprime l'égalité humaine. J.-P. Sartre, existentialiste athée, reprend cette idée un peu autrement : « Il n'est pas un de nos actes qui, en créant l'homme que nous voulons être, ne crée en même temps une image de l'homme tel que nous estimons qu'il doit être. » Autrui est aussi au cœur de la pensée chrétienne, fondement de la philosophie des droits de l'homme.

Qui ne connaît la parabole du bon Samaritain ? Un blessé sur la route. Trois personnes passent sur la route. Le dernier, un samaritain, s'arrête et pourvoit aux soins de ce blessé. « Lequel de ces trois, à ton avis, s'est montré le prochain de l'homme tombé aux mains des brigands » demande Jésus à un légiste (c'est-à-dire à un savant)[25]. La question est intéressante car elle ne demande pas si le blessé est le prochain de ceux qui passent, des soignants éventuels, mais bien parmi les passants celui qui se sent proche, donc le prochain de celui qui est blessé. Cette parabole renvoie le soignant à se demander qui parmi les soignants est ou non le prochain du malade, qui se sent réellement proche, un autrui pour le malade.

Peut-on dire qu'un soignant qui ne serait que technicien peut revendiquer le titre de prochain ?

M. Buber[26] dans son livre *Je et Tu* montre combien il n'y a pas d'identité, de perception de soi sans avoir été accouché par cet autre, ce *Tu* qui lui fait face. E. Levinas reprendra fortement cette perspective en soulignant que la responsabilité de tout homme est engagée dès que son regard s'est posé sur un autre. Et pour montrer que l'autre est au cœur de sa philosophie, il ose dire que rencontrer autrui ce n'est pas savoir comment il est (beau ou pas, grand ou non) « La meilleure manière de rencontrer autrui, c'est de ne même pas remarquer la couleur de ses yeux[27] », mais c'est de se sentir responsable de lui. Cette responsabilité l'engage alors à lui accorder une place en tant qu'humain, en tant que personne même si celui qu'il regarde est difforme voire est un barbare.

Autrui est donc un alter ego, qu'il soit bien portant ou atteint d'une grave maladie ; c'est l'intersubjectivité qui crée la vie. Cet autrui sans qui la vie n'est pas, c'est aussi la vie donnée en termes de naissance. La naissance ne peut advenir que par la fusion de gamètes de deux personnes.

La vie donnée par autrui se construit ensuite dans une dialectique entre un ego et un alter ego. L'autre n'est en effet pas un ego, c'est-à-dire un même, c'est-à-dire soi. Il n'est pas non plus un alter, c'est-à-dire un autre, une autre chose, un autre avatar. C'est bien celui qui est autre que soi et pourtant un peu soi, par la relation qui s'établit entre les deux. Cet autre va alors l'aider à dire *Je*. Ce *Tu* est celui qui le fait accoucher à soi-même. Inversement, le *Tu* va pouvoir accoucher à soi-même par le *Je* qui l'envisage, qui lui renvoie combien il est digne parce qu'il est, tout simplement, son alter ego[28].

Mais comment approcher cet autrui et jusqu'où, pour lui laisser sa place, lui donner de l'air, lui permettre de dire sa propre délibération ? Faut-il parler de bonne distance ou de juste proximité ? Le deuxième terme reprend le mot de « proximité », c'est-à-dire du prochain. Dans le soin,

24 Kierkegaard S., *Un point de vue explicatif de mon œuvre* (1850), trad. Tissot, Éd. de l'orante, 1996.

25 *Bible*, Second Testament, Luc, Parabole du bon samaritain, 10 : 36.

26 Buber M., *Je et Tu*, Aubier, Paris, 1969.

27 Levinas E., *Éthique et Infini*, Poche, Biblio/Essais, Paris, 4018, p. 79.

28 de Broca A., *op. cit.*, p. 160.

la justesse de l'aide à apporter (qui est la prudence : *phronesis* par Aristote) est à travailler, quasiment minute après minute.

Ajuster son aide pour tous mais particulièrement pour le soignant, c'est être à l'écoute permanente du récit de cet autre, c'est accepter de perdre des certitudes et c'est accepter son refus même de l'aide proposée. C'est entrer dans l'intimité de l'autre, sans jamais attenter à sa pudeur, sans jamais la violer. C'est respecter sa dignité d'être.

Comment comprendre qu'un soignant peut oser prendre une personne dans ses bras après l'annonce d'un décès ?

Cette annonce amène celui qui l'apprend à perdre tous ses repères, tous ses contrôles. L'ajustement est de savoir quand prendre la personne éventuellement dans ses bras quelques secondes pour lui dire combien elle existe dans son corps et sa présence au monde, et quand il faut la laisser pour qu'elle ne se sente pas écrasée.

Dignité de l'homme

Dans l'Antiquité, l'idée de dignité est soit liée à une position sociale, soit liée à la religion. Chez les Grecs (Socrate, Aristote), l'idée de dignité était liée à un mérite personnel, à une fonction politique (*politis* – gestion de la cité) en regard avec les capacités de délibération de l'individu, de conscience de soi et de libre arbitre. Pour les croyants, l'homme étant créé par Dieu à son image et à sa ressemblance[29] (La Bible – juifs puis chrétiens), tout humain, aussi fort ou faible soit-il, aussi talentueux ou non soit-il, doit être considéré égal en dignité à tout autre.

E. Kant[30] rappelle l'idée que tout homme doit être reconnu digne, et place la dignité comme principe fondateur de l'humanité. Il insiste sur le fait que tout homme possède en soi une conscience morale par sa raison et qu'à ce titre il est autonome, puisqu'être de raison : « L'autonomie est le principe de la dignité de la nature humaine et de toute nature raisonnable ». « Car des êtres raisonnables sont tous sujets de la loi selon laquelle chacun d'eux ne doit jamais se traiter soi-même et traiter tous les autres simplement comme des moyens, mais toujours en même temps comme des fins en soi[31] ». Cette perspective sans être donc nouvelle est celle qui a servi ensuite de base à la plupart des écrits sur les droits de l'homme. C'est ce concept de dignité qui a été repris un peu différemment en droit international contemporain[32] et a été intégré comme la base des droits de l'homme. L'homme n'a pas de prix mais une valeur en soi. Il ne doit en aucun cas être méprisé, rejeté au regard de son sexe, sa culture, sa religion. Aider au respect de sa dignité, c'est respecter son libre arbitre, son consentement, sa vie privée, ses aspirations.

La dignité est ici donc immanente à l'homme, c'est-à-dire qu'elle lui est intrinsèque. On ne peut pas la détacher de l'homme. Elle est dite ontologique[33]. Au point que nul ne peut y renoncer

29 *Bible*, Genèse, 1 : 26.

30 Kant E., *Fondements de la métaphysique des mœurs*, Le livre de Poche, Paris, 4622.

31 *Ibid*., p. 115.

32 Déclaration universelle des droits de l'homme (1948) – Convention européenne sur les droits de l'homme et de la biomédecine (Convention d'Oviédo, 1997). Art. 1 : objectif principal : protéger la dignité et l'identité de tout être humain – garantir à toute personne sans discrimination, le respect de son intégrité et de ses autres droits et libertés fondamentales à l'égard de la biologie et de la médecine.

33 Ricot J., *Dignité et euthanasie*, Éd. Pleins Feux, Nantes, 2003.

au point de ne plus se sentir digne, soulignant ainsi que les attentats à sa vie (suicide) sont une atteinte au principe de dignité. Elle est indisponible, c'est-à-dire que personne ne peut ni la vendre ni la retirer à autrui. La dignité humaine se donne quand la vie (la naissance d'un nouvel humain) est donnée.

Cependant, certains philosophes restent encore aujourd'hui sur l'idée que seul l'homme rationnel (au sens cartésien, c'est-à-dire capable de raisonnement intellectuel du terme) est véritablement humain. Pour eux, tous ceux qui ne pensent pas encore ou ne pensent plus ne seraient que des hypostases, c'est-à-dire pas encore hommes sans être tout à fait des choses (P. Singer – T. Engelhardt[34]). Cette manière de penser amène certains scientifiques à vouloir utiliser ces hypostases à des fins scientifiques sans ressentir de trouble éthique.

Certains malades se considèrent parfois comme indignes de vivre quand la maladie est trop éprouvante ou trop dégradante. Certains évoquent même qu'il faut « les laisser mourir dans la dignité » plutôt que vivre dans les conditions qu'ils vivent. L'idée de dignité est ici bien souvent prise comme condition de vie décente, d'image de soi, vis-à-vis de soi et vis-à-vis d'autrui. Si la liberté est ici comprise comme le droit de pouvoir dire qu'ils veulent mourir parce que leur vie est trop dégradante, il est fréquent d'entendre que ces personnes sont poussées à dire ce que la société leur enjoint de dire afin qu'ils en soient plus une charge pour autrui.

C'est dire si le soignant doit être vigilant pour conférer de la dignité à celui qui ne parle pas tel l'enfant, à celui qui ne parle plus (personne démente, encéphalopathe, polyhandicapée), à celui qui est en fin de vie et aussi vis-à-vis de celui qui est une personne potentielle (fœtus, embryon), même si la question d'une éventuelle reconnaissance de leur statut juridique n'est pas consensuelle.

La reconnaissance de l'autre et de son humanité mobilise la conscience et la réflexion morale dans la relation à l'autre d'où surgit la notion de devoir, de responsabilité sans réciprocité de celui qui peut et qui sait vis-à-vis de la personne dépendante ou vulnérable. Cette responsabilité oblige au soin optimal même quand la personne soignée ne peut répondre (comme lorsque cette personne est atteinte d'un polyhandicap ou est en fin de vie).

Autonomie, hétéronomie, konomie

La personne autonome (autonome vient du grec : *auto* : par soi, en propre et *nomos* : la loi) est capable de se donner sa propre loi et dire *Je* par lui-même. L'autonomie est le contraire de l'hétéronomie (*hétéro* : de l'autre – *nomos* : loi) qui est une loi imposée par autrui.

La konomie[35] (*koinè* : langage compris par tous, *nomos* : la loi) est un nouveau concept qui souligne que la personne ne peut pas être ni autonome en toutes ses significations déclinées ci-dessous, ni ne peut refuser toute hétéronomie pour vivre en communauté. La konomie exprime que le *Je* assume sa responsabilité par et pour lui-même quand il prend une décision mais cette décision ne peut être assumée que si ce *Je* a pris en compte les liens avec autrui et toute son histoire qui lui ont permis d'être ce *Je*. Ce *Je* va alors pouvoir donner du sens à sa vie et il pourra vivre cette dynamique de fécondation renouvelée interhumaine. L'environnement aussi (soignant et famille) pourra alors donner du sens à la décision.

34 Engelhardt T., *Foundations for the bioethics*, Oxford University Press, New York, 1986.

35 de Broca A., *op. cit.*, p. 169-212.

Le concept d'autonomie a été mis en valeur par E. Kant[36]. En proposant ce principe moral « d'autonomie de la raison », Kant soulignait que le monde était séparé en deux, les personnes et les choses. Il voulait ainsi exprimer que tout ce qui n'était pas monnayable par un prix, donc échangeable, avait une dignité en soi. Ainsi tout homme avait en soi la capacité de « pouvoir agir conformément à sa volonté propre, et à sa volonté établissant par destination de la nature une législation universelle[37] ». « L'autonomie de la volonté est le principe unique de toutes les lois morales et des devoirs qui y sont conformes ; au contraire toute hétéronomie du libre choix, non seulement n'est la base d'aucune obligation, mais elle est plutôt opposée au principe de l'obligation et à la moralité de la volonté[38] ». E. Kant souligne que l'homme possède en lui des ressources morales totales. Encore faut-il qu'il veuille bien les mettre en valeur et qu'il refuse au contraire de suivre ses pulsions, ses envies. Kant ne dit pas que ses pulsions sont mauvaises en soi, mais elles ne permettent pas à l'homme de trouver la législation universelle à partir d'elles, sauf si on acceptait que tout le monde assouvisse ses passions n'importe quand et avec n'importe qui. Si cela était universalisable, il adviendrait vite que la passion de l'un serait réalisée au détriment d'un autre homme et ainsi de suite. Ce qui montre que ce libéralisme ne peut pas être universalisable.

Cette forme d'autonomie kantienne renvoie à une éthique du devoir c'est-à-dire déontologique (*deontos* : devoir ; *logos* : parole sur), car la loi morale vient certes de sa raison mais elle s'impose à soi.

Le concept d'autonomie a été repris dans un tout autre sens par les philosophes utilitaristes (S. Mill, J. Bentham) pour dire que si la personne rationnelle avait une capacité de se donner une loi, c'était en vue de choisir sa propre préférence, soit son bonheur soit son plaisir. Cela élimine ici toute déontologie et hétéronomie puisque seul le malade peut dire ce qu'il aimerait vivre, subir, prendre comme traitement. Le même mot « autonomie » est ici donc à l'exact opposé du concept kantien et devrait être traduit par autodétermination. Cette autodétermination est au cœur du consentement libre et éclairé du patient et de sa responsabilité. Dans cette autonomie, qu'on pourrait laisser écrit *autonomy* pour diminuer les confusions, la personne répond ainsi de ses actes, et doit aussi se considérer comme membre d'une communauté. Si sa demande est personnelle et acceptée comme seule légitime, la personne doit aussi prendre sa décision en fonction de ses engagements[39]. Cette prise de décision est modulée en France comparativement aux pays anglo-saxons notamment. En effet, les lois françaises du 4 mars 2002 et du 22 avril 2005 prennent en compte l'autodétermination du patient sans toutefois donner au patient la responsabilité totale et entière dans la décision d'un soin.

Les difficultés sont aussi très importantes pour parler d'autonomie, d'*autonomy* ou d'autodétermination chez un patient qui ne présenterait pas ou plus toute sa raison (le jeune enfant, la personne polyhandicapée, la personne avec une maladie démentielle ou psychiatrique). Des tentatives pour y remédier sont cependant proposées avec les directives anticipées, et avec la personne de confiance dans les textes de lois français.

36 Kant E., *op. cit.*

37 *Ibid.*, p. 10.

38 Kant E., *Critique de la raison pure*, partie I, théorème IV, PUF, Paris, 2003, p. 33.

39 UNESCO. « Autonomie et responsabilité individuelle », *Cours de base de bioéthique. Programme d'éducation en éthique*. Division de l'éthique des sciences et des technologies. Secteur Sciences sociales et humaines. Unesco. V.1, Module 5, p. 28-30.

Dans la perspective systémique de la relation de l'homme avec autrui, il est évident que la responsabilité de chacun ne peut s'évaluer qu'à travers les liens qu'il a tissés avec d'autres humains.

Il est tout aussi évident que l'homme donne du sens à sa vie à travers son histoire riche de tous les liens intersubjectifs qu'il a. En pratique de soin, la décision d'un patient face à un traitement, face à une prise en charge particulière ne pourra être vraiment assumable par lui mais aussi par ceux qui l'entourent que s'il y a eu partages et discussions antérieurs.

La konomie est ce *Je* qui s'assume pleinement et en toute singularité, entre raison et expérience, en lien avec toutes celles et ceux qui lui ont permis de deviner et de clamer sa décision (ses parents, ses amis, les soignants). La konomie est donc bien le champ de l'attestation où chaque protagoniste a un rôle propre, pour soi et pour autrui. C'est inscrire l'homme dans son histoire, dans son développement où sa décision singulière sera le fruit d'une discussion permettant à tous les protagonistes ayant participé à la réflexion de grandir en confiance dans son humanité. L'acte, ou la décision prise par la personne directement concernée, aura ainsi été le ferment du développement de tous parce que cette décision est sens pour tous et pour chacun à sa mesure.

Et en cas d'absence de capacité de parole, la personne référente aura alors la responsabilité davantage accrue de mobiliser tous les protagonistes (familles, amis, soignants, experts) pour générer une décision. La loi du 22 avril 2005 renvoie indirectement à ce concept.

Vulnérabilité

L'être humain présente au cours de sa vie des étapes de croissance (embryon, fœtus, enfance, vieillesse) et des moments de maladies, de défaillances ou des handicaps qui obligent ses congénères à s'occuper de lui sans quoi la mort survient. La vulnérabilité est ce qui est blessé (*vulnus* - latin : blessure) en l'homme.

La blessure, la fragilité de l'être demande attention voire soin par autrui. La vulnérabilité est vite synonyme de dépendance. Dépendance pour des gestes qui sont dits ordinaires ou banals pour l'adulte en pleine possession de ses moyens physiques et psychiques. La vulnérabilité implique un regard particulier sur cet autre malade ou défaillant. La vulnérabilité est cependant liée à de nombreux éléments de l'individu.

Deux personnes ne réagiront pas de la même manière à un stress, du fait de leur caractère inné, de la mise en place de défenses psychiques depuis la naissance, du fait de leur histoire, du fait de l'impact que le traumatisme aura ou non laissé en chacun d'elles. La vulnérabilité renvoie donc aussi à l'acceptation de la différence dans le vécu de la maladie, de l'annonce d'une maladie.

Comment l'accueillir et l'accepter ainsi ? Si les animaux ont l'instinct d'aider leurs petits, l'humain a une propension bien plus grande à l'entraide, ce que tous les soignants peuvent particulièrement constater. Compris comme une liberté à agir pour autrui dans certains cas (la plupart des femmes vis-à-vis de leur enfant), souvent dénommée compassion ou sollicitude ou devoir d'aide ou devoir de responsabilité (E. Levinas), la vulnérabilité ne manque pas d'interpeller. Et la loi du plus fort au mépris du plus vulnérable ne peut être revendiquée sauf pour entrer dans le cercle vicieux de l'eugénisme[40]. La vulnérabilité est le propre de la finitude de l'homme[41]. La vulné-

40 Arendt H., *Condition de l'homme moderne*, Calmann-Lévy, Paris, 1983.

41 Levinas E., *Autrement qu'être ou au-delà de l'essence*, Le livre de Poche, Paris, 2004.

rabilité est le propre du principe de développement, principe qui renvoie aux étapes de développement de chaque homme, phase après phase. La personne ne peut se dire totalement dans une complétude à aucun moment et doit envisager sa relation à l'autre[42]. Si le soignant va tout mettre en œuvre pour que la personne vulnérable se sente la plus humanisée grâce à son aide, il doit le faire avec une attention toute particulière, se posant la question du « que me demandes-tu réellement, comment faire et que dois-je faire avec toi ? », à chaque action ou geste. Réfléchir à cette question devant une vulnérabilité est le premier temps de la réflexion éthique.

Pourquoi est-ce si difficile pour un malade de se sentir vulnérable aujourd'hui ?
Pour la personne dite fragilisée et vulnérable, dépendre d'autrui est d'autant plus difficile actuellement que la société occidentale place au faîte des désirs la gloire, la beauté, la force et l'action.

Sollicitude

Ce terme est actuellement de plus en plus employé pour souligner l'attention que toute personne doit à autrui[43]. La sollicitude implique que le soignant par exemple soit amené à se laisser affecter par le malade. Elle implique la reconnaissance de la dignité la plus entière de l'autre souffrant.

Elle aide le soignant à dépasser le geste technique dû à sa mission de soin, pour lui donner une ouverture sur l'autre au-delà de l'aspect mécanique du soin de la blessure. Au-delà d'une simple neutralité éthique, la sollicitude demande de la retenue et une véritable sagesse pratique pour trouver la justesse de l'aide. La sollicitude consiste à laisser agir l'ordre de la raison tout en laissant parler le cœur.

La sollicitude a pris aussi une dimension de bienveillance qui répond à un appel. Il faut comprendre comme la réponse à un appel d'un malade, ce qui montre que la sollicitude est d'abord un rapport intersubjectif et non la marque d'une envie de faire plaisir, ni de se faire plaisir, mais bien l'établissement d'une relation où chacun va pouvoir s'apporter réciproquement de l'humanité.

Et quand la personne ne peut plus appeler du fait de sa maladie (démence, polyhandicap) la sollicitude est la mise en œuvre de cette réponse à l'humanité pleine de cet autre si vulnérable, qui en retour ne manquera pas d'étonner ce soignant (esquisse d'un sourire par exemple).

La sollicitude se vit dans l'asymétrie de la situation de puissance « qui en vient à être compensée par une authentique réciprocité dans l'échange[44] ». Elle rappelle qu'il est nécessaire que l'acte du soin ne puisse se contenter d'un contrat de soin où prévaudraient neutralité (certes bienveillante), distance (pour ne pas se sentir affecté) et froideur relative contractuelle (un contrat est toujours « désaffectivé »).

La sollicitude peut être approchée par d'autres concepts comme la compassion, l'empathie ou la charité. La compassion est cet art de la « passion avec », qui pour certains a été trop proche de la pitié et est moins utilisée actuellement. L'empathie est la capacité à entrer dans le partage d'une épreuve à s'identifier à autrui et à ressentir ce qu'il ressent. La charité (*agape*), mot

42 Botbol-Baum M., « La capacité de natalité comme vulnérabilité autonome chez Levinas et Arendt » *in Les Cahiers de l'Atelier*, Éd. de l'Atelier, Paris, 2010, 524 : 33-42.

43 Petit J.-F., « Prendre soin », *in Les Cahiers de l'Atelier*, Éd. de l'Atelier, Paris, 2010, 524 : 3-13.

44 Ricœur P., *Soi-même comme un autre*, Points, Essais, Paris, 1996, 330.

d'origine chrétienne[45], est moins utilisée dans l'ère post-nietzschéenne et le monde qui se dit post-métaphysique. Elle prônait pourtant d'une part le fait qu'aucun geste ne prend de sens en dehors d'une attention humaniste associée, et le fait que la charité engage à un agir pratique[46].

Liberté

La Déclaration des droits de l'homme en 1793 définit ainsi la liberté : « La liberté est le pouvoir qui appartient à l'homme de faire tout ce qui ne nuit pas aux droits d'autrui ; elle a pour principe la nature ; pour règle la justice ; pour sauvegarde la loi ; sa limite morale est dans cette maxime : Ne fais pas à un autre ce que tu ne veux pas qu'il te soit fait. ».

La liberté est liée ici à l'autodétermination face à l'hétéronomie notamment qui était ressentie à travers l'hégémonie du roi ou de l'Église. Il est important de rappeler que quelques années plus tôt, E. Kant insistait pour dire que la « liberté naturelle est une hétéronomie des causes efficientes *[sorte de déterminisme qui obligerait]* quand de l'autre côté la volonté libre et la volonté soumise à des lois morales ne sont qu'une seule et même chose[47] », c'est-à-dire une vision de la liberté qui pouvait être contraire à celle prônée par les révolutionnaires.

Ces deux perspectives de la liberté proviennent pourtant des mêmes soubassements philosophiques. Le concept de liberté est donc difficile à bien clarifier. D'ailleurs, en 1968, un des mots d'ordre était que la liberté c'est « qu'il est interdit d'interdire ». Depuis, les personnes disent fortement que leur choix est le leur alors que les connaissances du développement de la psychologie humaine montrent combien l'absence d'interdit lors de la petite enfance par les parents ou par la société l'amène à ne pas pouvoir se structurer !

Le concept de liberté renvoie toujours à un *Je* qui peut s'exposer, se dire, se proclamer et agir selon son choix. Toutes les différences entre ces « libertés » différentes résident surtout dans la capacité à assumer les interactions et donc les contraintes liées à celles-ci.

Si le concept de liberté c'est dire *Je*, encore faut-il avoir reçu plusieurs façons de s'ouvrir à la liberté. La première est de pouvoir se dire vivant. « *Nul ne peut se prévaloir d'un préjudice du seul fait de sa naissance* », le rappelait l'article 1 de la loi du 4 mars 2002, repris désormais dans l'article L.114-5 du Code de l'action sociale et de la famille.

Être vivant ne suffit cependant pas pour se dire libre. Il faut ensuite qu'on lui permette de dire *Je*. La liberté est d'abord et toujours un don d'autrui, d'une personne ou de la société. Que le soignant ne l'oublie jamais face au malade couché qui se sent si petit, si vulnérable ! Dire *Je*, c'est dire avec G. Bachelard « le moi s'éveille par la grâce du Toi[48] ». C'est reconnaître que ce *Je* n'a pu être exposé que par, avec et grâce à l'autre, le reconnaissant en premier abord comme un humain, comme une personne, comme un sujet. Autrui, cet accoucheur d'un *Je* sera successivement sa mère, son père, ses grands-parents, ses enseignants, le juge de paix parfois, le soignant et la société. La liberté de l'un grandit grâce et avec ces *Tu*(s) qui font éveiller le soi de l'être fragile, vulnérable et souffrant. Permettre au *Je* de se dire, c'est lui donner la liberté de faire

45 *Bible*, Second testament, I Corinthiens, 13 : 1-13. [3] *Quand je distribuerais tous mes biens en aumônes, quand je livrerais mon corps aux flammes, si je n'ai pas la charité, cela ne me sert de rien.*

46 *Bible*, Second testament, Luc, Parabole du bon samaritain, 10 : 27-37.

47 Kant E., *Fondements de la métaphysique des mœurs*, *op. cit.*, p. 128.

48 Buber M., *Je et Tu*, trad. par G. Bianquis, Aubier, Paris, 1969.

alliance avec son histoire, avec ses racines, éléments indispensables pour que l'homme puisse s'assumer dans sa temporalité.

Dire *Je* c'est s'autoriser à demander ou à revendiquer quelque chose et c'est sortir de soi, pour aller vers autrui. De ce fait, dire *Je*, se sentir libre, c'est aussi accepter d'être face à autrui, c'est risquer la relation et ce dès la naissance. La liberté s'octroie et se gagne en réciprocité entre le nourrisson et sa mère, dès qu'il regarde les yeux de sa mère pour lui demander d'être nourri. Puis à quelques mois de vie, l'enfant commence à dire « moi - Je… et Tu » avec tout un cheminement, et ce toujours sous le regard d'autrui. La liberté se gagne parce que l'autre me la tend, me la propose, me la fait acquérir, me le permet. Certains enfants ne diront jamais vraiment *Je* parce qu'ils n'auront jamais pu le dire en famille, quand la vie n'était que bruit, violence, et mensonge (ce qui arrive malheureusement).

➡ Comment apprendre à dire *Je* quand on ne m'a jamais appris à le dire ou quand les *Je* des autres n'étaient qu'égocentriques, c'est-à-dire rapportant tout à eux-mêmes et jamais dits pour s'engager dans du partage !

La liberté, c'est pouvoir entrer en relation. Dépassant le simple échange de techniques entre deux personnes, la liberté qu'offre une relation est d'assumer une réciprocité où le *Je* et le *Tu* s'apportent mutuellement, sauf à dire que le *Je* s'imposerait au *Tu* (ou inversement) ce qui ne serait alors qu'instrumentalisation à ses propres fins. L'un et l'autre iraient donc à l'encontre de la liberté d'autrui !

La liberté, c'est oser se connaître et c'est assumer son propre développement[49], à savoir assumer ses propres pertes physiques, psychiques ou assumer ses pulsions, ses désirs, son inconscient.

➡ Ne pas assumer son développement comme immanent amène l'homme à refuser son évolution et à vouloir toujours plus de traitements pour repousser les signes de la vieillesse (traitements antirides) ou pour éviter la moindre maladie ou la moindre question existentielle.

Dans la situation la plus extrême, certains pensent la liberté comme la possibilité de devenir *amortel* et demandent toujours plus à la science. L'amortalité est la croyance que la science pourra un jour tout guérir, tout soigner, tout remplacer au point que l'humain actuel pourrait ne plus avoir à exister et à souffrir ce qu'il vit. Encore faut-il donner à la science le plus de moyens possibles pour qu'elle avance le plus vite possible ! se disent-ils. L'amortalité n'est pas l'immortalité qui renvoie à une vie après la mort avec ou sans un dieu. La science par cette recherche de l'amortalité est alors en quelque sorte déifiée.

À l'inverse, certains se sentent plus libres en demandant à la médecine de mourir dignement puisqu'ils se considèrent déshumanisés par leur maladie. C'est dire la souffrance existentielle de ces personnes qui ne se considèrent alors pas assez dignes de vivre ou croient qu'on ne les considère plus digne de vivre. C'est dire l'importance du regard de tout soignant sur un malade aussi grave est-il.

49 de Broca A., *Comment penser l'Homme*, *op. cit*.

Au quotidien pour l'infirmier

Le soignant devra ainsi être à l'écoute du malade pour l'aider à apprivoiser sa nature et son évolution. La liberté de l'homme n'est pas de sortir de son état de nature mais bien de pouvoir se sentir digne parmi les autres, de sentir que ces *Tu*(s) (les soignants, la société) le regardent en tant qu'humain et non pas en tant que simple corps mécanique, le respectant dans sa konomie, son intimité et sa vie privée, prenant soin de lui en toute justice et équité, sans aucune discrimination ni stigmatisation.

Égalité et équité

Deuxième terme de la devise de la République française, le mot *égalité* signifie que la loi est la même pour tous, que les distinctions de naissance ou de conditions sont abolies et que chacun est tenu à la mesure de ses moyens de contribuer aux dépenses de l'État. La Déclaration des droits de l'homme et du citoyen de 1973 déclare que : « Tous les hommes sont égaux par nature et devant la loi. » Selon la Déclaration des droits de l'homme de 1795 : « L'égalité consiste en ce que la loi est la même pour tous, soit qu'elle protège, soit qu'elle punisse. L'égalité n'admet aucune distinction de naissance, aucune hérédité de pouvoirs. »

Le concept d'égalité est complexe. Car avec la définition ci-dessus, l'égalité renvoie à une équivalence parfaite de type arithmétique de l'application de la loi. Si la loi peut être adaptée selon les circonstances ayant entraîné un délit par exemple (légitime défense, infanticide *versus* interruption volontaire de grossesse, délit identique avant ou après l'âge de la majorité) elle n'en est pas moins la même pour tous.

En revanche, l'égalité est à prendre en compte différemment dans d'autres situations et doit se penser sous la forme de l'équité c'est-à-dire de la proportionnalité. Il s'agit de proposer une compensation ou une adaptation des avantages selon les spécificités de chaque membre de la communauté. Le mot de handicap provient d'ailleurs de la locution anglaise : *hand in cap*, système mis au point pour désavantager le meilleur (cheval, lévrier) afin que la course puisse se réaliser en donnant les mêmes chances de gagner à tous les participants.

Le monde du soin doit en permanence tenter d'adapter pour chacun les apports nutritifs, thérapeutiques en fonction de sa particularité d'âge, de besoin nutritionnel, de besoin psychologique etc. Le concept d'égalité est ici bien celui de l'équité même si l'égalité est de soigner avec la même volonté tous les malades du service (mêmeté).

Alors que la distinction entre égalité/« mêmeté » et égalité/équité paraît évidente pour le soignant, elle vole en éclats avec la normalisation de plus en plus forte de tous les critères utilisés en médecine. La normalisation économique notamment par la tarification à l'activité à l'hôpital fait perdre encore plus la notion d'équité du soin. Le respect du malade est mis à mal par ces procédures normatives alors que ces dernières ont été mises en place soit disant pour aider le soignant dans sa prise en charge et aider le malade en lui octroyant la certitude de recevoir la meilleure prise en charge.

Justice

Si la Morale (et non morale) incite à se perfectionner et à adopter des modèles de comportement dans le cadre d'une société donnée, le droit et donc la justice ont pour mission de mettre un terme à un litige en attribuant à chacun la part qui lui revient. La question est de savoir au nom de quoi ce qui vient d'être dit ou fait est juste ou injuste puisque la justice est très dépendante du système social qui l'a établie.

Les différences de concepts de justice renvoient bien souvent aux différences sus-citées notamment en ce qui concerne les différentes formes d'égalité. Être juste, en effet, suppose-t-il d'être totalement impartial et de suivre aveuglément une loi à la lettre, ou faut-il penser l'action dans le cadre de la loi mais aussi en fonction d'un contexte, d'une histoire ?

En termes de soin, appliquer le principe de justice implique-t-il de faire la toilette à tous les malades du service en 10 minutes à chaque fois indifféremment, ou faut-il adapter les toilettes aux demandes des uns et des autres ? Est-ce juste d'accepter qu'une personne pour des raisons religieuses amène à changer toute la dynamique d'un service ?

La justice c'est aussi mettre en place un système social, une politique qui garantisse que tout être puisse vivre librement dans celui-ci.

En termes de soin, c'est élaborer une organisation qui garantisse à tout malade une égalité des soins (égalité avec ses deux significations).

La justice est donc d'abord l'émanation d'un contrat de société. Il y aura autant de justices différentes que de sociétés mises en place. Ainsi la justice en matière de soin n'est pas identique en France, dans les pays de l'Europe, aux États-Unis ou en Chine, par exemple.

Il y a plusieurs types de justice et Aristote[50] le soulignait déjà.

La justice distributive

La justice est dite distributive quand la société essaye de donner à chacun une part équitable des ressources publiques soit en fonction de ses besoins soit parfois en fonction du mérite, même s'il est difficile de savoir exactement les besoins et la nature du mérite.

Mais il y a deux sous-types de justice distributive. Celle du droit liée à la société qui prend en compte surtout la nature de la faute (un vol, un viol) amenant à dire que pour un viol, la sentence est plus forte que pour un vol car le délit est plus grave. C'est une vision égalitaire de la justice. Il y a aussi celle de la relation entre deux êtres, où il s'agit d'adapter en contexte le principe de justice. C'est une vision équitable.

S'il semble juste de donner des soins à deux personnes avec la même attention, il sera tout aussi juste de prodiguer des soins dont la qualité sera différente en vue de s'adapter à la volonté de chacun même (exemple du temps et de l'heure de la toilette). La justice distributive aide à envisager un jugement au sens philosophique en termes d'adéquation, de proportion, c'est-à-dire d'équité. Ainsi, le soignant doit être à l'écoute de l'autre sur ses perspectives et s'interroger sur soi, sur ses propres désirs projectifs. Cet aspect de la justice est proche de la *phronesis* aristotélicienne et au questionnement en contexte.

50 Aristote, « La justice », *in Éthique à Nicomaque*, trad. J. Voilquin, GF Flammarion, Paris, 43, Livre V, 2001.

La justice corrective

La justice est aussi parfois corrective. Vouloir établir une justice entre un meurtrier toujours vivant et un innocent tué est difficile, car le juge ne peut pas répartir les biens entre un vivant et un mort. Sa tâche est de réduire le différentiel entre la perte de l'un et les gains de l'autre. La justice corrective en matière de recherche par exemple, permet de dire que le patient qui se prête aux recherches sera aussi bien soigné voire mieux s'il accepte d'entrer dans la recherche que s'il ne s'y prêtait pas.

La justice réparatrice

Elle est dite réparatrice quand la justice permet à ce que certaines personnes ou groupes désavantagés soient privilégiés. Cela revient à envisager une certaine discrimination positive. Une certaine forme de répartition financière pour mettre en place des préventions ajustées à une population défavorisée renvoie à cette forme de justice réparatrice.

Dans une société utilitariste, la justice suivra surtout cette dynamique. Dans la mesure où le juste est considéré comme étant ce qui permet le maximum de bien-être au plus grand nombre, des procédures juridiques sont mises en place pour tenter d'aider les exclus du mieux possible comme la justice réparatrice (nombreuses stratégies de discrimination positive sont mises en place pour les « Latinos » ou pour les « Afro-Américains » aux États-Unis dans certains États) et la justice de type jurisprudentielle.

La justice procédurale

La justice est dite procédurale quand elle suit des règles afin d'organiser la délibération pour sanctionner de la façon la plus adaptée. Mais la procédure peut être très différente selon l'organisation sociale. Le droit est dit positif comme en France quand tout est écrit. Le juge doit s'y référer avant toute délibération. Le droit est jurisprudentiel comme au Royaume-Uni, quand le juge traite chaque situation en soi, à partir de la « *common law* », c'est-à-dire de la tradition, mais sans jamais être enfermé *a priori* par un texte antérieur. L'important est que ces règles soient connues de tous et que tous puissent y trouver leur compte. La démocratie indique alors que le peuple à travers son parlement édicte les lois qui organisent autant les procédures que les termes de rapports d'équité à mettre en place.

Est-il juste de traiter une personne avec un traitement en phase II de recherche alors qu'en phase II, on n'attend pas qu'il soit efficace[51] ?

La justice n'amène pas ici à asservir des malades déjà très malades pour le plaisir d'un industriel ni dans une optique sacrificielle, bien au contraire. Les patients qui se prêtent à ces recherches ont été très longuement informés. Leur suivi est optimal. Si le résultat n'est pas connu ni certain, le traitement offre des espoirs que tous les autres médicaments ...

51 Les recherches médicamenteuses chez l'humain sont classées en 4 phases. La phase I est une phase pour savoir comment l'homme (qui est volontaire et sain) tolère le médicament et l'élimine. La phase II est réalisée sur des personnes malades mais souvent en phase de rechute. C'est une phase d'étude de la tolérance du médicament et d'évaluation du dosage le plus efficace pour un résultat clinique sans attente d'effets réels sur la maladie. La phase III est réalisée sur de nombreux patients, à grande échelle, avant la demande d'autorisation de mise sur le marché (AMM). La phase IV, une fois le médicament accepté et utilisé, étudie les effets à long terme.

...
connus à ce jour ne peuvent pas apporter. En cela, la justice est de permettre de donner toutes les chances de traitement à tous les malades.

Est-il juste que certaines populations des pays en voie de développement n'ayant pas assez de moyens financiers ne bénéficient pas ou peu des recherches des industriels (exemple de la difficulté à faire des études à grande échelle pour le paludisme ou de la difficulté à avoir accès aux traitements antiviraux en Afrique), quand les moyens de recherche sur des pathologies plus rares et touchant des pays riches (obésité, l'hypertension artérielle etc.) sont très développés?

Le principe de justice devrait pousser tous les pays à s'entraider et à partager les ressources. Cela malheureusement n'est pas encore le cas même si des organismes comme l'Unesco ou l'Organisation mondiale de la santé font leur possible pour faire avancer la justice sur ce point.

Contrat

Le contrat est une convention où les deux parties s'obligent réciproquement sur un projet. Il peut y avoir contrat moral, contrat social (Rousseau), contrat à titre gratuit ou onéreux, contrat médical ou contrat de soin. Tous les contrats n'ont pas les mêmes finalités mais sont toujours fondés sur l'accord oral ou écrit de deux partenaires en vue de réaliser une action ensemble.

Dans le monde du soin, le contrat est partout désormais : contrat de soin, protocole, charte du malade hospitalisé, consentement d'une recherche ou consentement à la recherche généalogique à partir d'un prélèvement, document certifiant que l'anesthésiste ou le chirurgien a bien expliqué tous les aspects positifs et négatifs de l'intervention à venir, directives anticipées, etc.

La judiciarisation accroît encore la constitution de contrat. Toute cette dynamique, désormais très française, vient de la philosophie appelée contractualisme déployée au XVIIe siècle par Hobbes[52] et Locke. Le contrat a été institutionnalisé notamment dans le Nouveau Monde (les États-Unis actuels) afin de permettre à tant de personnes si différentes en culture, en religion, en désirs personnels, en désirs économiques de pouvoir cohabiter ensemble. Dans cette perspective, le contrat est signé pour éviter la guerre contre tous, pour mettre fin à la violence de l'état de nature, assurer la paix intérieure, la sécurité, la propriété et la justice.

La défiance fait naître la réalisation d'un contrat. La confiance est secondaire à ce contrat qui règle en soi *a priori* toutes les solutions prévisibles. Mais il ne peut régler les situations imprévisibles. Ne pouvant régler que ce qui a été prévu dans le contrat, la défiance peut réapparaître à la moindre modification de la situation, surtout si la relation n'a jamais été construite autrement que sur un contrat.

Le contrat est donc au cœur même de la relation économique (*oiko* : maison ; *nomos* : loi : gestion de la maison) qui tend à envahir le domaine de la santé, antérieurement basé sur une confiance implicite. Si le contrat permet à chacun d'objectiver sa responsabilité dans la réalisation de l'action faite à deux (entre un soignant et un malade par exemple), l'essence même du contrat est basée sur la défiance qui existe entre ces deux personnes. Défiance qui doit pouvoir être canalisée et rassurée.

52 Hobbes, *Leviathan*, (1651), trad. F. Tricaud, Sirey, 1971.

Toute la perspective du soin basée sur le contrat fait donc perdre ce qui est constitutif de l'humanisation de la relation, à savoir la capacité des deux personnes à se sentir plus libres, plus nobles, plus humaines après l'action réalisée à deux si leur seule raison d'être ensemble se fige dans le contrat.

En effet, quand une action est réalisée entre deux personnes, il y a certes une évaluation à faire pour déterminer si l'action a bien été réalisée dans les meilleures conditions comme il avait été prévu. C'est d'ailleurs le cœur même du contrat que d'imposer à l'un et à l'autre les modalités d'action. L'impossibilité ou la non-réalisation du contrat amène la rupture du contrat et éventuellement des sanctions pour celui qui n'aurait pas répondu à ses obligations.

Si le contrat est considéré comme une fin en soi, la mécanisation de la relation est à craindre. Si le contrat est considéré comme une base où la confiance peut se partager, au-delà des termes mêmes du contrat, alors les deux protagonistes engagés pourront dire à la fin de l'action en quoi cette dernière a permis d'augmenter la confiance en soi et en l'autre. La confiance alors résultante va permettre de construire une vraie dynamique de communauté et amènera l'un et l'autre à se revoir à se réengager dans une nouvelle action si besoin.

Si le contrat est au centre de la relation de soin, le risque est que le professionnel se déresponsabilise de tout ce qui n'y est pas inscrit !

Le droit civil en matière de santé repose en grande partie sur le contrat signé et sur la réalisation conforme au contrat ou non de chacune des parties. Il est cependant intéressant de noter que si le document n'est pas signé, le tort est au soignant (le plus souvent) mais si le document est signé cela ne dégage en rien la responsabilité du soignant, car il lui faudra aussi démontrer que l'explication a bien été fournie au malade de façon claire et adaptée.

Un malade présente un diabète. Le diagnostic est porté. La formation à la gestion de l'insuline est donnée de façon très pédagogique. Le malade est retrouvé avec un taux en hémoglobine glyquée très élevé soulignant qu'il ne suit pas les adaptations de sa glycémie. Peut-on sanctionner un patient qui ne suit pas son traitement ? Et si oui comment ? Le contrat auquel s'engage un patient dans ce contexte uniquement verbal est surtout basé sur la confiance. C'est sa vie qui est en danger. La sanction c'est lui qui la subit directement même si l'absence de bon suivi amène des hospitalisations en urgence pour coma, pour hypoglycémie et la survenue de complications rénales plus rapidement.

Il est cependant demandé aux médecins généralistes de suivre particulièrement ces malades et de prouver qu'ils font tout pour que les malades soient bien traités. Le pendant de cette exigence pourrait être une médecine qui n'acceptera plus des malades peu compliants.

Une perspective actuelle du débat sur le contrat est posée avec la relative acceptation dans certains États américains de la grossesse pour autrui, puisque cela ne concerne que la sphère privée entre deux parties : le couple demandeur et la femme qui accepte cette grossesse. Tout sera ensuite réglé sur le contrat. Contrat qui peut demander à ce que la femme gestante ne fume pas, écoute de la musique de telle nature, ne se mette pas au soleil, etc. La confiance est relative au contrat signé et exécuté.

...

...
Faut-il accepter cela en France ? Le contrat recouvre tant de contraintes et les contraintes du couple demandeur sont si exigeantes actuellement que peu de voix en France disent que le contrat saura sauvegarder la dignité de la femme porteuse et ajoutent surtout que cette technique amènera la naissance d'un enfant chosifié[53].

Santé

La santé est définie par l'OMS comme un état de complet bien-être physique, mental et social et qui ne consiste pas seulement en une absence de maladie ou d'infirmité. Il est inscrit au paragraphe 1 de l'art. 25 de la Déclaration universelle des droits de l'homme que « toute personne a droit à un niveau de vie suffisant pour assurer sa santé, son bien-être et ceux de sa famille, notamment pour l'alimentation, le logement et les soins médicaux ainsi que pour les services sociaux nécessaires... donnant la possibilité de mener une vie socialement et économiquement productive... ».

Si la maladie peut se décliner comme une perturbation organique d'un système mécanique (l'ictère est le fait d'une maladie du foie ; la crise convulsive est secondaire à un orage électrique cérébral...) et est considérée comme un fait qu'on peut objectiver, la santé renvoie à la définition de valeurs beaucoup plus larges et relatives. Car une personne pourra se déclarer en « mauvaise santé » si elle ne se sent pas bien même en l'absence de maladie déclarée au sens médical. La santé renvoie souvent alors à une impression de bien-être global.

La santé pour Canguilhem[54] se caractérise par la capacité de l'organisme vivant à tolérer et à amortir les variations, à jouer avec les écarts en restant capable de conserver l'ensemble de ses fonctions adaptatives. Pour cet auteur, la pathologie ne doit pas se mesurer par rapport à une norme mais désigne l'impuissance ou l'incapacité d'amortir et de compenser les variations. On rejoint aussi ici la notion de vulnérabilité qui amène à dire que certains peuvent plus ou moins facilement s'adapter à un nouvel état.

À cela s'ajoute le fait que l'homme est impermanent, même si certaines fonctions physiologiques semblent immuables durant la vie (exemple de la fonction visuelle, rénale, cardiaque). Mais ces fonctions qui semblent immuables sont très variables au cours de la vie (exemple : la fonction rénale d'un enfant n'a rien à voir avec celle d'un adulte). De plus, certaines fonctions ne sont « normalement » possibles que pendant certaines périodes de la vie (exemple de la capacité à procréer) sans que cela ne soit signe d'une quelconque maladie. « Le vivant ne cesse pas de fluctuer. Nous le voudrions permanent, alors que sans perdre son unité de base, il repose sur la divergence, la souplesse réactionnelle et la plasticité, celle qui annonce l'inventivité biologique et va à l'encontre d'une définition objective ». Cette phrase souligne que l'homme est en développement permanent et que la notion de santé doit se comprendre dans la temporalité de l'individu, c'est-à-dire dans son histoire, ce que soulignaient d'ailleurs depuis bien longtemps Hippocrate,

53 Comité consultatif national d'éthique. Avis 110 sur la gestation pour autrui. 2010. http://www.ccne-ethique.fr/docs/Avis_110.pdf. Publié le 1/4/2010.

54 Canguilhem G., *Normal et pathologique*, PUF, Quadrige, Paris, 65.

Aristote et tous les phénoménologistes[55]. Une entorse d'un doigt n'a pas la même importance fonctionnelle, sociale, personnelle chez un étudiant, un chirurgien, un pianiste…

Le concept de santé prend donc en compte des aspects curatifs mais aussi préventifs voire prédictifs.

La santé préventive

La prévention est basée sur des éléments statistiques, c'est-à-dire des preuves mathématiques qui montrent l'intérêt de faire telle ou telle action en vue d'éviter la maladie. Le soignant peut alerter la personne devant des risques avérés et connus. Mais la question éthique est de rappeler que le risque est pour une population donnée et pas pour une personne en particulier. La prévention est un champ qui recouvre toute la vie de la personne et on sépare les préventions primaire, secondaire, tertiaire et quaternaire.

- La prévention primaire est celle proposée à toute la population (exemple des vaccins chez l'enfant).
- La prévention secondaire est une action ciblée sur une population particulière (exemple de la prévention du tabac chez le jeune adolescent).
- La prévention tertiaire est l'action en vue d'empêcher la survenue de complications d'une maladie déjà déclarée (exemple de la prévention de la cécité chez la personne diabétique).
- La prévention quaternaire est l'action de réadapter l'homme à l'environnement voire de réadapter l'environnement à l'homme.

Les questions éthiques autour de la prévention sont donc nombreuses. Car pour aider la personne, le soignant peut facilement passer du souhaitable à une posture d'obligation ou injonctive. Il peut proposer sans impératif ou devenir totalement coercitif. Il peut être incitatif ou passer à une sanction. Il peut aller jusqu'à l'interdit de soin, à la stigmatisation (vindicte populaire) voire en faire un bouc émissaire. Il est facile de stigmatiser et de culpabiliser une personne obèse qui ne suivrait pas bien son régime par quelques phrases lui rappelant ses écarts à la norme, ses écarts au contrat passé avec le médecin. Est-ce cela le soin ?

La santé prédictive

La santé prédictive est une dynamique différente puisqu'elle tente d'empêcher la survenue d'une maladie dont le pourcentage de survenue n'est pas connu. Les difficultés éthiques en matière prédictive seront majeures et particulièrement depuis le développement des cartes génétiques des individus. Car si de nombreuses anomalies risquent d'être dépistées, il sera très difficile de dire ce que cela entraînera comme anomalie clinique. Les enjeux éthiques ici sont donc encore plus complexes que ceux posés dans le domaine de la prévention.

La santé est donc un concept éminemment complexe. Vouloir le bien de la santé d'autrui peut paraître une gageure. Réfléchir l'éthique du soin pour un soignant l'oblige à

55 Célis R., « L'éthique médicale à l'épreuve de la sagesse Hippocratique », *Éthique & Santé*, Elsevier-Masson, Paris, 2006, 3 : 8-17 et « L'éthique médicale à l'épreuve de la sagesse Hippocratique, 2nde partie », 3 : 88-94.

réfléchir sur deux aspects. Il doit appréhender les faits qui sont objectivables, c'est-à-dire les aspects rationalisables qui sont les maladies. Les faits sont des éléments dits scientifiques et universellement admis, en l'état de la science au jour étudié. Il doit ensuite travailler sur les valeurs que professe le malade. Celles-ci vont être très personnelles et donc ne sont pas forcément universalisables. Toute la démarche éthique sera de travailler autant les faits, ce qui semble le plus facile et plutôt du registre de l'expert, c'est-à-dire le soignant, que sur les valeurs qui sont du registre du malade.

Normes

La question de la norme est primordiale dans le domaine du soin. Si le champ de la santé est plus vaste que le champ de la maladie, toute la science médicale et infirmière est basée sur des statistiques.

Les statistiques sont des outils formidables afin de conclure sur la répartition des caractéristiques d'une population donnée à un âge donné. Noter régulièrement le poids et la taille d'un enfant sur les courbes de son carnet de santé permet de suivre au mieux son développement. Mais si un chiffre au-dessus des courbes doit alerter, il n'est pas en soi le signe d'une maladie. Un chiffre en plein milieu des courbes, c'est-à-dire dans les normes, peut très bien être associé à une maladie. Pour qu'une personne soit déclarée malade devant ses caractéristiques biologiques au-delà ou même dans les limites normales, il faut étudier la dimension synchronique (situation dans la simultanéité) et diachronique (évolution des résultats sur la durée) de ces chiffres pour valider le fait que la personne passe de l'anomalie à l'anormalité. Du point de vue synchronique, il est possible de déclarer comme anormale la tension artérielle d'une personne seulement après avoir vérifié à quelle heure a été faite cette prise de tension, après quel repas ou quel effort, à quel âge ou quel traitement prend la personne. Du point de vue diachronique, il faut ensuite valider cela sur plusieurs jours, ou mois etc.

Les aspects éthiques posés par cette santé basée sur les normes sont nombreux. D'une part, il faut veiller à ce que les normes soient adaptées à la personne (les courbes de taille des enfants européens ne sont pas équivalentes aux courbes de tailles des enfants asiatiques). D'autre part, le risque d'être trouvé hors normes amène à stigmatiser un individu par cet écart et à ne le voir qu'en tant que malade à faire rentrer dans la norme.

Quand le soignant est dans une perspective de prévention, il lui sera demandé de suivre les procédures pour l'aider à ce que la personne ne tombe pas malade (*cf.* au-dessus). Quand le soignant est dans une perspective curative, il pourrait ne plus lui accorder tout le respect qu'il lui doit s'il s'aperçoit que la personne n'est pas un « bon malade » (exemples : refuser de faire une prise de sang à une personne séropositive, refus du permis de conduire pour une personne épileptique, refus d'une assurance dès qu'on découvre un trouble du rythme cardiaque par exemple, refus d'un malade dans un service parce qu'il ne rapporterait pas assez du fait de la tarification à l'activité).

Au quotidien pour l'infirmier

Un des risques majeurs est ici l'envahissement de toute la gestion du soin par une approche fondée sur des grilles, des normes. Si la qualitologie (science de la qualité) et ses grilles (exemple de la grille de bien-être telle la grille AGGIR[56]) sont des aides précieuses pour tenter de comparer puis de donner des perspectives politiques afin d'aider au mieux les personnes âgées par exemple, les outils comme la grille et le questionnaire peuvent très vite remplacer la parole entre le soigné et le soignant, amenant celui-ci à plaquer une réponse technique « vite fait et bien fait ». La preuve de cette dérive est bien visible quand le patient doit remplir son questionnaire seul, sans explications, dans son coin. Comment son libre arbitre peut-il être garanti ici ? Et si le patient remplit ce document sans qu'il puisse réellement dire son souhait, ce questionnaire aura surtout permis de dénier à la personne sa dignité d'être de désir.

Valeurs

Le mot « valeurs » a plusieurs désignations opposées. Quand la valeur est prise dans une dynamique scientifique, elle est quantifiable et doit être exacte si les moyens de mesures sont fiables. On calcule, on note, on évalue.

La valeur en philosophie a une signification très différente puisque l'homme n'a pas de prix mais une valeur majeure qui est la dignité, notion qui est tout le contraire du mesurable. D'autres concepts sont des valeurs morales fondamentales tel le respect, la tolérance, l'altruisme...

Le soignant va donc passer en permanence d'une valeur objectivable (la tension artérielle, la glycémie) à une valeur qualitative renvoyant à une façon d'être face à la personne malade (écoute, empathie, sollicitude, respect du droit de sa famille...). Si cette polysémie semble facile ici à comprendre, chaque membre d'une équipe soignante ne la vit pas avec la même intensité. Travailler sur la notion de valeur et ensuite sur les valeurs morales que chacun partage dans l'équipe doit être au cœur de sa réflexion éthique.

Notion de progrès

Le propre de l'homme est de chercher son bonheur (philosophie eudémonique) et son plaisir (philosophie hédoniste) et par ce biais de tenter d'améliorer son état. L'homme est un être de progrès et un être pour le progrès, et cela depuis la naissance de l'humanité. Le feu, le fer, la roue, l'écriture, la découverte des sciences mathématiques...

Du point de vue médical, on peut citer la découverte de l'anatomie, de la physiologie, de la psychanalyse. Aujourd'hui la connaissance de la nature, même biologique, et du génie génétique ou du génie informatique propulse l'homme dans l'ère du bionique. Certains scientistes parlent même de post-humanité pour dire que l'humanité a cessé d'exister sous les formes anciennes et que désormais l'humain va devenir une sorte de *cyborg* (être mi-humain, mi-

56 La grille AGGIR est une tentative de mieux évaluer les capacités d'autonomie physique, psychique et domestique et sociale d'une personne âgée. http://www.urssaf.fr/images/ref_form_particulier_11510-01.pdf (consulté mai 2010).

technique, sorte de chimère biotechnologique]. Là où l'homme est gêné par la maladie et par l'usure de certains organes, la science doit pouvoir le remplacer par un ustensile, un outil mis à sa disposition.

Cette perspective n'est cependant pas nouvelle puisqu'elle avait déjà été développée par Descartes[57] « Si l'on avait assez de connaissances de leurs causes, et de tous les remèdes dont la nature nous a pourvus, on se pourrait être exempté d'une infinité de maladies tant du corps que de l'esprit, et même aussi peut-être de l'affaiblissement de la vieillesse ». Perspective qui a poussé la médecine à devenir une science qui se voudrait infaillible. Et pourtant très vite Descartes s'est rendu compte que la science en médecine ne pouvait être rapportée qu'au corps-machine c'est-à-dire au corps séparé de l'âme. Il soulignait que de vouloir tout comprendre de ce corps, amène le chercheur à l'objectiver, c'est-à-dire à le chosifier. Descartes soulignait déjà que finalement la médecine doit répondre certes au corps-machine mais aussi et surtout à ce corps vivant réel, « uni à ce point à l'âme que le sens commun ne les distingue même pas ». Plus la médecine voudra devenir une science médicale et moins elle sera humaine, nous renvoyait-il déjà !

Depuis Aristote jusqu'à maintenant en passant par M. Heidegger[58], nombreux sont ceux qui montrent que la médecine est d'abord un art et qu'elle n'est en rien identique à la fabrication d'un bien appelé technique. La médecine et le soin ne créent en effet rien, mais tentent de remédier à une perturbation que subit le corps soit par le temps, soit par la maladie. Le soin tente d'être un médiateur entre la maladie et la nature propre de l'homme qui se prête au soin grâce aux progrès. En revanche, si le soin se prend comme une fin en soi, l'homme n'est plus considéré comme la finalité de la compréhension du vivant mais comme l'outil pour faire valoir le scientifique dont les intérêts [publications de recherches, financiers] n'ont pas de liens avec la santé de l'homme, ce qui pose une question éthique majeure puisque l'homme n'est plus respecté en tant qu'homme dans toute sa dignité.

Si le progrès est un outil pour atteindre un mieux être pour l'homme, il n'apporte pas forcément le bonheur si l'homme est dans une recherche de « toujours plus ». De plus, le progrès semble désormais s'autonomiser pour devenir sa propre finalité. Le progrès est désormais pensé par certains hommes comme tentative de sortir de la condition humaine. Alors que la compréhension de la complexité de la nature [dans toutes ses dimensions] devrait amener l'homme à se sentir encore plus mystérieux que ce qu'il imaginait avant, les nouveaux outils utilisés comme la thérapie génique par exemple ou les nanotechnologies sont autant d'outils faisant croire à l'homme à sa possible amortalité[59], c'est-à-dire à croire que la mort sera abolie dès que la science aura permis de trouver les parades de la maladie voire des gènes de mort. La société doit donc tout faire pour aider la science, et parfois même quoi qu'il en coûte aujourd'hui au détriment d'autres priorités comme la cohésion sociale par exemple.

Les progrès techniques n'ouvrent pas toujours sur une augmentation de la dignité d'autrui, quand ils sont dévoyés pour un profit personnel au détriment de la liberté d'autrui comme lors des ventes d'organes sur internet, la location de son utérus soumise à marchandage... les médicaments falsifiés et vendus par internet, les tests génétiques pour tous sans aucune précaution face à la brutalité potentielle de résultats.

57 Descartes, *Discours de la méthode*, VI et Descartes, *Lettres au marquis de Newcastle*, oct 1645 et *Lettres à Elisabeth*.

58 Heidegger M., « Ce qu'est et comment se détermine la phusis », *in Question II*, Paris, Gallimard, ,1968.

59 Morin E., *L'homme et la mort*, Seuil, Essais, Paris, 1976, 77.

...oignant est au cœur de cette question puisque la santé est au cœur même de la pensée ...ous. Le plus important n'est-il pas de se souhaiter « bonne santé ». Le malade ou le soignant peut être tenté de demander toujours plus de techniques, plus d'examens, ou plus de lignes de chimiothérapie alors que la maladie est très évoluée. Être un soignant scientiste ou accompagner une personne qui ne croit plus qu'en la médecine-science amène chacun à tenter toujours plus au détriment de l'être et de sa liberté d'être humain. Cette course en avant risque d'empêcher l'humain en fin de vie à penser sa mort et à vivre pleinement les relations intersubjectives qu'il pourrait avoir.

La perspective de soins palliatifs est là pour faire que toute personne reste bien vivante jusqu'à la fin de sa vie sans jamais tomber dans une obstination déraisonnable[60].

Éthique et recherche scientifique

La recherche est ce qui permet à l'homme de se soigner au mieux, de se donner de nouvelles thérapeutiques pour que la douleur soit moindre ou pour guérir des maladies invalidantes.

Actuellement, la recherche est très encadrée par différentes lois en France. Depuis 1988, la loi sur les recherches biomédicales permet de s'assurer que toute personne qui se prête à une recherche biomédicale sera respecté totalement, notamment par son consentement libre et éclairé[61]. Aucune recherche en France ne peut se faire sans l'aval d'un comité de protection constitué de nombreuses personnes, scientifiques, médicales mais aussi juridiques et présentes aussi au titre des associations ou des représentants de malades.

Ensuite, d'autres recherches en biologie humaine sont évaluées, permises ou interdites par les lois (loi bioéthique) ou par les institutions à qui la loi donne la fonction de régulation (Haute Autorité de santé[62]). La recherche clinique est nécessaire et tous les soignants y participent à leur manière. Il peut y avoir des recherches spécifiquement infirmières. L'infirmier est alors impliqué dans toutes les phases du protocole, de son initiation à sa réalisation. L'éthique de la recherche lui apparaîtra probablement facilement puisqu'il sera impliqué du début à la fin du protocole. Mais quand l'infirmier doit faire des prélèvements sur une personne dans le cadre d'une recherche thérapeutique, il doit veiller aussi à ce que le respect du patient soit total. C'est pourquoi la recherche ne peut se réaliser sans que toutes les personnes impliquées aient accès au protocole et puissent le discuter, et dire en quoi certains éléments leur paraîtraient non éthiques.

Non-malfaisance, bienfaisance et bientraitance

Le principe de non-malfaisance

Le principe de non-malfaisance est la volonté, qui doit être permanente pour le soignant, de ne pas recourir à des traitements préjudiciables vis-à-vis d'un malade. « *Primum non nocere* » disait Hippocrate. Les traitements ne doivent être utilisés qu'après avoir vérifié qu'ils n'exposent pas

60 *Journal officiel*, France. Loi du 22 avril 2005. Droits des patients en fin de vie.

61 *Journal officiel*, France. Loi 2004-806 du 9 août 2004 remplaçant la loi Huriet du 20 décembre 1988. Institution des comités de protection des personnes. La loi va être probablement modifiée en 2010-2011 pour augmenter davantage la protection des personnes pour toute recherche directe ou indirecte sur l'homme.

62 http://www.has-sante.fr/portail/jcms/j_5/accueil (site consulté le 28.04.10).

le malade à des risques disproportionnés par rapport aux bénéfices escomptés. Ce principe de non-malfaisance n'est pas exactement identique au principe de bienfaisance[63].

Le principe de bienfaisance

Le principe de bienfaisance est le fait d'obtenir le bien. Le bien recherché n'est pas dans l'acte mais dans son effet ; l'acte est jugé à ses résultats puisqu'il s'agit de faire le bien.

La recherche de « ne pas mal faire » amène le soignant à une position d'écoute du malade et de dépossession de sa maîtrise du soin s'il veut comprendre en quoi son action pourrait gêner autrui ou en quoi il peut dire que cela le gêne. Le malade semble guider le soignant. De façon un peu différente, la recherche de la bienfaisance amène le soignant à certes écouter le patient et tenter de savoir ce qu'il voudrait comme bien, mais puisque l'expertise sur la connaissance de l'évolution de la maladie est du domaine du soignant, ce dernier est tenté de montrer où est le bien à l'autre dans un mécanisme projectif. Cette façon de penser pour autrui du médecin ou de l'infirmière à propos de ce qu'il serait bien de faire et d'accepter comme traitement a été appelée paternalisme, position actuellement très controversée puisque la dignité de l'homme renvoie au concept d'autonomie-konomie et à sa liberté de dire *Je*.

Pour certains, la bienfaisance[64] est identifiée comme le fait d'empêcher ou d'éliminer le mal ou le tort, voire de faire ou de promouvoir le bien, attitude que tout soignant doit aussi rechercher.

La non-malfaisance est donc à évaluer en premier lieu car c'est une attitude toujours éthique alors que la recherche de la bienfaisance peut être facilement détournée de son objectif.

Le principe de bientraitance

La bientraitance est un nouveau concept. Il est apparu dans les textes juridiques français en 2002[65] en vue d'inciter toute personne (aidants, familles, soignants, professionnels – à domicile ou en institution) à mettre en place un projet personnalisé pour chaque personne vulnérable en vue de diminuer les risques de maltraitance, mais pas uniquement.

En 2010, le concept de bientraitance est intégré dans le Code de l'action sociale et des familles. La bientraitance est « une dimension essentielle de l'amélioration et de la qualité de l'accompagnement et vise en priorité aux conditions d'exercice des professionnels qui respectent les droits, favorisent l'individualisation et l'accompagnement tant d'un point de vue médical, psychologique et social, impliquant une nécessaire coordination des professionnels[66] ». En 2008, le Secrétariat d'État à la solidarité a demandé une auto-évaluation des établissements hébergeant des personnes âgées dépendantes focalisant l'attention sur les conditions et les facteurs organisationnels principaux de déploiement des activités qui soutiennent un accompagnement de qualité.

Si la bientraitance est un objectif d'action des professionnels souvent abordés sous l'angle individuel dans une relation bilatérale avec la personne soignée, il va sans dire que ce projet est aussi à mettre en place sur le plan collectif. La bientraitance se veut donc une démarche volontariste. C'est « une intention positive (aller vers le mieux pour une personne) et en même temps des actes

63 Svandra P., *Le soignant et la démarche éthique*, Estem, Paris, 2009.

64 Beauchamps T.L., Childress J.F., *Les principes de l'éthique biomédicale*, trad. M. Fisbach, Les Belles lettres, Médecine et Sciences humaines, Paris, 2008.

65 *Journal officiel*, France. 2 janvier 2002, loi relative à l'action sociale et médico-sociale (droits des personnes hébergées). Plan de développement de la Bientraitance du 28/03/07.

66 www.anesm.santé.gouv.fr : Agence nationale d'évaluation sociale et médico-sociale (site consulté le 15.05.10).

concrets pour réaliser cette intention[67]. » Cette démarche aspire à devenir une culture inspirant les actions individuelles et les relations collectives au sein des établissements. La bientraitance demande donc des échanges entre les professionnels et les usagers mais aussi avec les administratifs, familles, bénévoles... autour de principes incontournables que sont le respect de la personne, de son individualité, de la nécessité d'un cadre clair, des choix de la personne par le questionnement réitéré en équipe sur la justesse des actes par rapport aux besoins de la personne.

Comme tout concept, il est nécessaire de voir comment le soignant est amené à l'appliquer. Car si le concept est proposé parce que les soignants ou les aidants ne sont pas capables de ne pas mal faire ou d'être bienfaisant (deux règles d'or depuis 2 500 ans dans le soin à autrui), il est probable que le concept de bientraitance ne soit pas plus suivi d'effets puisque ces trois concepts sont intriqués.

Le sens de la vie

L'homme cherche tout au long de sa vie une raison de vivre voire une raison à sa vie. Jeune ou vieillard, l'homme se pose des questions sur le sens de sa vie, et c'est même la question de fond autour de laquelle il organise sa pensée et l'action tout au long de son existence. La maladie, l'épreuve de la perte, la crainte de la mort vont réactiver ce besoin de donner du sens à sa vie.

Le soignant aura un rôle important pour faire accoucher l'homme à cette réflexion. Si le soin implique d'apporter une dimension technique nécessaire et indispensable, c'est aussi accompagner la personne pour pouvoir penser sa posture dans le monde. Une personne qui est percluse de douleurs physiques ne peut pas penser à elle ni à ses relations tellement elle est obnubilée par ses douleurs. L'urgence est donc bien de les traiter voire de les amoindrir au maximum. Mais que se passe-t-il quand les douleurs disparaissent ? Les questions existentielles surgissent. « Pourquoi cette maladie sur moi, pourquoi maintenant, pourquoi la mort est-elle si proche ? » se demande le malade. La seconde mission particulièrement éthique du soignant est donc de pouvoir aider la personne à se donner quelques réponses à ces questions. Le malade les trouvera dans sa capacité à entrer en relation avec lui-même, en relisant sa vie, et avec ses proches dans une narrativité fortifiante.

Donner du sens à sa vie est en fait une relecture de sa vie comme on peut le comprendre avec l'analyse des facettes du mot « sens » en français. Au nombre de quatre, ces facettes doivent être conjuguées pour que la personne, et particulièrement la personne malade, puisse se sentir membre de la communauté humaine[68]. Ces quatre facettes permettent à la personne de s'entendre décrire sa vie entre passé et présent pour construire un avenir, construire un projet de vie, même si la vie semble très raccourcie, parce qu'elle se sent aimée et aimable par son environnement. Le soignant a pour mission d'aider et de laisser le patient entrer dans la narrativité de sa vie.

Le passé

Donner du *sens* à sa vie, c'est donner une **signification** à celle-ci. La personne doit relire alors avec ses mots, sa culture, ce qu'il est et d'où il vient. Il explore alors le passé pour rendre compte de ses racines, qu'il ne peut réfuter sauf pour vouloir se tuer plus rapidement encore. Car qui peut vivre sans racines ?

67 Afbah : Association française pour la bientraitance des aînés et/ou handicapés.

68 de Broca A, *Comment penser l'Homme*, *op. cit.*, p. 213-220.

Le présent

Donner du *sens* à sa vie, c'est aussi parler avec sa **sensorialité**. La vie se passe au présent par ce partage avec autrui grâce à ses sensorialités (odorat : le parfum ; le goût et la saveur d'un plat ; la vue et l'audition sans oublier le toucher, si important avec la caresse). C'est ce présent (avec ses deux significations ici : temporalité et cadeau) que la personne veut pleinement vivre. Au soignant d'aider à ce que les modalités sensorielles soient au maximum opératoires.

Le futur

Donner du *sens* à sa vie, c'est aussi parler de **direction**. Une maladie n'empêche pas de faire prendre une direction à la personne même si celle-ci n'est pas celle qu'elle aurait voulu vivre ou imaginer. Et même si la mort approche, le vivant est bien vivant jusqu'à la mort et il doit pouvoir durant ces jours ou semaines à vivre, vivre son futur, c'est-à-dire son projet comme autant de moments de créations de relations qui seront comme des gouttes d'éternité partagées avec les êtres aimés[69, 70].

Se sentir aimé et aimable

Donner du *sens* à sa vie, c'est aussi être dans la **sensualité** et la **sensibilité**, deux sensations vécues dans la chaleur de la relation, dans la confiance de se sentir aimé et d'être toujours aimable quelle que soit la crainte que sa maladie pourrait renvoyer à son entourage.

Donner du sens à sa vie, c'est donc pouvoir mettre des mots sur son histoire, sur son passé avec ses racines, c'est vivre pleinement au présent par les relations fortes et pleines de respect au jour le jour avec tous les *Tu*(s) qui soignent ou viennent voir, et c'est avoir encore des projets de vie, en se sachant toujours aimé et aimable de toutes celles et ceux qui entourent.

Obstination et obstination déraisonnable

Étymologiquement le mot vient d'*Ob* : devant et de *stare* : être debout. L'*Obstinatio* renvoie à la persévérance, à la constance et à la fermeté. Qui peut dire que l'obstination n'est pas une qualité bien appréciable pour un soignant qui fait un massage cardiaque en attendant les secours, ou quand il faut chercher une voie veineuse sur une personne où « tout claque ! ». Mais que dire quand l'obstination renvoie aussi et le plus souvent à la personne qui poursuit inlassablement une action et un traitement répété face à une maladie qu'on ne peut faire cesser ?

À quel moment une qualité devient-elle son défaut ? Quand la pensée du soignant n'est plus mise en action. La raison est cette capacité à trouver sa propre loi en soi (*autonomos*), à inventer, à créer. Une action non réfléchie n'est pas raison, dit-on. Le soignant peut-il être dit déraisonnable alors que son métier le pousse à vouloir le mieux et le bien du malade ?

Rappelons d'abord que déraisonnable n'est pas le contraire de raisonnable. Le vrai contraire de raisonnable est « non raisonnable », c'est-à-dire ce qui n'a pas pu être raisonné, ce qui n'a pas été objet de mise en perspective, en expérimentation, en objectivation ou ce qui n'a pas de

69 Schmitt E.E., *Oscar et la dame rose*, Albin Michel, Paris, 2002.
70 de Broca A., *Adieu Pitchoun*, Cerf, coll. Paroles pour vivre, Paris, 1995.

possibilité d'être pensé, soit par manque de connaissance sur le propos à discuter soit parce que notre capacité de penser est insuffisante, non formée, embrumée.

Le déraisonnable est en revanche une sorte d'absence de mise en action de la raison ou son inadaptation face à la complexité du problème. Dans de nombreuses situations, le soignant est tiraillé entre plusieurs solutions dont aucune n'est totalement bonne. Il est facile de ne prendre que celle qui paraît la plus valorisante pour soi sans se préoccuper du malade. La raison est aussi parfois embrumée par une croyance chez celui (le médecin mais aussi parfois l'infirmier(e)) qui croit tout savoir ou tout avoir étudié. L'absence de mise en suspension de la raison fait qu'elle devient déraisonnable parce que « cette » pensée ne peut pas et ne veut pas tout appréhender d'un seul regard.

La raison devient vite déraisonnable quand l'un ou l'autre pense avoir la solution alors que la complexité invite à vivre la réponse en polyphonie.

L'obstination déraisonnable est une sortie de la raison plus qu'une non-raison. Et cela peut se passer tant en matière de soin quotidien (les toilettes dont les horaires sont figés), tant en matière de prévention (il faut absolument que la personne suive son régime de façon précise, même si elle est en fin de vie) ou thérapeutique (il faut faire une énième injection, même si la personne n'a plus de veines).

La loi du 22 avril 2005 sur les droits des patients en fin de vie revient sur cette expression d'obstination déraisonnable qui a remplacé l'expression d'acharnement thérapeutique. Ces termes évoquent cependant aussi bien la violence d'une action face à autrui. S'acharner est la marque d'une perte de contrôle de soi face à un événement. Il évoque aussi la folie du viol de la liberté d'autrui.

L'obstination du soignant c'est savoir lire et relire une bibliographie pour chercher les dernières nouvelles techniques afin de mieux traiter le patient. C'est être tenace dans son travail pour tenir malgré les difficultés pour accompagner un malade qui échappe au traitement. C'est rester calme minute après minute malgré parfois les difficultés de soins dans un service surchargé. L'obstination est sûrement une qualité du soignant.

L'obstination déraisonnable est donc une déviance de la qualité. Elle peut survenir sur un soin, lors d'une tentative de suivre à la lettre une charte ou règlement ou un protocole, lors d'une toilette qu'il faut absolument finir comme cela est marqué ou a été appris...

Le soignant ne doit donc pas craindre de vouloir être patient et persévérant face au malade afin de lui apporter les soins optimums, mais il doit aussi se dire que l'optimalité d'un soin c'est d'abord d'agir de façon prudente (*Phronesis* - Aristote), en équipe multidisciplinaire, avec le malade au centre de la réflexion et de la décision.

ÉTHIQUE OU MORALE

L'homme est spécifique par sa recherche du bien et du bonheur. Tous les concepts décrits ci-dessus s'adressent à chaque individu. Comment vivre bien ensemble si ces concepts ne sont pas partagés en communauté ? Pour ce faire, de nombreux courants philosophiques vont tenter de répondre soit à la recherche du bien, soit à la recherche du bonheur car le bien en soi n'est pas superposable à la notion de bonheur et inversement. Rechercher le bonheur pour soi peut être parfaitement incompatible avec la notion de bien universel[71].

Puisque le bien peut sembler une visée utopique à certains, l'homme va souvent chercher à atteindre son bonheur malgré les difficultés : les maladies, la vieillesse, les accidents, l'injustice sociale pour ne citer que les contraintes les plus communes. Et comment s'en approcher sans que cela ne soit au détriment d'autrui ? La réflexion philosophique et la notion d'éthique sont nées de toutes ces questions universelles, avec Aristote notamment qui cherchait une dynamique commune à tous les hommes appelée « *ethos* » dont la visée est une vie bonne à travers l'épanouissement de ses potentialités. E. Kant nous parlera surtout d'une éthique du devoir, pour reconnaître en quoi le bien est à chercher avant son propre bonheur. D'autres penseurs utilitaristes ou empiriques vont insister sur la recherche du bonheur avec le maximum de bien pour le maximum de personnes. Le débat est alors tentative de résolution de tensions entre deux rationalités morales (le devoir et le bien *versus* l'autodétermination et le bonheur), légitimes mais qui peuvent aboutir à des conclusions opposées.

Ces questions peuvent paraître très théoriques alors qu'elles sont encore pluriquotidiennes dans le domaine du soin. Car le soignant a pour mission d'accompagner, jour après jour, une personne blessée physiquement ou psychiquement à se redresser pour trouver du bonheur dans sa nouvelle perspective de vie. Comment l'aider, comment lui donner les moyens pour aller vers son propre bonheur, sont les questions au cœur de la réflexion éthique du soignant.

Le soignant va alors adopter un comportement, sans s'en rendre compte, à partir de la philosophie à laquelle il adhère et ces interrogations vont le remettre en question à chaque instant. Le problème est surtout de ne pas tomber dans un relativisme moral, c'est-à-dire dans une attitude où tout serait acceptable si cela n'est pas trop gênant pour autrui, afin de ne pas être ennuyé par les conflits à vivre.

Pourquoi parle-t-on d'éthique actuellement plutôt que de morale ?

Le mot éthique vient du mot grec *éthos*. Cicéron a traduit dans sa langue latine le mot grec d'*ethos* par le mot *moralis* (morale), en reprenant un seul des sens du mot *éthos*. Pour Aristote, le mot *éthos* était le produit de l'habitude, la gestion de la vie ensemble par des mœurs communes, mais avait aussi une dimension plus globale et générale pour parler de la vertu morale plus philosophique. Il faut alors différencier la « morale » pour désigner l'acte vertueux et la « Morale » qui recouvre les réflexions sur la philosophie morale. C'est dire si les mots éthique et morale ont les mêmes origines. Il est aussi intéressant de voir que le mot *éthos* pouvait aussi s'écrire *êthos* quand il voulait souligner que l'homme devait vivre dans un habitat adapté afin de vivre au mieux son *éthos* (sa vie en commun). Si on reprenait tous les sens du mot *éthos* dans le mot « éthique », l'éthique devrait se préoccuper d'organiser l'habitat autour des besoins de l'homme (l'hôpital ou la chambre de l'hôpital devraient être centrés autour du malade et du

71 Un malade peut vouloir avoir tous les soins disponibles avec les traitements les plus onéreux, même si c'est au dépend d'autres malades.

soignant) et non imposer à chacun d'entrer comme il peut dans un local qui n'aurait été conçu que par des techniciens et des financiers !

Signification du mot « morale »

Actuellement, la signification du mot morale est souvent réduite à celle évoquant les mœurs et les coutumes partagées pour un savoir vivre ensemble.

La morale (et non la Morale) est donc la dimension relevant du Surmoi et paraît être de nature hétéronomique et déontologique codifiant les règles de vie en commun. Ces règles sont établies par l'histoire, les traditions, les convictions religieuses et sont transmises par l'éducation. Si personne ne peut remettre totalement en cause la notion de morale en soi, nombreux sont-ils à dire que puisque la culture, l'histoire et les convictions religieuses ne sont plus homogènes dans une communauté, la morale ne peut plus être partagée et encore moins imposée, au point que certains évoquent que chacun peut avoir sa morale. Si le mot « morale » renvoie à une façon de vivre ensemble, il n'est pas possible de dire que chacun à sa morale en propre, ce qui n'aurait plus de sens. En revanche, que des communautés de personnes aient mis en place un code de vie commune différent d'une autre communauté, c'est ce qu'ont constaté les ethno-anthropologues. C'est pourquoi il est possible de parler de « morales différentes pour des communautés différentes ». L'homme se caractérise aussi par sa capacité de penser. La Morale est cet art de la réflexion philosophique qui renvoie l'homme à se remettre en question face à l'universalité. L'application quotidienne de la Morale est impossible puisque c'est surtout une démarche réflexive.

Comment faire cependant pour vivre ensemble si les fondamentaux (culturels, religieux, historiques), souvent appelés valeurs morales, ne sont pas partagés ? Comment adapter un soin face à un patient en se respectant mutuellement quand tant de valeurs semblent différentes ?

L'éthique au XXIe siècle : deux perspectives convergentes

Travailler sur l'universalisation des morales communautaires est peut-être une des fonctions de ce qu'il est convenu d'appeler l'éthique aujourd'hui. L'éthique c'est aussi au quotidien cet effort de conversation entre deux individus exposant leurs propres valeurs afin que chacun se sente respecté dans sa dimension humaine lors de cette relation intersubjective. L'éthique n'est cependant pas un simple contrat mais veut avoir une portée universelle quant à la façon de partager ces valeurs différentes. Car il ne faut pas perdre de vue que toute action entre deux humains ne peut pas ne pas retentir sur l'humanité tout entière et a donc en cela une portée universelle. Si l'éthique est donc un art universel, de mise en relation, avec une écoute particulière de l'autre et en réciprocité, l'acte éthique pourra être très spécifique puisque chaque situation est si particulière dans sa nature et sa temporalité.

Exemple : l'acte qui suivra la réflexion éthique que pose la prise en charge d'un enfant avec une péritonite sur appendicite sera différent selon que l'enfant vit dans un pays riche, habite au fin fond de la savane sans plateau technique adapté, ou s'il est atteint d'une malnutrition...

L'éthique renvoie toujours à rechercher le maximum de respect de l'autre afin qu'il puisse accroître son sentiment d'appartenance à l'humanité grâce aux soins. De nombreux principes déjà présentés seront appréhendés pour ce faire.

La notion de bioéthique s'est mise en place aux États-Unis dans les années 1970 par Van Rensselaer Potter qui s'inquiétait de voir combien l'humain était encore malmené par certains scientifiques malgré la réflexion faite depuis le procès de Nuremberg. Au prétexte de faire avancer la science le plus rapidement possible, ceux-ci utilisaient des malades sans leur consentement ou sans leur dire exactement les motifs des expérimentations ou essais thérapeutiques. Peu à peu, Potter reprend son mot « bioéthique », où le préfixe *bio* est utilisé pour parler des sciences de la vie et le mot « éthique » pour renvoyer aux valeurs et aux devoirs que le soignant devait mettre en œuvre. L'Unesco[72] reprend désormais ce terme pour aider à la mondialisation du respect de tous, du respect de tous les vivants mais aussi de toutes les générations futures, de tous les autres organismes vivants et pour aider au respect de la nature et de l'environnement.

En pratique, dans les situations de soins, les soignants sont confrontés à des dilemmes de plus en plus difficiles. Face à l'information croissante des malades, le médecin « doit partager » son pouvoir médical, d'autant qu'il ne peut plus tout gérer du fait de son hyperspécialisation. Par ailleurs, le malade s'inscrit dans une systémique familiale et sociale de plus en plus singulière et le médecin s'inscrit dans une systémique d'équipe où chaque soignant doit apporter sa voix. Cette démarche éthique dans le cadre d'une décision complexe face à un soin est dénommée dans les pays anglo-saxons bioéthique médicale et en Europe latine plutôt éthique clinique.

La bioéthique sous sa forme appliquée (« *applied ethics* ») menée par le médecin (au sens anglo-saxon du terme) ou l'éthique clinique devant une situation concrète seront cet art de la délibération dans lequel le soignant doit s'engager « en acceptant de vivre le conflit du bien à faire et du devoir à accomplir dans un monde meilleur, non à attendre mais à construire. C'est souffrir ce conflit sans repos, jamais réglé, toujours remis sur l'ouvrage[73] » avant de prendre et d'assumer une décision.

RETENTISSEMENT DANS LES SOINS DE QUELQUES COURANTS PHILOSOPHIQUES[74]

Au regard de l'importance et du retentissement pratique dans les soins des courants philosophiques qui ont marqué les siècles précédents, nous les aborderons succinctement. Le domaine du soin, par la relation particulière asymétrique entre un demandeur d'une aide, le malade et un expert, le soignant n'échappe pas à la confrontation de ces courants philosophiques, bien au

72 UNESCO. *Cours de base de bioéthique. Programme d'éducation en éthique*. Division de l'éthique des sciences et des technologies. Secteur Sciences sociales et humaines. UNESCO, 1 rue Miollis, 75732 Paris.
La Déclaration universelle sur la bioéthique et les droits de l'homme de l'UNESCO énonce d'ailleurs 15 principes de bioéthique : dignité humaine et droits de l'homme ; effets bénéfiques et nocifs ; autonomie et responsabilité individuelle ; consentement et personnes incapables d'exprimer leur consentement ; respect de la vulnérabilité et de l'intégrité personnelle ; vie privée et confidentialité ; égalité, justice et équité ; non-discrimination et non-stigmatisation ; respect de la diversité culturelle et du pluralisme ; solidarité et coopération ; responsabilité sociale et santé ; partage des bienfaits : protection des générations futures ; protection de l'environnement , de la biosphère et de la biodiversité.

73 Ricœur P., *Soi-même comme un autre*, *op. cit*.

74 Thiaw-Po-Une L., « L'utilitarisme » *in* Thiaw-Po-Une L. et coll., *Questions d'éthique contemporaine*, Stock, Paris, 2006.

contraire. Mieux les appréhender permet de mieux discerner pourquoi une personne demande telle ou telle chose de telle ou telle manière.

Rappelons tout d'abord que l'éthique est déontologique ou téléologique.

L'éthique déontologique (*deontos* : droit ; *logos* : la parole) renvoie à cette éthique du devoir, demandant à la personne de suivre des règles morales édictées par sa conscience morale (E. Kant) ou par autrui (par la société avec ses lois, par la théologie, par la communauté scientifique). La personne doit régler son action selon la norme formelle et universelle. L'acte moral n'est qu'une déclinaison de la norme universelle. Le bonheur viendra alors de surcroît du fait d'avoir pu réaliser le bien supposé que contient la norme universelle. La difficulté avec cette éthique déontologique est que le soignant ne peut y trouver de réponses face aux questions nouvelles posées par la science ou par les progrès techniques. Comment agir face aux dilemmes d'un traitement, comment l'homme peut-il trouver une réponse à une question qui n'aurait jamais été posée dans les années précédentes ?

L'éthique téléologique (*téléos* : la visée, la finalité – *logos*) renvoie à une finalité de la morale, c'est-à-dire au bonheur de l'homme appelé le souverain bien. Elle tient pour moralement justifié tout ce qui contribue à la réalisation de cette fin puisque le bonheur est le bien qu'il faut maximiser. Elle renvoie aussi à l'éthique de la vertu, déployée par Aristote qui souligne que l'homme pour atteindre le bonheur a à trouver en lui ses vertus et ainsi à exprimer toutes ses potentialités.

Courants développés par les philosophes anglo-saxons

L'utilitarisme

Auteurs principaux. XVIIIe siècle : J.-S. Mill, J. Bentham. XXe siècle : P. Singer[75].

Doctrine

L'utilitarisme est une doctrine normative qui fonde la morale de l'action sur son aptitude à conduire au plus grand des bonheurs le plus grand nombre de personnes concernées par l'action ou la règle de l'action. Elle met en valeur chaque personne, dans sa propre quête du bonheur entre plaisirs et déplaisirs représentant la somme globale des « utilités ».

Observations

Cette doctrine met certes l'individu en valeur à travers ses désirs et ses plaisirs, mais elle ne met pas en valeur l'être humain, la personne ou le sujet au sens universel du terme. Elle promeut l'autodétermination de l'individu jusqu'à prôner l'individualisme.

Ensuite, puisqu'il faut maximaliser le bonheur du plus grand nombre, cette doctrine admet *a priori* que certains seront exclus de ce bonheur dans une logique sacrificielle. Elle fait naître l'idée que toute personne vue sous l'angle de la somme des plaisirs est finalement interchangeable. Cela implique que le sacrifice de l'un peut être nécessaire pour le bien de beaucoup. Certains promoteurs du don d'organes partagent cette façon de voir.

Dans cette doctrine, tout être qui ressent quelque chose que ce soit par l'instinct ou la raison a autant de droit de poursuivre son plaisir et l'absence de déplaisir que tout autre. Dès lors, l'animal mérite d'être considéré comme sujet de droit à ne pas souffrir. Si ce débat a permis de mieux appréhender la douleur de l'animal (notamment pour les recherches scientifiques), les

75 Singer P., *La libération animale* (1975), trad. D.Olivier, Paris, Grasset, 1993.

tenants de l'utilitarisme ont dit que certains animaux valaient davantage que les humains qui n'auraient plus de capacités à ressentir. Ils évoquent ici une distinction entre les hommes et ceux qui ne le sont pas encore ou plus (*hypostases* : état en dessous).

Remarque : si cette doctrine colle à la réalité économique (on ferme bien une usine pour la délocaliser ailleurs !) ou semble terriblement pragmatique, du point de vue éthique elle peut apparaître peu propice à soutenir le plus faible, le plus vulnérable et le plus défavorisé voire à l'exclure au profit d'autrui.

Le contextualisme

Auteurs principaux. XXe siècle : M. Timmons, L. Wittgenstein.

Doctrine

Les philosophes du langage ont été les premiers à dire que les termes (ou mots) dépendent du contexte dans lequel ils sont utilisés (le mot autonomie, ou mourir dans la dignité par exemple). Ils renvoient d'une part aux représentations que chacun a de ce mot et à la situation temporelle et physique dans laquelle ils sont dits. Ce n'est pas du relativisme d'accepter cette variation de tonalité, de signification de certaines phrases.

Le contextualisme se réfère à des normes sociales et aussi épistémologiques (*épistémè* : science – *logos :* discussion sur les fondements de la science). Chaque concept moral auquel chacun croit s'est construit entre ce qu'il a pu entendre, les interdits, les tabous et sa propre gestion de tous ces concepts.

Il renvoie aussi à l'analyse différente des normes techniques. En médecine, la même quantité de globules rouges est normale ou anormale selon l'âge et le sexe de la personne considérée.

Remarque : il est difficile parfois de savoir pourquoi la personne réagit de telle ou telle manière. Elle ne peut remettre en question toutes ses valeurs du fait que tout serait lié à un concept.

Dans la relation avec autrui, il est nécessaire d'oser affirmer ses convictions (éthique de conviction) pour que l'autre puisse aussi se déterminer mais en osant accepter que la délibération pourra aboutir en grande intelligence à trouver une solution commune et acceptable par tous (pragmatisme).

Le pragmatisme

Auteurs principaux. Aristote. XIXe siècle : Ch. S. Peirce. XXe siècle : K.O. Appel, J. Habermas.

Doctrine

Le pragmatisme mesure la valeur des concepts moraux d'après leur efficacité à résoudre les conflits moraux. Il vise à donner une méthode en équilibrant les intuitions, les principes et les théories déjà connues sans tomber dans le relativisme.

J. Habermas, pour sortir des dilemmes que les soignants par exemple ne peuvent pas résoudre en utilisant une simple utilisation de principes procéduraux (dite position principielle, très défendue par des « éthiciens » aux États-Unis comme Beauchamps et Childress) demandent à dépasser leurs propres croyances sur leurs valeurs et sur les faits, dans une attitude de concertation afin de trouver non seulement une solution adaptée au cas précis mais aussi à pouvoir déterminer une solution dont le résultat conviendrait à tous après avoir justifié ses principes considérés justes, même si chacun des protagonistes partait de références différentes[76].

Ce courant aide à l'élaboration de normes sociétales dans un monde de plus en plus hétérogène socialement, philosophiquement et religieusement. Le consensus, qui n'est pas unanimité au sens plein du terme, est une démarche constructive où chacun fait un effort intellectuel pour entendre autrui. Ce n'est pas perdre ses propres fondements moraux. Cette technique fait le lit de la démarche en éthique clinique de résolution de problèmes (*voir chapitres 8 et 9*).

Remarque : si cette façon aide à dépasser les dilemmes, la discussion en équipe soignante ou en équipe multidisciplinaire n'est pas toujours facile et ne permet pas d'aboutir à un tel résultat. La démarche en éthique clinique reprend dans l'énoncé du dilemme cette perspective.

L'éthique du *care*[77]

Auteurs principaux. XXe siècle : A.R. Hochschild, B. Ehrenreich, S. Laugier[78].

Le *care* a été souvent comparé au *cure*, le préventif était à l'opposé du curatif. Le *care*, le soin du corps, le soin infirmier et les notions d'hygiène sont d'une autre nature que le *cure*, associé à la dynamique de la médecine curative, technique.

Le *care* dans l'éthique du *care* est une réflexion contemporaine un peu différente. Mis en valeur par des soignantes féministes pour traduire l'attention, le sentiment qu'elles donnaient et qui n'étaient pour autant pas valorisés, le *caring* renvoyait au maternage que chaque soin implique. Face à la marchandisation de la société, à une médecine de plus en plus contractualisée jusqu'à la protocolisation des soins les plus intimes et banaux, de nombreux soignants (infirmières notamment) veulent trouver des arguments pour ne pas se laisser submerger par une rationalisation outrancière. Le *care* projetterait un soin relationnel contre un soin rationnel. Il invite chacun à faire un soin singulier à un être spécifique où l'essence de l'homme prévaut sur tout acte technique normé et normalisé.

En lien avec le concept de sollicitude, le *care* implique la coopération entre les deux personnes et doit développer un degré de confiance réciproque accrue après le soin.

Remarque : la difficulté est de ne pas retomber dans une argumentation trop féministe, à savoir que le *care* ne serait réservé qu'aux femmes. Et de ce fait, le risque serait de ne pas valoriser à sa juste dimension, le temps et la présence auprès du malade du personnel du soin. Le *care* risquerait alors d'être assimilé et réduit à une tentative du maintien d'un idéal professionnel voire à une pure fiction face au modèle dominant de l'échange. Le nouveau concept de *proximologie*, c'est-à-dire l'attention portée aux aidants (professionnels ou non) d'une personne handicapée ou d'un malade grave à domicile renvoie indirectement à cette volonté de souligner toute la qualité «professionnelle de leurs pratiques».

76 En termes de don d'organes, les différents courants (sur le bien ou le bonheur) peuvent trouver une règle sociale pour répondre aux besoins de greffes. Exemple de la démarche de comité éthique où plusieurs personnes de philosophies différentes arrivent à émettre un avis qui convient à tous.

77 Langlois E., «Les éthiques du care, en pratique», *in Les Cahiers de l'Atelier*, Éd. de l'Atelier, Paris, 2010, 524 : 96-104.

78 Laugier S., Paperman P., *Le souci des autres. Éthique et politique du care*. Éd. EHESS, Paris, 2005.

Courants européens

L'éthique de la vertu

Auteurs principaux. Platon, Aristote. XVIIe siècle : Pascal, Spinoza.

Doctrine

Aristote soutient que le seul but de l'homme est le bonheur, le bien souverain. « Le bien est ce vers quoi tout être tend, à ce qu'il semble[79] ». « La vertu est donc une disposition acquise volontaire, consistant par rapport à nous, dans la mesure, définie par la raison conformément à la conduite d'un homme réfléchi. Elle tient la juste moyenne entre deux extrémités fâcheuses, l'une par excès, l'autre par défaut ». Cette thèse conduit donc à une représentation très différente de la vertu qui n'est pas le seul bon coté d'une disposition mais la capacité à trouver un équilibre par la prudence (la *phronesis*) entre deux excès. Par exemple, le courage est une disposition entre la crainte (par défaut de courage) et la hardiesse (par excès) ; la générosité est la vertu entre avarice et prodigalité, etc. À l'homme de savoir dépasser ses passions et cultiver ses vertus par une éducation de la volonté.

Remarque : on peut facilement penser que cela pourrait renvoyer à une simple philosophie hédoniste, ce qui serait le contraire de ce que prône Aristote.
La philosophie souligne avant la connaissance de la psychologie combien l'homme avait des capacités à trouver, en contexte, des solutions grâce à sa *phronesis*.

La phénoménologie

Auteurs principaux. XXe siècle : E. Husserl, P. Ricœur.

La phénoménologie est une philosophie qui souligne la façon qu'a l'homme de vivre dans son environnement. Pour E. Husserl, la tâche de la phénoménologie est d'analyser l'acte de la conscience où un phénomène est donné. Il s'agit d'une sorte de description réflexive. E. Husserl a ainsi décrit la phénoménalité, c'est-à-dire le donné du phénomène, c'est-à-dire la manière dont l'événement, l'objet entre dans l'expérience de l'homme. La phénoménologie est le « phénomène-en-tant-que-vécu-dans-l'expérience ». Pour toute personne, ce qui est vu, ce sont des aspects, des apparences, des pourtours et la chose perçue, c'est le système complexe de cette multiplicité ininterrompue d'apparences et d'esquisses que livre l'expérience immédiate. La « chose perçue » n'est rien d'autre que ce que la personne perçoit. Elle est ce système complexe dont la personne ne possède jamais la totalité, mais qui consiste réellement en ce qu'elle a perçu de toute cette diversité. L'être du phénomène, c'est son apparaître, les deux termes sont et ne font qu'un.

Remarque : le soignant utilisera souvent cette façon de voir l'homme s'il accepte de se dessaisir de sa connaissance qui lui semble rationnelle, celle des livres. Car c'est le malade qui vit cette expérience. Si une maladie (une varicelle) est toujours une varicelle, seul le malade donnera du sens à sa maladie, à ce qu'elle entraînera dans sa vie. En cela, il a une démarche phénoménologique.

79 Aristote, *Éthique de Nicomaque*, trad. J. Voilquin, GF Flammarion, Paris, 43, 2001.

L'existentialisme

Auteurs principaux. xxe siècle : M. Heidegger, K. Jaspers, J.-P. Sartre, E. Mounier.

L'existence pour Jaspers, c'est la capacité de prendre une décision libre, une décision qui est située dans le temps, traverse le temps jusqu'à l'éternité. Cela renvoie donc à la responsabilité de l'homme vis-à-vis de lui-même, en vérité par rapport à lui et au monde qui l'entoure. Ce monde est spécifique à sa vie, puisque l'homme n'« existe » que dans son époque et son milieu. Le soignant manie quasi en permanence cette perspective pour que le malade se prenne vraiment en main.

Si cette définition est acceptée par tous, Sartre par exemple souligne que puisque Dieu n'existe pas d'après lui, l'homme se définit uniquement par sa raison. L'homme n'existe donc que par son projet et ses capacités à se réaliser. Son essence (son être en soi, son aspect ontologique) n'est que secondaire à son existence (cette vie qui est son projet). Cette dernière pensée est souvent ainsi en filigrane dans le monde du soin, quand on n'associe la notion de personne qu'à celle qui est capable de prétexter d'un projet de vie. En dehors de projets, la personne pourrait ne plus être considérée comme une personne à part entière. Mais Sartre souligne que même malade, la personne doit considérer qu'elle a des éventails de possibles et qu'elle a à décider de sa situation, c'est-à-dire à assumer sa condition de malade pour la dépasser[80]. Pour Jaspers ou pour Sartre, la responsabilité de chacun dans son état et dans sa situation ne le renvoie pas cependant à la seule responsabilité pour lui-même dans un individualisme total, mais bien à une responsabilité envers tous les hommes[81].

Remarque : le projet de vie est au cœur de la démarche du soin. Le soin entre bien souvent dans cette philosophie de l'existentialisme. Au soignant de ne pas exclure de l'humanité celui qui n'aurait plus de projet personnel comme la personne souffrant de démence ou en coma profond.

L'éthique de la discussion

Auteurs principaux. xxe siècle : J. Rawls, K.O. Appel, J. Habermas.

Face à la complexité du monde[82], le sujet ne peut plus croire qu'il est capable de se donner à lui seul des normes valant pour soi et pour les autres, c'est-à-dire des normes universalisables. L'homme possède pourtant en lui tout ce qui tend vers son accomplissement, ce qu'il est en puissance, qui tend vers son bien. Le bien est ce à quoi l'être est « destiné » et ce bien est le bonheur, véritable fin en soi puisque c'est l'aboutissement de la mise en valeur de ses potentialités. Et si chaque homme peut se « plaindre » de ne pas avoir toutes les ressources, Aristote souligne qu'il est de sa responsabilité de cultiver ses vertus afin de le conduire à l'accomplissement de la nature qui est la sienne.

J. Rawls a proposé alors une technique pour tenter de trouver la meilleure des solutions pour tous, intitulée « le voile de l'ignorance ». En termes de pratique de soin, ce test idéal où chacun pourrait prendre parti dans la discussion à partir d'une place qu'on lui assignerait par

80 Sartre J.-P., *Cahiers pour une morale*, *op. cit.*

81 Sartre J.-P., *L'existentialisme est un humanisme*, *op. cit.*.

82 Morin E., *La méthode*, 6 tomes, Seuil, Paris, 2004.

tirage au sort, permettrait d'être le plus équitable possible. Cette technique permet de satisfaire les principes de la justice entendue comme équité et se rapproche autant que possible d'un système de coopération basé sur la volonté, car elle satisfait les principes mêmes auxquels des personnes libres et égales donneraient leur accord dans des circonstances elles-mêmes équitables.

Pour Habermas, le principe de la discussion est au cœur même de la démarche en éthique. Il veut montrer que si tout le monde participe réellement à la discussion autour d'un dilemme, ou pour l'élaboration d'un projet, la conclusion sera ni le plus petit commun multiple ni la simple somme des possibles mais bien souvent un possible auquel personne n'aurait pensé seul.

On peut parler ici de consensus quand l'accord est obtenu par toutes les personnes en présence. Mais il est probable que chaque personne n'accepte pas de la même manière la décision. Il est important que chacun puisse exprimer avant la décision sa propre perspective et se sente reconnu comme partenaire à part entière dans la discussion comme cela est souligné ci-dessus. Le consensus peut masquer de profonde division à terme entre les membres d'une équipe si l'un d'entre eux s'est senti spolié, instrumentalisé ou dénié dans sa compréhension du dilemme.

Remarque : le soignant a beaucoup à apprendre dans ce type de démarche en vue d'obtenir un consensus pour que chaque personne puisse donner du sens à la décision prise en dernier recours.

On peut considérer que les réunions dans les espaces éthiques reprennent cette dynamique en demandant à chacun d'exprimer sans violence mais en toute réflexion et en toute conviction sa position face à un dilemme éthique. Entendre les uns et les autres apporter une parcelle de vérité en soulevant des facettes de la complexité amène les protagonistes à mieux accueillir la décision qui sera prise. L'important dans une telle démarche est de vouloir arriver à une décision. Si malheureusement personne ne veut déplacer son regard de sa perspective, il ne sera pas possible de trouver un consensus.

L'éthique de la responsabilité

Auteurs principaux. XXe siècle : M. Buber, E. Levinas, P. Ricœur, H. Jonas.

La responsabilité est bien entendu discutée et réfléchie par tous les philosophes comme nous l'avons vu ci-dessus. Mais ce thème est au cœur des réflexions de ces philosophes contemporains.

Buber rappelle que le *Je* ne peut se dire que sous le regard d'un *Tu*. La responsabilité est donc dans la réciprocité de la relation.

Levinas comme Ricœur soulignent que la responsabilité se noue donc face à l'altérité de l'autre. Pour Levinas, cette responsabilité de chacun est totale pour l'autre, dès lors que l'autre « tombe » sous son regard. Pour Ricœur, le *Je* et le *Tu* ne peuvent se dire que si la société leur permet de le faire, renvoyant ainsi la responsabilité de l'éthique des uns et des autres dans une société juste. Être éthique « c'est avoir une visée de la vie bonne avec et pour autrui dans des institutions justes » dit-il[83]. « Être éthique c'est accepter et vivre le conflit du bien à faire et du devoir à accomplir dans un monde. C'est souffrir ce conflit sans repos, jamais réglé, toujours

83 Ricœur P., *Soi-même comme un autre*, *op. cit*.

remis sur l'ouvrage ». Voilà donc une façon très moderne de considérer la responsabilité de tous pour que chacun puisse trouver du sens à sa vie.

Remarque : le soignant est en permanence avec cette tension qui demande non seulement son attention à l'autre, et donc sa responsabilité tout en lui donnant les moyens de se prendre en charge. Cette philosophie rend compte de la relation intersubjective. Elle se distancie de la philosophie utilitariste.

Face aux nouvelles techniques de soumission de la nature par la volonté de l'homme, face à l'objectivation de celui-ci dans sa quête d'amortalité, Jonas veut nous rappeler que l'homme est un être au cœur d'un monde, et que sa responsabilité impose de ne pas tout tenter, tout réaliser pour assouvir sa toute-puissance même si les techniques le permettaient. La responsabilité de l'homme d'aujourd'hui est entière pour aujourd'hui, mais pour demain. Jonas rappelle que la vie nous a été léguée et que l'homme d'aujourd'hui doit tout faire pour léguer aux enfants et à l'humanité futurs un monde vivable. L'idée de progrès n'a de sens que si l'avenir est préservé, nous rappelle-t-il[84].

Remarque : le soignant est ici convoqué pour organiser le progrès même en matière de santé dans une perspective plus universelle et pour l'avenir. Il y a ici une ouverture sur la façon écologique de voir le monde.

L'éthique de l'intersubjectivité

Auteurs principaux. Platon. XXe siècle : M. Mounier, M. Buber, E. Levinas, P. Ricœur, A. de Broca.

L'intersubjectivité est cette responsabilité partagée dans le développement réciproque des uns et des autres. Si Descartes parlait de doute, face à l'expérience, il oubliait que ce doute lui était permis aussi grâce à autrui. Aristote, tout comme E. Kant, renvoie à une pensée très personnelle. Les philosophes anglo-saxons soulignaient que les hommes devaient vivre ensemble malgré leurs contraintes et leurs désirs souvent contradictoires. Ils ont alors organisé ces philosophies pragmatiques où la force de l'autre est canalisée dans un contrat. Pour Platon, chacun doit aider à accoucher autrui de ce qu'il est. Pour Buber, Levinas ou Ricœur, l'autre est au cœur de la vie de chacun. C'est autrui qui donne la mesure de la vie de l'un. Ce sont les uns et les autres qui se fécondent bien au-delà de l'accouchement. L'autonomie de la personne se conjugue autrement et est appelée konomie[85] pour identifier l'importance d'une parole qui prend du sens dans une histoire et un environnement.

Remarque. La complexité de l'homme rend compte de la difficulté éthique de l'aider à se connaître, à se comprendre et à s'apprécier. Cette façon d'aborder l'homme demande du temps, ce qui ne va pas dans le sens d'une pratique du soin de plus en plus réduite à l'acte technique. Cette vision serait-elle utopique ?

84 Jonas H., *Le principe responsabilité*, Flammarion, Champs, Paris, 402, 1998.

85 de Broca A., *Comment penser l'homme. op. cit.*

LES CONCEPTS JURIDIQUES

De nombreux concepts juridiques sont à mobiliser dans le cadre de l'activité soignante, et ce en raison de son encadrement légal et réglementaire et des responsabilités qui y sont associées. Il est essentiel de bien comprendre ces différents concepts afin de saisir l'esprit des différents textes que les soignants rencontrent dans le cadre de leur activité professionnelle.

Définition du droit

Le droit est un ensemble de règles de conduite qui, dans une société donnée, et plus ou moins organisée, régissent les rapports entre les hommes. En cas de non-respect d'un principe réglementaire une sanction peut être décidée par une juridiction autonome.

« Pendant très longtemps, le droit n'était qu'une préoccupation mineure, voire marginale, pour les acteurs de santé. Tout n'allait pas sans difficultés, mais le soin était ressenti comme bienfaisant par nature et le progrès dans la qualité des soins apparaissait comme une justification suffisante aux interrogations nées de la pratique. Il y avait sans doute à progresser, mais le progrès était là. En quelque sorte, la raison et la science limitaient la part du droit. La vigueur du progrès scientifique, l'évidence de l'amélioration des techniques sanitaires étaient la référence face aux incertitudes. Bien sûr, il fallait se préoccuper du droit, mais cette préoccupation prenait essentiellement la forme d'un devoir d'attention[86]. » Aujourd'hui les choses sont différentes. Le droit ne se contente plus d'un devoir d'attention. On peut même dire qu'il préexiste à tout le reste.

Point clé à retenir

- Les pratiques soignantes s'inscrivent dans un cadre légal et réglementaire ; c'est lui qui pose les contours de ce qu'il est permis de faire et de quelle manière.

Les patients sont depuis quelques années très sensibles aux respects de leurs droits et mettent ce point à l'honneur avant la technicité des soins. C'est le sens de la loi du 4 mars 2002. Il n'est donc plus suffisant que les soins soient de qualité, même si cette condition demeure, mais le soin doit en outre être réalisé conformément au cadre juridique établi et dans le respect des droits des patients. « Le Code de la santé publique qui, il y a une vingtaine d'années encore, était embryonnaire a acquis une ampleur considérable. Cette augmentation en volume de la législation et de la réglementation n'est pas une contrepartie de l'imagination des juristes, mais la réponse à un besoin social. Avec la loi du 4 mars 2002 sur les droits du malade et la qualité du système de santé, le Code de la santé publique est devenu un code majeur, regroupant dans ses premières dispositions, l'exposé juridique d'un véritable droit commun du soin. La santé est devenue technique, complexe, porteuse d'enjeux essentiels. Le devoir d'attention, le souci bienveillant des soignants, la conscience individuelle ne suffisent plus. Les pouvoirs publics doivent donner le cap, assurer la cohérence sociale, par une œuvre normative[87]. »

86 « Droit, Déontologie, Soins », volume 2, n° 2, juin 2002, *in Cahier pédagogique*, p. 216 et suivantes.
87 Idem.

Rapports entre le droit et la morale

La morale est un ensemble de règles de conduite, de relations sociales qu'une société se donne et qui varie selon la culture, les croyances, les conditions de vie et les besoins de la société. Étymologie : du latin *mores*, mœurs.

La morale est un ensemble de principes de jugement, de règles de conduite relatives au bien et au mal, de devoirs, de valeurs, parfois érigés en doctrine, qu'une société se donne et qui s'imposent autant à la conscience individuelle qu'à la conscience collective.

Il n'existe pas qu'une seule morale, mais autant qu'il existe de groupes sociaux, d'individualités, de périodes historiques ou de lieux géographiques.

Pour exemple, le fait de ne pas mentir, le fait de ne pas s'attaquer à des personnes plus faibles que soi sont des principes moraux.

Il existe bien entendu d'étroites relations entre le droit et la morale. En effet de très nombreuses règles de droit sont empruntées à la morale, ce qui peut porter à considérer que le droit n'est pas autre chose que la morale relayée et sanctionnée par le groupe social; les relations étant réciproques, on peut aussi estimer qu'en influençant les mœurs, le droit peut rejaillir sur la morale.

Mais les sources du droit et de la morale sont différentes. En effet, les sources du droit sont formalisées (textes de lois, constitution) alors que les sources de la morale le sont moins, ce sont parfois des valeurs qui perdurent par-delà les époques, sans formalisme particulier. Les sanctions du droit et de la morale sont également différentes.

L'homme choisit de suivre ou de ne pas suivre les règles morales, de les faire siennes ou non. En revanche, il ne dispose pas de cette liberté pour les règles légales. Et ce, même si à l'origine de cette obligation, il y a également un choix puisque l'homme à un moment donné de son histoire a choisi de se donner des règles et d'en accepter la contrainte, c'est le principe du contrat social théorisé par Rousseau.

L'équité

Définition

L'équité correspond à un sentiment de justice. Ce qui est équitable c'est ce qui parait juste. Il est très difficile de définir ce qui est équitable de ce qui ne l'est pas, tant le sentiment de justice est propre à chacun.

Ce qui va paraître juste et équitable à une personne semblera peut-être injuste à une autre. Et c'est la toute la complexité du problème. Souvent l'équité est ce que l'on attend du droit. On souhaite que le droit soit juste. Or, ce n'est pas le rôle premier du droit, son premier rôle est d'encadrer, de définir des règles. Et il serait difficile voire presque impossible de ne prévoir que des règles équitables et justes, tant ce sentiment est subjectif. Il y aura toujours des personnes qui trouveront que telle règle de droit n'est pas équitable, parce qu'elle ne leur est pas suffisamment favorable par exemple, renforçant ainsi leur sentiment d'injustice. Il faut se départir de sa situation, de son sentiment personnel pour pouvoir appréhender ce qui est juste, de ce qui ne l'est pas.

C'est pour cela que le droit est toujours pensé comme général, absolu et impersonnel. S'il commence à se positionner du côté de telle ou telle individualité, il lui sera impossible de déterminer des règles, qui pourtant sont fondamentales à la vie en société. Il est donc essentiel de se départir de la croyance que le droit est juste et équitable, tout simplement parce que ce n'est pas l'objectif qu'il poursuit en premier lieu.

Bien entendu, le législateur tend vers la justice, mais en acceptant que cette justice soit un idéal qu'il n'est pas possible d'atteindre.

Il est par ailleurs important de ne pas confondre l'équité avec l'égalité. Ce qui est égal c'est ce qui est identique (couper un gâteau en 6 parts égales, pour 6 personnes). Or, ce qui est égal, identique, n'est pas nécessairement juste.

Ainsi le principe des impôts ne s'appuie pas sur l'égalité (tout le monde paie la même somme), mais sur le principe de l'équité (chacun paie en fonction de sa tranche d'imposition correspondant à ses revenus). L'égalité, souvent invoquée comme une valeur forte de la vie en société, peut être génératrice d'importantes injustices, et ce dans la mesure où elle fait disparaître les différences entre les personnes pour leur appliquer les mêmes règles. L'égalité est essentielle, chaque personne doit ainsi avoir les mêmes droits que les autres, mais dans leur exercice, l'égalité doit s'effacer derrière l'équité si l'on veut tendre vers de la justice sociale.

Droit et équité

Le besoin de la sécurité peut éloigner le droit de la justice. Or le recours à l'équité tend précisément, par l'atténuation de ce que le droit (et surtout le droit écrit) peut avoir de trop rigide, à réduire l'écart pouvant exister entre le droit et la justice. C'est lors des contentieux que l'équité va réapparaître. Le juge pour trancher un litige va prendre la décision qui paraît la plus équitable eu égard à la situation qu'il a en face de lui et dans les limites du cadre légal correspondant. L'équité permettra alors d'atténuer le côté nécessaire mais parfois arbitraire du droit.

Droit et éthique

Le droit pose le cadre à l'intérieur duquel il est possible d'agir, il impose des limites à ne pas dépasser. Mais il le fait de manière abstraite, sans référence à une situation individuelle particulière. Le droit apparaît en ce sens désincarné. L'éthique va s'attacher à un moment, à une situation individuelle. Le raisonnement éthique permet d'incarner une règle légale, de mettre de la « chair » sur du droit. En cela on peut considérer que l'éthique permet de concilier droit et humanité. Les deux sont nécessaires : il faut un cadre limitant afin de protéger l'humain contre les abus, et en même en temps il faut être en capacité de s'interroger sur nos attitudes, nos décisions et leurs impacts sur un individu singulier à un instant T.

Il est essentiel de comprendre l'esprit d'une loi avant même d'en étudier les dispositions de manière précise. Le message que souhaite faire passer le législateur est tout aussi important que les articles d'un texte de loi. Quand on s'interroge sur un article de loi, il est toujours important de se poser la question : mais que souhaite-on me dire ici ? Quel est l'objectif poursuivi ? Qu'attend-on de moi ?

Une application d'une loi purement administrative, purement procédurale, à défaut d'en avoir compris l'esprit et le sens perd tout son intérêt, notamment en matière de santé.

Il est important de lutter contre cette dérive procéduro-réglementaire dans laquelle la réflexion ne trouve parfois plus sa place, et ce au risque de rendre vaine la démarche éthique dans laquelle l'approche humaine est prégnante.

Définition de la déontologie

Le terme de déontologie se rattache aux professions dites ordinales c'est-à-dire qui sont organisées en ordre professionnel. Seules ces professions disposent d'une déontologie formelle, contenue dans un code de déontologie.

Exemple : parmi les principes déontologiques que l'on retrouve dans nombre de codes de déontologie, celui de la confraternité. Il est ainsi souvent précisé que les professionnels d'une même profession doivent entretenir entre eux des rapports de bonne confraternité, ce qui signifie qu'ils doivent s'interdire de tenir des propos méprisants ou d'avoir des attitudes portant atteinte à un autre professionnel.

Ce code est rédigé par l'ordre professionnel compétent et son respect s'impose à tous ceux qui exercent la profession. Les infirmiers sont organisés depuis 2006 en ordre professionnel. À ce titre, l'une des missions de l'ordre national des infirmiers est de rédiger un code de déontologie applicable aux professionnels.

Point clé à retenir

- Le code de déontologie infirmier pose les principes et les valeurs qui sous-tendent l'exercice de la profession.

Sont repris des dispositions figurant dans des textes de loi, et notamment, en ce qui concerne la profession d'infirmier, des dispositions concernant les droits du patient. On y trouve également des principes régissant les rapports entre les professionnels mais également des règles relatives aux différentes formes d'exercice professionnel tel que l'exercice salarié ou l'exercice libéral.

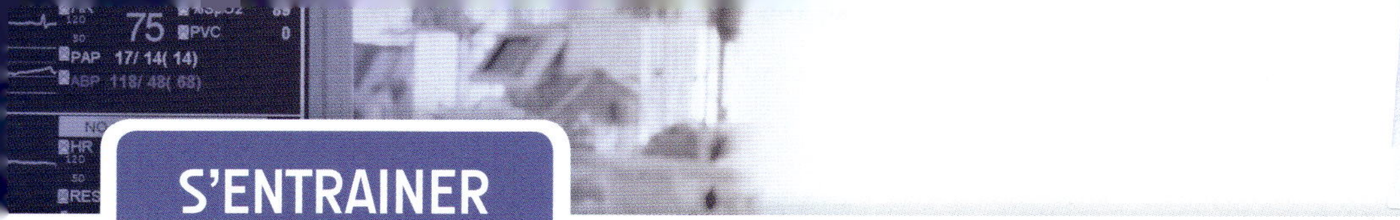

S'ENTRAINER

VÉRIFIER SES CONNAISSANCES

1 QROC (Questions à réponses ouvertes courtes)

1. Comment peut réagir une personne avec la perspective d'une vie faite de « zapping » face à la maladie ?

2. En quelques mots, comment montrer dans le soin que l'autre est digne ?

3. Pourquoi un patient ne peut pas demander au titre de son autodétermination qu'un soignant lui pratique l'euthanasie ?

4. Un patient en fin de vie vous demande de pratiquer une injection de médicament qui risque de le tuer. À quelle forme d'autonomie renvoie votre réponse :
– « C'est vous qui décidez »
– « Non ce n'est pas possible, car toute vie est une fin en soi »
– « La loi nous l'interdit »
– « Quel sens donnez-vous à cette question ? »

5. Peut-on, en pratique clinique, suivre l'autonomie kantienne ?

6. Pourquoi peut-on parler d'hétéronomie chez la personne scientiste ?

7. Peut-on refuser une prise en charge médicale et financière d'un cancer de la gorge et du larynx par la collectivité (assurance sociale) d'un patient qui aurait consciemment eu un comportement à risque (fumer et boire de l'alcool) ? À quels principes philosophiques cette situation fait-elle référence ?

8. Comment penser la relation entre la vulnérabilité et la résilience ?

9. Que doit faire un soignant quand il fait un prélèvement de sang pour une recherche ?

10. N'y a t-il pas contradiction entre le mot égalité et différence de traitement, surtout quand les protocoles nous disent ce qu'il faut faire ?

11. Quelles sont les différences entre le droit et la morale ?

12. Le droit est-il juste ?

13. Quelle est la définition de la déontologie ? Quels sont les rapports avec le droit ? Les différences ?

14. Compléter les pointillés :
« Le droit c'est un ensemble de .... qui, dans une ...... donnée, et plus ou moins ...., régissent les .... entre les hommes. En cas de non .... d'un principe réglementaire une .... peut être décidée par une .... ».

15. Vrai ou faux :
– Ce qui est équitable c'est ce qui est égal.
– Toutes les professions ont un code de déontologie.
– Le non-respect d'un principe moral n'entraîne pas forcément de sanction.

TRANSFÉRER À D'AUTRES SITUATIONS

Madame Huberte est hospitalisée dans une chambre double dans un service de chirurgie pour une intervention orthopédique programmée de longue date. Elle sort ce jour à partir de 14 h 30 comme le veut le règlement du service. Il est environ 10 h, le service est complet et une entrée est annoncée. La question se pose alors de savoir où cette nouvelle patiente va être installée ? L'équipe prend la décision d'installer la madame Huberte dans le salon de télévision et de récupérer sa place pour la nouvelle patiente. Ses effets personnels sont rapidement regroupés et mis dans le salon où se trouvent déjà 2 autres personnes. Toujours en chemise de nuit, Madame Huberte se demande où peut-elle se changer, finir sa toilette interrompue puisque sa chambre est dorénavant occupée. Elle est confuse et ne retrouve plus ses affaires.
Quels sont les attributs du principe de dignité dans cette situation clinique ?

CORRIGÉS

VÉRIFIER SES CONNAISSANCES

1 QROC (Questions à réponses ouvertes courtes)

1. Elle aura bien des difficultés à reprendre une gestion de sa maladie si elle a vécu dans le déni du temps qui passe. Elle aura des difficultés pour l'intégrer dans son histoire, pouvant dénier ce moment de vie, le refouler.

2. En pratique de soin, respecter le principe de dignité, c'est ne pas malfaire, ne pas vouloir lui imposer un modèle de bien-être ou de bonheur, c'est ne pas vouloir l'instrumentaliser au profit d'une recherche ou du seul intérêt de la société. C'est mettre sa parole au centre des décisions.

3. Il y a certes la loi du 22 avril 2005 qui l'interdit, mais il y a aussi le fait que le patient ne peut pas se sentir seul sur la Terre et doit aussi comprendre les interactions qu'il a avec le monde. Sa décision est certes légitime mais pas à n'importe quel prix puisque justement la dignité de l'homme n'a pas de prix. Son autonomie s'arrête là où on commence à fixer un prix à la vie.

4.
– « C'est vous qui décidez » : répondre à cette demande en se disant que c'est lui qui décide, revient à suivre le concept d'autonomy-autodétermination.
– « Non ce n'est pas possible » : c'est une réponse de type kantien.
– « La loi nous l'interdit » : répondre à cette demande en disant que « la loi interdit tout geste de cette nature » peut faire croire à la personne qui la pose qu'on la discrédite si la réponse du soignant est assénée pour empêcher la discussion, même si effectivement la loi l'interdit en France.
– « Quel sens donnez-vous à cette question ? » : cette réponse ouvre sur la recherche du vrai dilemme que pose le malade à travers cette question, comme les membres des équipes de soins palliatifs le constatent quasiment tout le temps. Ouvrir ensuite la discussion sur le sens que la personne veut donner à sa vie aujourd'hui avec sa maladie dans son contexte social et familial, renvoie au concept de konomie.

5. Pour l'homme du XXIe siècle, une autonomie kantienne qui serait liée à une obligation ne veut pas dire grand-chose. La liberté du sujet aujourd'hui renvoie à sa délibération et à son autodétermination. Pourtant, la vie est suite d'actions qui s'imposent au soignant (protocoles, charte, règlements, lois). Mais ces éléments sont peu ou prou acceptés.

6. Parce qu'elle a tellement confiance dans la recherche qu'elle lui voue toute sa vie et l'adule. Cette dynamique n'aide en rien, l'autonomie et la capacité à assumer sa nature humaine sont le premier pas pour le bien-être psychique.

7. Le principe d'autonomie, qui est de pouvoir avoir un comportement à risque, n'empêche pas qu'il faille traiter le patient dignement comme un autre. Les principes de dignité et de justice sont ici interpellés et sont plus importants que l'autonomie prétextée par la personne lors de sa mise en danger. Il est licite dans ce contexte, c'est-à-dire en France, de prendre en compte par l'assurance sociale son cancer du poumon ou de la gorge. Par contre, dans les pays où le principe d'autonomie (certains États aux États-Unis) est mis en exergue avant tout autre principe, le malade peut se voir refuser non pas les soins mais la prise en charge financière par la collectivité de ses soins.

8. La résilience est la capacité de survivre à un drame, à un impact ou à une maladie grave. Elle dépend de nombreux éléments et est d'autant plus difficile à faire surgir que le traumatisme survient chez une personne vulnérable.
C'est pourquoi aider toute personne vulnérable à ne pas subir d'impacts trop fort à l'annonce de la maladie, à la réalisation d'un soin, d'une radiographie, c'est l'aider à ne pas avoir à chercher en elle des ressources psychiques très coûteuses en termes d'énergie pour dépasser l'événement et ainsi ne pas être obligé de devenir résiliente.

9. Le soignant ne doit pas exécuter un protocole de recherche sans en connaître les éléments principaux. Il peut demander à lire le protocole d'autant qu'il aura parfois à répondre à des questions du patient. Si le soignant n'est pas responsable du protocole, il sera toujours responsable de son geste.

10. L'égalité ici veut exprimer l'équité. C'est l'adaptation au besoin réel de chacun et non une répartition identique du produit.
Si un héritage doit selon la loi être exactement identique entre les membres de la fratrie, pour qu'il n'y ait pas de jaloux et que ce soit égal, il apparaît non raisonnable de dire qu'il faut systématiquement faire le même traitement pour une insuffisance rénale. Si la biologie est identique entre deux patients, cela n'est pas équivalent si l'un à 80 ans et est malade d'autres organes quand un autre a 40 ans et souffre seulement de cette insuffisance rénale.

11. Les sources du droit et de la morale sont différentes. Les sanctions du droit et de la morale sont également différentes. L'homme choisit de suivre ou de ne pas suivre les règles morales, de les faire siennes ou non. En revanche, ils ne disposent pas de cette liberté pour les règles légales, s'il ne les respecte pas il pourra être sanctionné par une juridiction.

12. Dans l'idéal, les citoyens souhaitent que le droit soit juste. Or, ce n'est pas le rôle premier du droit, son premier rôle est d'encadrer, de définir des règles. Et il serait difficile voire presque impossible de ne prévoir que des règles équitables et justes, tant ce sentiment est subjectif. C'est pour cela que le droit est toujours pensé de manière générale, absolue et impersonnelle. Il est donc essentiel de se départir de la croyance que le droit est juste et équitable, tout simplement parce que ce n'est pas l'objectif qu'il poursuit en premier lieu.
Bien entendu, le législateur tend vers la justice, mais en acceptant que cette justice soit un idéal qu'il n'est pas possible d'atteindre.

13. La déontologie correspond aux règles d'exercice que se donne une profession organisée en ordre. Ces règles sont réunies au sein d'un code de déontologie qui prend la forme d'un arrêté. Elles ont donc une valeur juridique. Elles engagent les professionnels et leur non-respect est passible d'une sanction ordinale. Les règles déontologiques font donc partie du droit mais elles sont circonscrites à une profession déterminée. Les juridictions ordinales sont différentes de celles du droit classique. Il s'agit de juridiction composée de membres de la profession élus par leurs pairs.

14. Le droit c'est un ensemble de **règles de conduite** qui, dans une **société** donnée, et plus ou moins **organisée**, régissent les **rapports** entre les hommes. En cas de non-**respect** d'un principe réglementaire une **sanction** peut être décidée par une **juridiction autonome**.

15. Faux, Faux, Vrai.

TRANSFÉRER À D'AUTRES SITUATIONS

Les attributs du principe de dignité dans cette situation clinique sont :
– la décision a été prise sans demander à la personne ;
– il n'a pas été prévu de l'habiller « dignement » ;
– la personne est confuse de ne plus trouver ses affaires : personne ne l'a accompagnée ;
– la personne est ici prise pour un malade qui a fini de rapporter. La personne n'est plus rentable. Il faut laisser la place à une situation financièrement rentable.

2 Les droits de l'homme

COMPRENDRE

L'ORIGINE DU CONCEPT DE DROITS DE L'HOMME

Les droits de l'homme sont un concept selon lequel tout être humain possède des droits universels et inaliénables (ce qui signifie qu'ils ne peuvent pas être perdus temporairement ou non, volontairement ou non), quels que soient son statut social, son ethnie, sa religion ou sa nationalité. Ces droits sont attachés au fait d'être une personne, un être humain. L'homme, parce qu'il est homme, et quelle que soit sa condition, acquiert donc des droits qui sont opposables à la société et au pouvoir. Cette philosophie combat par conséquent les régimes totalitaires (comme celui à l'œuvre en Corée du Nord), ou hiérarchique (comme les sociétés qui sont organisées en castes, comme en Inde par exemple) dans lesquelles les droits des personnes vont être différents, et notamment en nombre, selon l'appartenance à telle ou telle catégorie sociale.

Ce qui caractérise l'idée des droits de l'homme, c'est leur inscription explicitement dans le droit (oral ou écrit). Il s'agit de leur reconnaître une application universelle et une force supérieure à toute autre norme.

Les premiers droits invoqués concernaient principalement **la liberté, la sûreté, la propriété et la résistance à l'oppression** (déclaration de 1789), qui sont des droits contre l'État et trouvent leur inspiration dans le libéralisme. Des versions ultérieures y ont ajouté des questions de *dignité* et de *bien-être* (éducation, santé…), qui sont des droits sur l'État, inspirés du socialisme au sens large. Les premiers droits, contre l'État, sont toujours classés comme un droit de première génération. Les droits ultérieurs, quand ils sont reconnus, sont qualifiés de droits de « deuxième génération » et « troisième génération ». Certains militent pour des droits dits de quatrième génération, sans pour autant que cette nouvelle catégorie de droits ne soit très claire.

L'histoire des droits de l'homme

Tout au long de l'histoire, le concept de droits de l'homme a évolué. Il est présent depuis l'Antiquité car des textes littéraires ou religieux de l'époque en font mention : on retrouve dans les textes de Platon cette idée que l'homme dispose de droits naturels, mais également dans le texte des dix commandements.

On lit parfois que la Perse est le berceau du concept des droits de l'homme, au VIe siècle avant J.-C., sous le règne de Cyrus le Grand. Après sa conquête de Babylone en -539, le roi fit réaliser le cylindre de Cyrus, découvert en 1879. Ce document est parfois mentionné comme la « première charte des droits de l'homme ». En 1971, l'Organisation des Nations unies (ONU) l'a d'ailleurs traduit dans toutes ses langues officielles. Le cylindre décrète les thèmes normaux de la règle persane : tolérance religieuse, abolition de l'esclavage, liberté de choix de profession et expansion d'empire.

Pendant le XVIe siècle, en Occident, la découverte des peuples indigènes de l'Amérique par les Européens et les premières pratiques de déportation d'Africains vers le « Nouveau Monde » sont à l'origine de l'activisme pour les droits humains de Bartolomé de Las Casas et de certains secteurs de l'Église catholique romaine, qui se manifestent avec les actes *Veritas ipsa* et *Sublimis Deus*.

Une approche des droits de l'homme et du citoyen sur le modèle antique apparaît en 1755 avec la Constitution du Généralat de Pascal de Paoli en Corse, le premier État démocratique du siècle des Lumières, selon Voltaire et Rousseau, reprise ensuite par Lafayette et Thomas Jefferson pour les États-Unis.

La première déclaration des droits de l'homme de l'époque moderne est celle de l'État de Virginie (États-Unis), écrite par George Mason et adoptée par la Convention de Virginie le 12 juin 1776 (appelée en anglais le *Bill of Rights* américain).

Elle a été largement copiée par Thomas Jefferson pour la déclaration des droits de l'homme incluse dans la Déclaration d'indépendance des États-Unis du 4 juillet 1776, par les autres colonies pour la rédaction de leurs déclarations des droits de l'homme, et par l'Assemblée française pour la Déclaration française des droits de l'homme et du citoyen, ainsi qu'elle aura inspiré largement la Déclaration universelle des droits de l'homme votée par l'ONU en 1948.

L'Assemblée nationale française, dès qu'elle se fut déclarée constituante, décida de rédiger une déclaration. La discussion débuta le 9 juillet et déboucha sur un vote le 26 août 1789, sous l'influence des leaders du tiers état et de la noblesse libérale. Ratifiée seulement le 5 octobre par Louis XVI sous la pression de l'Assemblée et du peuple, la déclaration de 1789 servira de préambule à la première Constitution de la Révolution française, adoptée en 1791. Elle est promulguée par le roi le 3 novembre 1789.

La notion de droit de l'homme restera pratiquement stable pendant près d'un siècle, puis, sous l'influence de la prise en compte de problèmes sociaux et après plusieurs décennies, les droits dits de « deuxième génération » (ou « droits-créance » garantis par l'État sur les autres êtres humains) ont été ajoutés par la Déclaration universelle des droits de l'homme (ONU, 1948).

La place de l'organisme des Nations unies dans la légitimation et la promotion des droits de l'homme est essentielle.

Depuis la Charte des Nations unies (1945) et la Déclaration universelle des droits de l'homme, la notion de droits de l'homme a été étendue, légiférée et des dispositifs ont été créés pour surveiller les violations de ces droits :

- 1966 : adoption par l'ONU du Pacte international relatif aux droits civils et politiques et du Pacte international relatif aux droits économiques, sociaux et culturels ;
- 1967 : création de mécanismes d'enquêtes par la Commission de l'ONU sur les violations des droits de l'homme des pays membres ;

- 1991 : première rencontre internationale des institutions nationales de promotion et de protection des droits de l'homme, organisée par la Commission nationale consultative des droits de l'homme (CNCDH), à Paris, sous l'égide des Nations unies;
- décembre 1993 : adoption par l'Assemblée générale des Nations unies du Programme d'action de Vienne, qui accorde une large place à la démocratie et au développement, considérés comme faisant partie intégrante des droits de l'homme, et qui appelle tous les États parties à créer des institutions nationales garantes des droits de l'homme;
- 2006 : création du Conseil des droits de l'homme de l'ONU.

Les droits de l'homme de première génération

La première génération des droits de l'homme est celle des droits civils et politiques. Ce sont des droits que l'individu peut opposer à l'État, qui ne peut agir en un sens contraire pour les limiter ou les supprimer; on les nomme ainsi les « libertés résistance ». Historiquement, ces droits se sont développés à la fin du XVIIIe siècle et ont été reconnus lors des révolutions américaine (1787) et française (1789).

Classiquement, on distingue :

- les libertés individuelles qui consistent pour chaque individu « à pouvoir faire tout ce qui ne nuit pas à autrui ». On peut compter parmi ces dernières : la liberté physique, dont en premier lieu le droit à la vie, puis l'interdiction de l'esclavage, l'interdiction de la torture et des peines inhumaines ou dégradantes et l'interdiction de la détention arbitraire; les libertés familiales (liberté du mariage, filiation, et aujourd'hui vie privée); la propriété privée (assimilée par la Déclaration de 1789 à un droit naturel et imprescriptible de l'homme, articles 2 et 17); la liberté contractuelle (article 1134 du Code civil français);
- les libertés politiques, c'est-à-dire le droit de vote; le droit de résistance à l'oppression; le droit de réunion pacifique... Elles recouvrent entre autres les libertés de culte, de conscience, de l'enseignement, de communication, d'association...

Les droits de la deuxième génération

Ce sont des droits qui nécessitent l'intervention de l'État pour être mis en œuvre. L'individu, contrairement à l'hypothèse des droits de première génération, est ici en mesure d'exiger de l'État une certaine action. On les nomme aussi classiquement les droits-créances, que l'État doit en retour d'un abandon d'une part de la liberté de ses citoyens. Ce sont aussi les droits sociaux. La notion apparaît à la suite des luttes socialistes, et elle est aujourd'hui considérée comme part entière de l'État de droit.

Historiquement, la plupart de ces droits ont été reconnus au lendemain de la Seconde Guerre mondiale. On peut en donner une liste non exhaustive : droit au travail; droit à la couverture sociale; droit à l'éducation; droit de grève (1864); droit de se syndicaliser (1884)...

Les droits de l'homme de troisième génération

Les « droits solidarité » dits de troisième génération, qui tiendraient à une solidarité nationale, ont émergé dans les doctrines des années 1980.

Bien que les doctrines se divisent encore sur leur contenu, les droits s'articulent tous au du principe fondamental de l'égalité ou de non-discrimination. On peut citer ainsi : le droit l'environnement ; les considérations de bioéthique ; le droit au développement ; le droit à la paix...

Quel lien avec les soins infirmiers ? Cette notion de considération de l'homme sous-tend la conception des soins infirmiers. Historiquement, l'exercice de la profession d'infirmier est imprégné par ces valeurs fondatrices.

LES TEXTES RELATIFS AUX DROITS DE L'HOMME

Les droits de l'homme sont généralement reconnus dans les pays occidentaux par la loi, par des normes de valeur constitutionnelle ou par des conventions internationales, afin que leur respect soit assuré, si besoin est contre l'État lui-même.

La déclaration des droits de l'homme et du citoyen (1789)

Il s'agit d'un des textes fondamentaux de la Révolution française, qui prévoit un ensemble de droits naturels individuels et collectifs. Elle est adoptée définitivement le 26 août 1789.

La Constitution française intègre la Déclaration des droits de l'homme et du citoyen par le biais de son préambule. Ses dispositions sont donc de droit positif (c'est-à-dire de droit ayant toujours une valeur à ce jour) et, se plaçant au sommet de la hiérarchie des normes, vont irriguer l'ensemble du droit français.

Chaque article de la Déclaration condamne les principes, les institutions, les pratiques de l'Ancien Régime (absolutisme, administration centralisée) : « Le principe de toute souveraineté réside essentiellement dans la nation ». La Déclaration des droits de l'homme et du citoyen légitime la rébellion des députés contre la monarchie en déclarant droit imprescriptible de l'homme, la « résistance à l'oppression ».

De nombreux articles sont consacrés à la liberté : l'article 1er (« Les hommes naissent et demeurent libres et égaux en droits »), les articles 4 et 5 (qui cherchent à définir et à circonscrire la liberté, limitée seulement par la loi et définie par « tout ce qui ne nuit pas à autrui »), les articles 7, 8 et 9 (qui précisent les caractères de la liberté individuelle : présomption d'innocence, non-rétroactivité de la loi), les articles 10 et 11 (liberté d'opinion, de presse, de conscience).

L'égalité est également affirmée : à l'article 1er, l'égalité devant l'impôt, à l'article 13, l'égalité face à la loi, à l'article 6 l'égalité dans l'accès aux charges publiques sans autres distinctions que les capacités individuelles.

La propriété, droit naturel et imprescriptible de l'homme (article 2) est, en outre, inviolable et sacrée (article 17). Selon cet article 17, « La propriété étant un droit inviolable et sacré, nul ne peut en être privé, si ce n'est lorsque la nécessité publique, légalement constatée, l'exige évidemment, et sous la condition d'une juste et préalable indemnité ».

La Déclaration universelle des droits de l'homme (1948, ONU)

Selon la DUDH, les droits humains fondamentaux sont violés quand, entre autres choses :

- une certaine race, foi, ou groupe se voit nier sa reconnaissance comme une « personne ». (articles 2 et 6) ;
- les hommes et les femmes ne sont pas traités comme égaux (article 2) ;
- les groupes différents, raciaux ou religieux ne sont pas traités comme égaux (article 2) ;
- la vie, la liberté ou la sécurité de personnes sont menacées (Article 3) ;
- une personne est vendue ou est utilisée comme esclave (article 4) ;
- une punition cruelle, inhumaine ou dégradante est utilisée sur une personne (telle que la torture ou la peine de mort) (article 5) ;
- les victimes d'abus se voient dénier une défense juridique efficace (article 8) ;
- les punitions sont traitées arbitrairement ou unilatéralement, sans droit à un procès juste (article 11) ;
- l'intervention arbitraire dans les vies personnelles ou privées par les agents de l'État (article 12) ;
- interdiction aux citoyens de partir ou retourner à leur pays (article 13) ;
- la liberté d'expression ou la liberté de religion est niée (articles 18 et 19) ;
- le droit de joindre un syndicat est nié (article 23) ;
- le droit à l'éducation est nié (article 26).

Les violations des droits humains et les abus sont en partie répertoriés par les organisations non gouvernementales telles que Amnesty International par exemple. Très peu de pays ne commettent pas de violations de droits humains significatives, selon Amnesty International. Dans son rapport de 2004 sur les droits humains (couvrant 2003), la Hollande, la Norvège, le Danemark, l'Islande et le Costa Rica sont les seuls pays qui n'ont pas violé au moins quelques droits humains significativement.

Les abus de droits humains se produisent donc également dans les démocraties. Par exemple, Amnesty International a dénoncé la gestion de la prison de Guantánamo par les États-Unis, et l'a qualifiée de « scandale de droits humains ».

Par ailleurs, les droits de l'homme ne sont pas nécessairement des droits opposables dans tous les pays où ils sont proclamés, de sorte qu'il n'existe pas toujours de voies de recours pour les faire appliquer.

La Convention européenne des droits de l'homme (1950, Conseil de l'Europe)

La Convention de sauvegarde des droits de l'homme et des libertés fondamentales, usuellement appelée Convention européenne des droits de l'homme, a été adoptée par le Conseil de l'Europe en 1950 et est entrée en vigueur en 1953, après avoir été ratifiée par dix États.

Ce texte juridique international a pour but de protéger les droits de l'homme et les libertés fondamentales en permettant un contrôle judiciaire du respect de ces droits individuels. Il se réfère à la Déclaration universelle des droits de l'homme, proclamée par l'Assemblée générale des Nations unies.

Pour permettre ce contrôle du respect effectif des droits de l'homme, la Convention a institué le Comité des ministres du Conseil de l'Europe, et surtout la Cour européenne des droits de l'homme. Celle-ci, mise en place en 1959 et siégeant à Strasbourg, est chargée de veiller au respect de la Convention par les États signataires : toute personne s'estimant victime d'une violation de la Convention peut la saisir afin de recevoir une indemnisation, pourvu que son État de résidence le lui permette, conformément à l'article 56. Notons que la France, qui héberge la Cour, n'a ratifié la Convention qu'en 1974, et n'a permis à ses résidants de saisir la Cour qu'en 1981.

L'article 2 de la Convention oblige les États, parties à la Convention, à ne pas donner la mort illégalement et à prendre toutes les mesures utiles pour protéger la vie humaine.

La Convention admet que les États puissent donner la mort dans le cadre de leur législation, pour arraisonner un malfaiteur dangereux, et en cas de légitime défense dans le cas d'attaques, pour la répression d'émeutes ou d'insurrections armées et pour les opérations de défense nationale dans le cadre des lois de la guerre. Si l'article 2 de la Convention admet l'administration de la peine de mort prévue dans le Code pénal, ce principe est remis en question par une prohibition générale de la peine de mort prévue par le protocole additionnel n° 13.

Un lien peut être fait avec le débat récurrent sur l'euthanasie. Il s'agit de situations dans lesquelles la mort est administrée à une personne qui le demande, en dehors de tout processus légal. La demande de mort exprimée par une personne n'est pas suffisante en soi pour autoriser légalement cette pratique. La valeur de vie est ici supérieure. Légaliser l'euthanasie reviendrait à autoriser une personne à en tuer une autre, indépendamment du contexte émotionnel en jeu. Ce passage d'un interdit fondateur à une autorisation légale constitue une interrogation majeure de la conception de l'humanité et du soin, chemin sur lequel la France a choisi de ne pas s'engager.

L'article 3 interdit aux États de pratiquer la torture, ou de soumettre une personne relevant de sa juridiction à des peines ou des actes inhumains ou dégradants. Il s'agit d'une des rares dispositions de la Convention qui ne soit pas assortie d'exceptions.

L'article 5 définit le droit à la liberté, soumis seulement à quelques exceptions légales qui autorisent l'arrestation dans des circonstances définies, telles que l'arrestation de personnes soupçonnées d'actes criminels, ou l'emprisonnement de personnes condamnées par un tribunal. L'article prévoit aussi le droit d'être informé, dans une langue que l'on comprend, des raisons de l'arrestation et des charges retenues contre soi, le droit de recours rapide devant un tribunal pour déterminer la légalité de l'arrestation ou de la détention, le droit d'être jugé dans un délai raisonnable ou libéré dans le cadre de la procédure, ainsi que le droit à compensation en cas d'arrestation ou de détention en violation de cet article.

L'article 6 définit dans le détail le droit à un procès équitable, le droit à une audience publique devant un tribunal indépendant et impartial, à la présomption d'innocence, à l'assistance d'un avocat, à la possibilité de faire interroger des témoins...

L'article 8 définit le droit au respect « de sa vie privée et familiale, de son domicile et de sa correspondance ». Ce droit est toutefois sujet à des restrictions « prévues par la loi » et « nécessaires, dans une société démocratique ».

L'article 9 définit le droit à la liberté de pensée, de conscience et de religion. Cela comprend aussi la liberté de changer de religion ou de convictions, et de manifester sa religion ou ses convictions individuellement ou collectivement, en public ou en privé, par le culte, l'enseignement, les pratiques et l'accomplissement des rites.

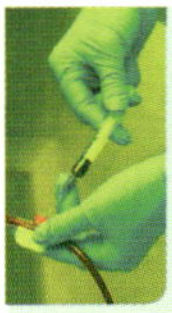

Au quotidien pour l'infirmier

Dans sa pratique quotidienne, l'infirmier est régulièrement confronté à des demandes liées à des convictions religieuses. Or, le respect de ces demandes a des conséquences sur l'organisation du service et la dispensation des soins. Pour autant, ces demandes sont à respecter, la laïcité ne s'appliquant pas au patient mais aux soignants (en tant qu'exerçant dans une entité qui ne doit pas promouvoir une religion plus qu'une autre), dans la mesure où elle ne sont pas contraires au fonctionnement normal et envisageable du service. Ainsi, par exemple, les soins doivent pouvoir être décalés en fonction de l'heure de prière. De même, les rites consécutifs à un décès, notamment les modalités de réalisation de la toilette mortuaire, doivent pouvoir s'exprimer et engager une réflexion sur la manière dont ils peuvent être respectés, et ce afin de favoriser le travail de deuil.

L'article 10 définit le droit à la liberté d'expression, qui est soumis à certaines restrictions « prévues par la loi » ; ce droit comprend « la liberté d'opinion et la liberté de recevoir ou de communiquer des informations ou des idées sans qu'il puisse y avoir ingérence d'autorités publiques et sans considération de frontière ».

On pourrait ici faire un lien avec le recueil de la parole de l'usager du système de soin qui est aujourd'hui favorisée. Une instance de traitement a été créée en ce sens, la Commission des relations avec les usagers et à la qualité de la prise en charge (CRUQPC). Chaque établissement remet à l'usager lors de son hospitalisation un questionnaire de satisfaction qui va lui permettre d'exprimer ses remarques sur la prise en charge dont il a fait l'objet.

L'article 12 définit le droit pour l'homme et la femme de se marier, à l'âge défini par la loi, et de fonder une famille. Malgré de nombreuses saisines, la Cour a jusqu'à présent refusé d'appliquer les dispositions de cet article aux mariages homosexuels, en considérant que cet article ne s'appliquait qu'au mariage traditionnel, et qu'une large marge d'appréciation devait être laissée aux États dans ce domaine.

LES DÉCLINAISONS SPÉCIFIQUES

À côté des principes généraux qui figurent dans les textes fondateurs des droits de l'homme (DUDH, Convention européenne des droits de l'homme), des textes plus spécifiques ont été élaborés relativement à certaines catégories de personnes considérées comme vulnérables et par là même nécessitant une protection. Ces textes sont souvent moins connus que les précédents et d'une force contraignante moindre dans la mesure où certains sont édictés sous forme de charte, sans cadre juridique associé. Quatre chartes peuvent être rencontrées par les soignants : la charte de la personne hospitalisée, la charte européenne des droits de l'enfant hospitalisé, celle des droits et libertés de la personne âgée dépendante et celle des droits et libertés de la personne accueillie (qui concerne les personnes présentant un handicap).

La Convention internationale des droits de l'enfant (ONU, 20 novembre 1989)

Composée de 54 articles, cette convention a été ratifiée à ce jour par 192 pays, à l'exception des États-Unis et de la Somalie.

Le texte consacre la notion d'intérêt supérieur de l'enfant : chaque décision prise pour un mineur ou à l'encontre d'un mineur doit l'être en tenant compte de son intérêt supérieur.

Les différents articles de la convention sont formulés sous forme d'engagement des États parties (c'est-à-dire ayant ratifié cette convention), par exemple :

- Article 3 : les États parties s'engagent à assurer à l'enfant la protection et les soins nécessaires à son bien-être, compte tenu des droits et des devoirs de ses parents, de ses tuteurs ou des autres personnes légalement responsables de lui, et ils prennent à cette fin toutes les mesures législatives et administratives appropriées.
- Article 6 : les États parties reconnaissent que tout enfant a un droit inhérent à la vie. Les États parties assurent dans toute la mesure possible la survie et le développement de l'enfant.

C'est cet article qui a conduit les États-Unis à ne pas ratifier la convention, certains États autorisant jusqu'à récemment la peine de mort pour les mineurs. Depuis 2003, la peine de mort n'est plus applicable aux mineurs, néanmoins les États Unis n'ont toujours pas ratifié la convention.

Sur cet article également, la France a émis une réserve au moment de la ratification. Elle précise que cet article ne doit pas conduire à une restriction de la liberté d'interrompre sa grossesse pour une femme (dans le respect des règles légales). Ici c'est la liberté de la femme qui l'emporte et ce dans la mesure où l'enfant n'acquiert une personnalité juridique et donc un droit à voir sa vie protégée qu'après sa naissance.

- Article 7 : l'enfant est enregistré dès sa naissance et a le droit à un nom, le droit d'acquérir une nationalité et, dans la mesure du possible, le droit de connaître ses parents et être élevé par eux.

La convention ici ne s'engage pas sur un droit absolu, puisqu'elle précise « dans la mesure du possible ». Cet article est donc compatible avec la législation française relative à l'accouchement dans l'anonymat qui permet à une femme d'accoucher sans transmettre de filiation à l'enfant, voire même sans transmettre la moindre information la concernant. Depuis 2002, la France a mis néanmoins en place un dispositif visant à assouplir le mécanisme par l'intermédiaire du Conseil national d'accès aux origines personnelles (CNAOP). Le principe de la réversibilité du secret a ainsi été consacré, permettant à une femme ayant accouché dans l'anonymat de contacter ce conseil et de lui donner des renseignements la concernant, ainsi que son identité si elle le souhaite. L'initiative des recherches appartient à l'enfant, qui demeure libre de ne pas vouloir accéder à son dossier.

- Article 12 : les États parties garantissent à l'enfant qui est capable de discernement le droit d'exprimer librement son opinion sur toute question l'intéressant, les opinions de l'enfant étant dûment prises en considération eu égard à son âge et à son degré de maturité.

Un lien peut être fait entre cette disposition et celles concernant l'information et le consentement du mineur aux soins le concernant. Le Code de la santé publique prévoit ainsi que le mineur a le droit d'être informé des soins le concernant en fonction de son degré de maturité; son consentement doit par ailleurs être systématiquement recherché chaque fois qu'il est apte à participer à la décision (voir chapitre sur les droits des patients).

- Article 18 : les États parties s'emploient de leur mieux à assurer la reconnaissance du principe selon lequel les deux parents ont une responsabilité commune pour ce qui est d'élever l'enfant et d'assurer son développement. La responsabilité d'élever l'enfant et d'assurer son développement incombe au premier chef aux parents ou, le cas échéant, à ses représentants légaux. Ceux-ci doivent être guidés avant tout par l'intérêt supérieur de l'enfant.

En matière de soins, les actes non usuels (c'est-à-dire invasifs ou présentant des risques importants) doivent être autorisés par chacun des titulaires de l'autorité parentale, qu'ils soient mariés, en concubinage ou séparés.

- Article 19 : les États parties prennent toutes les mesures législatives, administratives, sociales et éducatives appropriées pour protéger l'enfant contre toute forme de violence, d'atteinte ou de brutalités physiques ou mentales, d'abandon ou de négligence, de mauvais traitements ou d'exploitation, y compris la violence sexuelle, pendant qu'il est sous la garde de ses parents ou de l'un d'eux, de son ou ses représentants légaux ou de toute autre personne à qui il est confié.

Parmi les dérogations au secret professionnel, figure la possibilité pour le soignant d'effectuer un signalement en cas de suspicion d'acte de maltraitance (physique, psychique ou sexuelle). L'obligation n'est pas de signaler, mais de protéger; le signalement étant un moyen de protection.

■ Article 24 : les États parties reconnaissent le droit de l'enfant de jouir du meilleur état de santé possible et de bénéficier de services médicaux et de rééducation. Ils s'efforcent de garantir qu'aucun enfant ne soit privé du droit d'avoir accès à ces services. Les États parties s'efforcent d'assurer la réalisation intégrale de ce droit et, en particulier, prennent des mesures appropriées pour : réduire la mortalité parmi les nourrissons et les enfants, assurer à tous les enfants l'assistance médicale et les soins de santé nécessaires, l'accent étant mis sur le développement des soins de santé primaires, lutter contre la maladie et la malnutrition, y compris dans le cadre des soins de santé primaires, grâce notamment à l'utilisation de techniques aisément disponibles et à la fourniture d'aliments nutritifs et d'eau potable, compte tenu des dangers et des risques de pollution du milieu naturel, assurer aux mères des soins prénataux et postnataux appropriés, faire en sorte que tous les groupes de la société, en particulier les parents et les enfants, reçoivent une information sur la santé et la nutrition de l'enfant, les avantages de l'allaitement au sein, l'hygiène et la salubrité de l'environnement et la prévention des accidents, et bénéficient d'une aide leur permettant de mettre à profit cette information, développer les soins de santé préventifs, les conseils aux parents et l'éducation et les services en matière de planification familiale. Les États parties prennent toutes les mesures efficaces appropriées en vue d'abolir les pratiques traditionnelles préjudiciables à la santé des enfants.

➡ L'infirmier qui exerce son activité en crèche ou en centre de protection maternelle et infantile participe pleinement à cette mission d'information et d'éducation.

■ Article 28 : les États parties reconnaissent le droit de l'enfant à l'éducation, et en particulier, en vue d'assurer l'exercice de ce droit progressivement et sur la base de l'égalité des chances : ils rendent l'enseignement primaire obligatoire et gratuit pour tous, ils encouragent l'organisation de différentes formes d'enseignement secondaire, tant général que professionnel, les rendent ouvertes et accessibles à tout enfant, et prennent des mesures appropriées telles que l'instauration de la gratuité de l'enseignement et l'offre d'une aide financière en cas de besoin, ils assurent à tous l'accès à l'enseignement supérieur, en fonction des capacités de chacun, par tous les moyens appropriés, ils rendent ouvertes et accessibles à tout enfant l'information et l'orientation scolaires et professionnelles, ils prennent des mesures pour encourager la régularité de la fréquentation scolaire et la réduction des taux d'abandon scolaire. Les États parties prennent toutes les mesures appropriées pour veiller à ce que la discipline scolaire soit appliquée d'une manière compatible avec la dignité de l'enfant en tant qu'être humain et conformément à la présente convention.

■ Article 29 : les États parties conviennent que l'éducation de l'enfant doit viser à : favoriser l'épanouissement de la personnalité de l'enfant et le développement de ses dons et des ses aptitudes mentales et physiques, dans toute la mesure de leurs potentialités, inculquer à l'enfant le respect des droits de l'homme et des libertés fondamentales, et des principes consacrés dans la Charte des Nations unies, inculquer à l'enfant le respect de ses parents, de son identité, de sa langue et de ses valeurs culturelles, ainsi que le respect des valeurs nationales du pays dans lequel il vit, du pays duquel il peut être originaire et des civilisations différentes de la sienne, préparer l'enfant à assumer les responsabilités de la vie dans une société libre, dans un esprit de compréhension, de paix, de tolérance, d'égalité entre les sexes et d'amitié entre tous les peuples et groupes ethniques, nationaux et religieux, et avec les personnes d'origine autochtone, inculquer à l'enfant le respect du milieu naturel.

- Article 32 : les États parties reconnaissent le droit de l'enfant d'être protégé contre l'exploitation économique et de n'être astreint à aucun travail comportant des risques ou susceptible de compromettre son éducation ou de nuire à son développement physique, mental, spirituel, moral ou social.

- Article 34 : les États parties s'engagent à protéger l'enfant contre toutes les formes d'exploitation sexuelle et de violence sexuelle. À cette fin, les États prennent en particulier toutes les mesures appropriées sur les plans national, bilatéral et multilatéral pour empêcher : que des enfants ne soient incités ou contraints à se livrer à une activité sexuelle illégale, que des enfants ne soient exploités à des fins de prostitution ou autres pratiques sexuelles illégales, que des enfants ne soient exploités aux fins de la production de spectacles ou de matériel de caractère pornographique.

Il semble étonnant de voir que certains pays dans lesquels la prostitution enfantine est une réalité, faiblement combattue, ont néanmoins ratifié la convention internationale des droits de l'enfant.

Pour certains, cela montre les limites des seules déclarations d'intention. Cette convention n'a en réalité pas de pouvoir contraignant; aucune juridiction n'est créée pour faire appliquer ces différents principes. D'ailleurs, une telle juridiction aurait du mal à agir, puisque son action viserait à contraindre des États, et non des individus, ce qui est plus compliqué et pourrait passer pour de l'ingérence incompatible avec la souveraineté des États.

La Charte européenne des droits de l'enfant hospitalisé (1988)

Plus spécifique que la Convention internationale des droits de l'enfant, une charte a été élaborée pour affirmer les droits de l'enfant hospitalisé. Il s'agit d'une charte européenne, rédigée en 1988, qui affirme en préambule que le droit aux meilleurs soins possibles est un droit fondamental, particulièrement pour les enfants. Elle est composée de 10 principes :

- 1. L'admission à l'hôpital d'un enfant ne doit être réalisée que si les soins nécessités par sa maladie ne peuvent être prodigués à la maison, en consultation externe ou en hôpital de jour.

- 2. Un enfant hospitalisé a le droit d'avoir ses parents ou leur substitut auprès de lui jour et nuit, quel que soit son âge ou son état.

- 3. On encouragera les parents à rester auprès de leur enfant et on leur offrira pour cela toutes les facilités matérielles, sans que cela n'entraîne un supplément financier ou une perte de salaire. On informera les parents sur les règles de vie et les modes de faire propres au service afin qu'ils participent activement aux soins de leur enfant.

- 4. Les enfants et leurs parents ont le droit de recevoir une information sur la maladie et les soins, adaptée à leur âge et leur compréhension, afin de participer aux décisions les concernant.

- 5. On évitera tout examen ou traitement qui n'est pas indispensable. On essaiera de réduire à leur minimum les agressions physiques ou émotionnelles et la douleur.

■ 6. Les enfants ne doivent pas être admis dans des services adultes. Ils doivent être réunis par groupes d'âge pour bénéficier de jeux, loisirs, activités éducatives adaptés à leur âge, en toute sécurité. Leurs visiteurs doivent être acceptés sans limite d'âge.

■ 7. L'hôpital doit fournir aux enfants un environnement correspondant à leurs besoins physiques, affectifs et éducatifs, tant sur le plan de l'équipement que du personnel et de la sécurité.

■ 8. L'équipe soignante doit être formée à répondre aux besoins psychologiques et émotionnels des enfants et de leur famille.

■ 9. L'équipe soignante doit être organisée de façon à assurer une continuité dans les soins donnés à chaque enfant.

■ 10. L'intimité de chaque enfant doit être respectée. Il doit être traité avec tact et compréhension en toutes circonstances.

La Charte des droits et libertés de la personne accueillie (arrêté du 8 septembre 2003)

Pour faire suite à la loi n° 2002-2 du 2 janvier 2002 réformant l'action sociale et médico-sociale ayant réaffirmé l'obligation des établissements accueillant des personnes en situation de handicap de respecter leurs droits fondamentaux, un arrêté a été publié en 2003 comportant en annexe une charte des droits et libertés des personnes accueillies en établissement social ou médico-social. Cette charte est opposable aux établissements dans la mesure où elle a été publiée sous forme d'arrêté. Elle est donc contraignante et opposable dans le cadre d'un contentieux.

Cette charte est à mettre en lien avec deux articles du Code de l'action sociale et des familles :

■ l'article 1.311-3 qui dispose que « l'exercice des droits et libertés individuels est garanti à toute personne prise en charge par des établissements et services sociaux et médico-sociaux. Dans le respect des dispositions législatives et réglementaires en vigueur, lui sont assurés :

- 1° le respect de sa dignité, de son intégrité, de sa vie privée, de son intimité et de sa sécurité,
- 2° sous réserve des pouvoirs reconnus à l'autorité judiciaire et des nécessités liées à la protection des mineurs en danger et des majeurs protégés, le libre choix entre les prestations adaptées qui lui sont offertes soit dans le cadre d'un service à son domicile, soit dans le cadre d'une admission au sein d'un établissement spécialisé,
- 3° une prise en charge et un accompagnement individualisé de qualité favorisant son développement, son autonomie et son insertion, adaptés à son âge et à ses besoins, respectant son consentement éclairé qui doit systématiquement être recherché lorsque la personne est apte à exprimer sa volonté et à participer à la décision. À défaut, le consentement de son représentant légal doit être recherché,
- 4° la confidentialité des informations la concernant,
- 5° l'accès à toute information ou document relatif à sa prise en charge, sauf dispositions législatives contraires,
- 6° une information sur ses droits fondamentaux et les protections particulières légales et contractuelles dont elle bénéficie, ainsi que sur les voies de recours à sa disposition,

– 7° la participation directe ou avec l'aide de son représentant légal à la conception et à la mise en œuvre du projet d'accueil et d'accompagnement qui la concerne »;

■ et l'article L.311-4 qui dispose quant à lui qu'« afin de garantir l'exercice effectif des droits mentionnés à l'article L. 311-3 et notamment de prévenir tout risque de maltraitance, lors de son accueil dans un établissement ou dans un service social ou médico-social, il est remis à la personne ou à son représentant légal un livret d'accueil auquel sont annexés :

– a) une charte des droits et libertés de la personne accueillie, arrêtée par les ministres compétents après consultation de la section sociale du Comité national de l'organisation sanitaire et sociale mentionné à l'article L. 6121-7 du Code de la santé publique,

– b) le règlement de fonctionnement défini à l'article L. 311-7. [...] ».

La Charte contient 12 articles :

■ article 1 : principe de non-discrimination. Dans le respect des conditions particulières de prise en charge et d'accompagnement, prévues par la loi, nul ne peut faire l'objet d'une discrimination à raison de son origine, notamment ethnique ou sociale, de son apparence physique, de ses caractéristiques génétiques, de son orientation sexuelle, de son handicap, de son âge, de ses opinions et convictions, notamment politiques ou religieuses, lors d'une prise en charge ou d'un accompagnement, social ou médico-social;

■ article 2 : droit à une prise en charge ou à un accompagnement adapté. La personne doit se voir proposer une prise en charge ou un accompagnement, individualisé et le plus adapté possible à ses besoins, dans la continuité des interventions;

■ article 3 : droit à l'information. La personne bénéficiaire de prestations ou de services a droit à une information claire, compréhensible et adaptée sur la prise en charge et l'accompagnement demandés ou dont elle bénéficie ainsi que sur ses droits et sur l'organisation et le fonctionnement de l'établissement, du service ou de la forme de prise en charge ou d'accompagnement. La personne doit également être informée sur les associations d'usagers œuvrant dans le même domaine. La personne a accès aux informations la concernant dans les conditions prévues par la loi ou la réglementation. La communication de ces informations ou documents par les personnes habilitées à les communiquer en vertu de la loi s'effectue avec un accompagnement adapté de nature psychologique, médicale, thérapeutique ou socio-éducative;

■ article 4 : principe du libre choix, du consentement éclairé et de la participation de la personne. Dans le respect des dispositions légales, des décisions de justice ou des mesures de protection judiciaire ainsi que des décisions d'orientation :

– 1° la personne dispose du libre choix entre les prestations adaptées qui lui sont offertes soit dans le cadre d'un service à son domicile, soit dans le cadre de son admission dans un établissement ou service, soit dans le cadre de tout mode d'accompagnement ou de prise en charge,

– 2° le consentement éclairé de la personne doit être recherché en l'informant, par tous les moyens adaptés à sa situation, des conditions et conséquences de la prise en charge et de l'accompagnement et en veillant à sa compréhension,

– 3° le droit à la participation directe, ou avec l'aide de son représentant légal, à la conception et à la mise en œuvre du projet d'accueil et d'accompagnement qui la concerne lui est garanti. Lorsque l'expression par la personne d'un choix ou d'un consentement éclairé n'est pas possible en raison de son jeune âge, ce choix ou ce consentement est exercé par la famille ou le représentant légal auprès de l'établissement, du service ou dans le cadre des autres formes de prise en charge et d'accompagnement. Ce choix ou ce consentement est également effectué par le représentant légal lorsque l'état de la personne ne lui permet pas de l'exercer directement. Pour ce qui concerne les prestations de soins délivrées par les établissements ou services médico-sociaux, la personne bénéficie des conditions d'expression et de représentation qui figurent au Code de la santé publique. La personne peut être accompagnée de la personne de son choix lors des démarches nécessitées par la prise en charge ou l'accompagnement ;

- article 5 : droit à la renonciation. La personne peut à tout moment renoncer par écrit aux prestations dont elle bénéficie ou en demander le changement dans les conditions de capacités, d'écoute et d'expression ainsi que de communication prévues par la présente charte, dans le respect des décisions de justice ou mesures de protection judiciaire, des décisions d'orientation et des procédures de révision existantes en ces domaines ;
- article 6 : droit au respect des liens familiaux. La prise en charge ou l'accompagnement doit favoriser le maintien des liens familiaux et tendres à éviter la séparation des familles ou des fratries prises en charge, dans le respect des souhaits de la personne, de la nature de la prestation dont elle bénéficie et des décisions de justice. En particulier, les établissements et les services assurant l'accueil et la prise en charge ou l'accompagnement des mineurs, des jeunes majeurs ou des personnes et familles en difficultés ou en situation de détresse, prennent, en relation avec les autorités publiques compétentes et les autres intervenants, toute mesure utile à cette fin. Dans le respect du projet d'accueil et d'accompagnement individualisé et du souhait de la personne, la participation de la famille aux activités de la vie quotidienne est favorisée ;
- article 7 : droit à la protection. Il est garanti à la personne comme à ses représentants légaux et à sa famille, par l'ensemble des personnels ou personnes réalisant une prise en charge ou un accompagnement, le respect de la confidentialité des informations la concernant dans le cadre des lois existantes. Il lui est également garanti le droit à la protection, le droit à la sécurité, y compris sanitaire et alimentaire, le droit à la santé et aux soins, le droit à un suivi médical adapté ;
- article 8 : droit à l'autonomie. Dans les limites définies dans le cadre de la réalisation de sa prise en charge ou de son accompagnement et sous réserve des décisions de justice, des obligations contractuelles ou liées à la prestation dont elle bénéficie et des mesures de tutelle ou de curatelle renforcée, il est garanti à la personne la possibilité de circuler librement. À cet égard, les relations avec la société, les visites dans l'institution, à l'extérieur de celle-ci, sont favorisées. Dans les mêmes limites et sous les mêmes réserves, la personne résidente peut, pendant la durée de son séjour, conserver des biens, effets et objets personnels et, lorsqu'elle est majeure, disposer de son patrimoine et de ses revenus ;
- article 9 : principe de prévention et de soutien. Les conséquences affectives et sociales qui peuvent résulter de la prise en charge ou de l'accompagnement doivent être prises en considération. Il doit en être tenu compte dans les objectifs individuels de prise en charge et d'accompagnement. Le rôle des familles, des représentants légaux ou des proches qui entourent de leurs soins la personne accueillie doit être facilité avec son accord par l'institution, dans le respect du projet d'accueil et d'accompagnement individualisé et des décisions de justice. Les moments de

de vie doivent faire l'objet de soins, d'assistance et de soutien adaptés dans le respect des pratiques religieuses ou confessionnelles et convictions tant de la personne que de ses proches ou représentants ;

- article 10 : droit à l'exercice des droits civiques attribués à la personne accueillie. L'exercice effectif de la totalité des droits civiques attribués aux personnes accueillies et des libertés individuelles est facilité par l'institution, qui prend à cet effet toutes mesures utiles dans le respect, si nécessaire, des décisions de justice ;
- article 11 : droit à la pratique religieuse. Les conditions de la pratique religieuse, y compris la visite de représentants des différentes confessions, doivent être facilitées, sans que celles-ci puissent faire obstacle aux missions des établissements ou services. Les personnels et les bénéficiaires s'obligent à un respect mutuel des croyances, convictions et opinions. Ce droit à la pratique religieuse s'exerce dans le respect de la liberté d'autrui et sous réserve que son exercice ne trouble pas le fonctionnement normal des établissements et services ;
- article 12 : respect de la dignité de la personne et de son intimité. Le respect de la dignité et de l'intégrité de la personne est garanti. Hors la nécessité exclusive et objective de la réalisation de la prise en charge ou de l'accompagnement, le droit à l'intimité doit être préservé.

La Charte de la personne hospitalisée (2 mars 2006)

L'affirmation des droits de la personne malade n'est pas nouvelle mais elle a longtemps souffert d'une absence de valeur juridique et donc de force contraignante. Ainsi une circulaire de 1958 recommande de mettre en œuvre des mesures d'humanisation pour la personne malade. Recommandations reprises par la circulaire du 18 décembre 1970, cette fois sous forme d'obligations pour les établissements. Mais une circulaire n'ayant pas de force contraignante, ces obligations relevaient plutôt de la bonne volonté individuelle.

La situation évolue en 1974 puisqu'un décret du 14 janvier qui prévoit le contenu du règlement intérieur des établissements de santé contient pour la première fois dans un texte pourvu d'une valeur juridique quatre droits fondamentaux pour la personne hospitalisée : le droit d'aller et venir (qui interroge les pratiques de contention), le droit à l'information, le droit à la communication et le droit à la dignité.

Puis une circulaire du 20 septembre 1974 prescrit de distribuer aux usagers des hôpitaux publics un document intitulé « Charte du malade hospitalisé ». Il y a là certes une avancée puisque les patients sont informés par l'intermédiaire de ce document de leurs droits. Néanmoins, le support de cette charte, la circulaire, n'ayant pas de valeur juridique, certains ont pu considérer qu'il y avait une ambiguïté qu'il fallait surmonter pour que les droits du patient deviennent pleinement des droits opposables aux établissements de santé, qu'ils soient publics ou privés.

Le contenu de la circulaire est actualisé le 6 mai 1995, toujours sous le support d'une circulaire. Néanmoins, les dispositions de cette charte commencent à prendre de la valeur en référence aux ordonnances de 1996 qui pose les bases de l'accréditation des établissements de santé. En effet, dans le cadre de cette procédure réglementaire, il est fait référence à la charte et aux dispositions qu'elle contient, permettant ainsi de leur attribuer une certaine valeur juridique. Le document en lui-même demeure cependant dépourvu de valeur et est inopposable.

Il faudra attendre la dernière réactualisation en date pour que toute ambiguïté soit levée. En effet, le 2 mars 2006 est publié un arrêté qui contient en annexe une « Charte de la personne hospitalisée ». Le support choisi a donc désormais valeur juridique ce qui rejaillit sur les dispositions de la charte. Il faut y voir la suite logique du mouvement impulsé par la loi du 4 mars 2002 relative aux droits du malade, texte phare sur le sujet (voir chapitre suivant).

La charte de la personne hospitalisée, et non plus du patient, contient 11 principes :

- 1. Toute personne est libre de choisir l'établissement de santé qui la prendra en charge, dans la limite des possibilités de chaque établissement. Le service public hospitalier est accessible à tous, en particulier aux personnes démunies et, en cas d'urgence, aux personnes sans couverture sociale. Il est adapté aux personnes handicapées.
- 2. Les établissements de santé garantissent la qualité de l'accueil, des traitements et des soins. Ils sont attentifs au soulagement de la douleur et mettent tout en œuvre pour assurer à chacun une vie digne, avec une attention particulière à la fin de vie.
- 3. L'information donnée au patient doit être accessible et loyale. La personne hospitalisée participe aux choix thérapeutiques qui la concernent. Elle peut se faire assister par une personne de confiance qu'elle choisit librement.
- 4. Un acte médical ne peut être pratiqué qu'avec le consentement libre et éclairé du patient. Celui-ci a le droit de refuser tout traitement. Toute personne majeure peut exprimer ses souhaits quant à sa fin de vie dans des directives anticipées.
- 5. Un consentement spécifique est prévu, notamment, pour les personnes participant à une recherche biomédicale, pour le don et l'utilisation des éléments et produits du corps humain et pour les actes de dépistage.
- 6. Une personne à qui il est proposé de participer à une recherche biomédicale est informée, notamment, sur les bénéfices attendus et les risques prévisibles. Son accord est donné par écrit. Son refus n'aura pas de conséquence sur la qualité des soins qu'elle recevra.
- 7. La personne hospitalisée peut, sauf exceptions prévues par la loi, quitter à tout moment l'établissement après avoir été informée des risques éventuels auxquels elle s'expose.
- 8. La personne hospitalisée est traitée avec égards. Ses croyances sont respectées. Son intimité est préservée ainsi que sa tranquillité.
- 9. Le respect de la vie privée est garanti à toute personne ainsi que la confidentialité des informations personnelles, administratives, médicales et sociales qui la concernent.
- 10. La personne hospitalisée (ou ses représentants légaux) bénéficie d'un accès direct aux informations de santé la concernant. Sous certaines conditions, ses ayants droit en cas de décès bénéficient de ce même droit.
- 11. La personne hospitalisée peut exprimer des observations sur les soins et sur l'accueil qu'elle a reçus. Dans chaque établissement, une commission des relations avec les usagers et de la qualité de la prise en charge veille, notamment, au respect des droits des usagers. Toute personne dispose du droit d'être entendue par un responsable de l'établissement pour exprimer ses griefs et de demander réparation des préjudices qu'elle estimerait avoir subis dans le cadre d'une procédure de règlement amiable des litiges et/ou devant les tribunaux.

La Charte des droits et libertés de la personne âgée en situation de handicap ou de dépendance

En 1987, la Fondation nationale de gérontologie a élaboré une charte concernant la personne âgée afin de décliner les différents droits qui sont les siens et d'établir les obligations des institutions qui les accueillent.

Il s'agit ici encore d'un texte sans aucune force contraignante. Ce texte n'a en effet pas encore été repris par un texte de valeur juridique (tel qu'un arrêté ou une loi par exemple). Aucun des principes qui la composent ne peut donc être invoqué dans le cadre d'un contentieux. Cette charte a été revue en 1997, puis plus récemment en 2007.

Comme le précise la Fondation nationale de gérontologie « La Charte n'est ni une loi, ni une réglementation supplémentaire. Elle ne doit pas être non plus un leurre, un texte qu'on affiche mais dont il ne serait pas tenu compte dans un quotidien qui resterait rythmé par la routine. La Charte est un outil de réflexion collective sur leurs pratiques des équipes de soins et d'aide, gériatriques ou non, qu'elles œuvrent à domicile, à l'hôpital ou en institution médico-sociale.

C'est un moyen de se fixer des objectifs, d'améliorer des attitudes, de prendre conscience de la difficulté et de la noblesse des tâches de ceux qui ont professionnellement à apporter soins et aides aux personnes devenues vulnérables. La charte ne concerne pas que les professionnels mais l'ensemble de la société. Chacun peut un jour se trouver en situation de handicap ou devenir dépendant. Chacun doit se sentir personnellement concerné par la préservation des droits, des libertés, de la dignité, des personnes en situation de handicap ou de dépendance et par le respect de leur humanité et de leur citoyenneté ».

Elle contient 14 articles (voir chapitre sur les droits du patient pour plus de détails) :

- article 1 : toute personne âgée devenue handicapée ou dépendante est libre d'exercer ses choix dans la vie quotidienne et de déterminer son mode de vie ;
- article 2 : toute personne âgée en situation de handicap ou de dépendance doit pouvoir choisir un lieu de vie – domicile personnel ou collectif – adapté à ses attentes et à ses besoins ;
- article 3 : toute personne âgée en situation de handicap ou de dépendance conserve la liberté de communiquer, de se déplacer et de participer à la vie en société. ;
- article 4 : le maintien des relations familiales, des réseaux amicaux et sociaux est indispensable à la personne âgée en situation de handicap ou de dépendance ;
- article 5 : toute personne âgée en situation de handicap ou de dépendance doit pouvoir garder la maîtrise de son patrimoine et de ses revenus disponibles ;
- article 6 : toute personne âgée en situation de handicap ou de dépendance doit être encouragée à conserver des activités ;
- article 7 : toute personne doit pouvoir participer aux activités associatives ou politiques ainsi qu'aux activités religieuses et philosophiques de son choix ;
- article 8 : la prévention des handicaps et de la dépendance est une nécessité pour la personne qui vieillit ;
- article 9 : toute personne âgée en situation de handicap ou de dépendance doit avoir accès aux conseils, aux compétences et aux soins qui lui sont utiles ;

- article 10 : les soins et les aides de compensation des handicaps que requièrent les personnes malades chroniques doivent être dispensés par des intervenants formés, en nombre suffisant, à domicile comme en institution ;
- article 11 : soins, assistance et accompagnement doivent être procurés à la personne âgée en fin de vie et à sa famille ;
- article 12 : la recherche multidisciplinaire sur le vieillissement, les maladies handicapantes liées à l'âge et les handicaps est une priorité. C'est aussi un devoir ;
- article 13 : toute personne en situation de vulnérabilité doit voir protéger ses biens et sa personne ;
- article 14 : l'information est le meilleur moyen de lutter contre l'exclusion.

La Charte de l'usager en santé mentale (FNAPSY, 2000)

Sur le même modèle non contraignant que la charte relative à la personne âgée, une charte concernant le patient hospitalisé en établissement psychiatrique a été élaborée en 2000 par la Fédération nationale des associations d'usagers en psychiatrie.

- « 1. Une personne à part entière. L'usager en santé mentale est une personne qui doit être traitée avec le respect et la sollicitude dus à la dignité de la personne humaine.

C'est une personne qui a le droit au respect de son intimité (effets personnels, courrier, soins, toilette, espace personnel, etc.), de sa vie privée, ainsi qu'à la confidentialité des informations personnelles, médicales ou sociales la concernant.

Le secret professionnel lui est garanti par les moyens mis en œuvre à cet effet.

Tout ce que le malade a dit au psychiatre et tout ce que celui-ci a remarqué pendant son examen ou le traitement, doit être couvert par le secret, à moins qu'il ne lui apparaisse nécessaire de rompre le secret pour éviter des dommages graves au malade lui-même ou à des tiers. Dans ce cas, toutefois, le malade doit être informé de la rupture du secret.

C'est une personne qui ne doit pas être infantilisée ou considérée comme handicapée physique ou mentale.

C'est une personne dont on doit respecter les croyances et qui peut faire appel au ministre du culte de son choix.

- 2. Une personne qui souffre. L'usager en santé mentale est une personne qui ne se réduit pas à une maladie, mais qui souffre de maladie.

Cette maladie n'est pas une maladie honteuse mais une maladie qui se soigne et se vit.

La prise en compte de la dimension douloureuse, physique et psychologique des usagers en santé mentale doit être une préoccupation constante de tous les intervenants.

Le psychiatre doit proposer aux usagers la meilleure thérapeutique existant à sa connaissance.

Les professionnels de santé mentale doivent travailler en réseau afin d'échanger les informations utiles concernant l'usager et d'optimiser ainsi la prise en charge médicale et sociale. Sera notamment assurée une bonne coordination psychiatre-médecin généraliste (le lien psychiatre-médecin de famille est en effet l'un des maillons essentiels d'une prise en charge de qualité au plus près du lieu de vie du patient). Ce nécessaire travail en réseau doit être particulièrement vigilant au respect du secret professionnel.

Compte tenu des liens organiques entre sanitaire et social dans le domaine de la santé mentale, les projets élaborés au bénéfice des usagers ne doivent pas pâtir de divisions artificielles des champs d'intervention.

L'accessibilité aux soins doit être assurée et l'usager doit être accueilli chaleureusement dans des délais raisonnables et dans des locaux aménagés pour son bien-être.

En cas d'hospitalisation, l'usager dispose de ses effets personnels durant son séjour sauf si des raisons de sécurité s'y opposent.

Il doit lui être remis un livret d'accueil exposant les informations pratiques concernant son séjour et le lieu de son hospitalisation, et l'informant de ses droits et de ses devoirs.

Les consultations téléphoniques, les visites et les sorties dans l'enceinte de l'établissement feront l'objet d'un contrat qui sera discuté régulièrement entre le patient et le médecin, et devront se faire dans le respect de l'intimité des autres patients.

Une attention particulière sera accordée à l'organisation de soins de qualité lorsqu'ils seront nécessaires après une hospitalisation.

- 3.Une personne informée de façon adaptée, claire et loyale. L'usager a le droit au libre choix de son praticien et de son établissement, principe fondamental dans notre législation sanitaire de libre engagement réciproque dans une relation contractuelle, hors le cadre d'urgence et celui où son médecin manquerait à ses devoirs (article L.-1111-1 du Code de la santé publique et article 47 du Code de déontologie médicale).

Il est informé de la fonction, de l'identité des personnes intervenant auprès de lui, et de l'organisation du dispositif de soins (structures du secteur et intersectorielles, etc.).

Toute personne peut avoir accès aux informations contenues dans ses dossiers médical et administratif, selon les modalités définies par la loi.

Le secret médical ne peut s'exercer à l'égard du patient ; le médecin doit donner une information simple, loyale, intelligible et accessible sur l'état de santé, les soins proposés (notamment sur les effets dits « secondaires » du traitement appliqué et sur les éventuelles alternatives thérapeutiques. Hors situation d'urgence, tout usager peut estimer ne pas être suffisamment informé, souhaiter un délai de réflexion ou l'obtention d'un autre avis médical.

Préalablement à la recherche biomédicale, son consentement libre et éclairé et exprès doit être recueilli dans le strict respect de la loi.

Les patients donnent leur consentement préalable s'ils sont amenés à faire l'objet d'action de formation (initiale ou continue) du personnel soignant. Il ne peut être passé outre à un refus du patient.

Les mineurs sont informés en fonction de leur âge et de leurs facultés de compréhension dans la mesure du possible et indépendamment de l'indispensable information de leurs représentants légaux.

Avec l'accord préalable du patient si son état de santé le permet, et si possible en présence des proches de celui-ci, les proches doivent pouvoir disposer d'un temps suffisant pour avoir un dialogue avec le médecin responsable et les soignants.

L'usager a la possibilité de rencontrer une assistante sociale.

Si une hospitalisation s'avère nécessaire, les patients reçoivent aussitôt une information claire et adaptée sur les modalités de cette hospitalisation et les voies de recours. Cette information qui risque d'être mal comprise en raison de la gravité du tableau clinique initial sera reprise ultérieurement autant que nécessaire.

L'usager reçoit une information claire, compréhensible et adaptée sur les conditions d'accueil et de séjour.

■ 4. Une personne qui participe activement aux décisions la concernant. La participation active de l'usager à toute décision le concernant doit toujours être sollicitée en le resituant au centre de la démarche de soins dans un processus continu d'adhésion.

Hors les cas d'hospitalisation sous contrainte définis par la loi, un patient hospitalisé peut, à tout moment, quitter l'établissement après avoir été informé des risques possibles pour son état et après avoir signé une décharge.

Aucune démarche ne doit être engagée et aucun traitement donné contre ou sans la volonté, à moins que, en raison de sa maladie mentale, il ne puisse porter un jugement sur ce qui est son intérêt, ou à moins que l'absence de traitement puisse avoir des conséquences graves pour lui ou pour des tiers.

Le patient ne peut être retenu dans l'établissement, hormis les cas de la législation où son état nécessite des soins sans son consentement. Il doit alors être informé de sa situation juridique et de ses droits.

Compte tenu des enjeux liant (particulièrement en santé mentale) efficacité et adhésion au traitement, même dans ce cas où son état nécessite des soins sans son consentement, sera néanmoins toujours recherché le plus haut degré d'information et de participation à tout ce qui le concerne dans ses soins et sa vie quotidienne.

Toutefois, la construction d'une véritable alliance thérapeutique ne peut être confondue avec une simple transparence réciproque.

Dès que disparaissent les circonstances qui ont rendu nécessaire l'hospitalisation de l'usager contre sa volonté, le psychiatre doit interrompre les mesures appliquées contre cette volonté.

Le mineur ne pouvant prendre de décision grave le concernant, il revient aux détenteurs de l'autorité parentale d'exprimer leur consentement. Toutefois, lorsque la santé du mineur risque d'être compromise par le refus du représentant légal ou l'impossibilité de recueillir le consentement de celui-ci, le praticien peut saisir le procureur de la République afin de pouvoir donner des soins qui s'imposent. On sera néanmoins attentif à ce que ces mesures ne puissent en aucun cas être prolongées au-delà de ce qui est médicalement indiqué. Si l'avis du mineur peut être recueilli, le médecin doit en tenir compte dans toute la mesure du possible.

Le médecin doit tenir compte de l'avis de l'incapable majeur et de ses responsables légaux.

■ 5. Une personne responsable qui peut s'estimer lésée. Indépendamment d'observations exprimées dans le cadre de questionnaires évaluatifs de satisfaction (remis avec le livret d'accueil à chaque patient), l'usager ou ses ayants droit peuvent faire part directement au directeur de l'établissement de leurs avis, de leurs vœux et de leurs doléances.

S'ils souhaitent se plaindre d'un dysfonctionnement ou s'ils estiment avoir subi un préjudice, ils peuvent saisir le directeur de l'hôpital, les commissions départementales des hospitalisations psychiatriques, les commissions locales de conciliation chargées de les assister et de les orienter en leur indiquant les voies de conciliation et de recours dont ils disposent (dans des délais suffisamment rapides pour ne pas les pénaliser).

■ 6. Une personne dont l'environnement sociofamilial et professionnel est pris en compte. Les actions menées auprès des usagers veillent à s'inscrire dans une politique visant à véhiculer une image moins dévalorisante de la maladie mentale afin de favoriser leur insertion en milieu socioprofessionnel, où ils sont encore trop souvent victimes de discrimination.

Les équipes soignantes ont le souci tout au long du traitement, de mobiliser le patient de façon positive autour de ses capacités, ses connaissances, savoir-faire pour les exploiter afin qu'il puisse se reconstruire, en favorisant une réinsertion sociale par paliers. Chaque étape sera discutée avec le patient, pour respecter ainsi le rythme de chacun.

Dans le strict respect de l'accord du patient, la famille peut-être associée au projet thérapeutique, informée de la maladie afin d'adopter l'attitude la plus juste et être soutenue dans ses difficultés.

■ 7. Une personne qui sort de son isolement. Le patient doit recevoir une information sur les associations d'usagers qu'il peut contacter, et qui ont pour fonction de créer une chaîne de solidarité : lieux d'information, d'écoute, de rencontre, d'échange, de convivialité et de réconfort, qui pourront l'aider à tisser des liens sociaux en bonne coordination avec les professionnels du champ sanitaire et social.

■ 8. Une personne citoyenne, actrice à part entière de la politique de santé et dont la parole influence l'évolution des dispositifs de soins et de prévention. La satisfaction de l'usager en santé mentale doit être régulièrement évaluée par des enquêtes portant notamment sur les conditions d'accueil et de séjour, enquêtes qui servent de base à l'amélioration de la qualité de l'information et des soins.

Dans le cadre d'un dialogue dont le développement s'avère particulièrement fécond, les usagers apportent à travers leur expérience, leur contribution à la réflexion et aux décisions des instances concernant la santé mentale, par leur participation active à chacun des niveaux de leur élaboration [...].

Dans une démarche d'amélioration constante de la qualité de l'information, de l'accueil, des soins et de la prévention, les professionnels facilitent les conditions de mise en place de la représentation des usagers, en soutenant leurs initiatives de créations d'associations qui leur permettent de sortir de leur isolement et d'exprimer leurs besoins, avis et propositions aux personnels et aux décideurs du système de santé. Dans la marche vivifiante d'une véritable démocratie sanitaire, les usagers en santé mentale apportent ainsi par leur participation active et avertie, une contribution citoyenne décisive pour une évolution positive à visage humain des dispositifs de soins et de préventions de notre pays ».

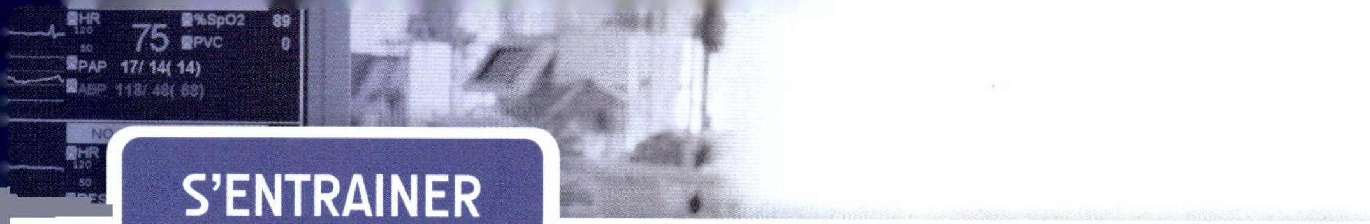

S'ENTRAINER

VÉRIFIER SES CONNAISSANCES

1 QROC (Questions à réponses ouvertes courtes)

1. Définir les droits de l'homme.

2. Expliquer et donner des exemples de droits de l'homme de première génération, de seconde génération et de troisième génération.

3. Que faut-il pour que les dispositions d'une charte aient valeur juridique ?

4. Citer une ou des chartes ayant valeur juridique en matière de santé.

5. Citer 4 principes de la Charte européenne des droits de l'enfant hospitalisé.

6. Citer 4 principes de la Charte de la personne hospitalisée.

7. Citer 4 principes de la Charte des droits et libertés de la personne âgée en situation de handicap ou de dépendance.

8. Relier :

1. La Convention européenne des droits de l'homme
2. La Charte européenne des droits de l'enfant hospitalisé
3. La Déclaration des droits de l'homme et du citoyen
4. La charte de la personne hospitalisée
5. La déclaration universelle des droits de l'homme et du citoyen

a. 1789
b. 2006
c. 1950
d. 1948
e. 1988

CORRIGÉS

VÉRIFIER SES CONNAISSANCES

1 QROC (Questions à réponses ouvertes courtes)

1. Il s'agit d'un concept selon lequel tout être humain possède des droits universels et inaliénables (ce qui signifie qu'ils ne peuvent pas être perdus temporairement ou non, volontairement ou non), quel que soit son statut social, son ethnie, sa religion ou sa nationalité.

2. Les *droits de l'homme de première génération* : droits civils et politiques. Ce sont des droits que l'individu peut opposer à l'État, qui ne peut agir en un sens contraire pour les limiter ou les supprimer ; on les nomme ainsi « libertés résistances ». Exemple : la liberté physique, le droit à la vie, l'interdiction de l'esclavage, la propriété privée, le droit de vote…
Les *droits de l'homme de la deuxième génération* : droits qui nécessitent l'intervention de l'État pour être mis en œuvre. On les nomme classiquement les droits-créances. Exemple : droit au travail, droit à la couverture sociale, droit à l'éducation, droit de grève…
Les *droits de l'homme de troisième génération* : on les appelle les « droits solidarité », ils s'articulent tous autour du principe fondamental de l'égalité ou de non-discrimination. Exemple : le droit de l'environnement, les considérations de bioéthique, le droit au développement, le droit à la paix…

3. Pour que les dispositions d'une charte aient valeur juridique, il faut que la charte soit publiée sous une forme réglementaire. C'est-à-dire qu'elle figure dans un décret ou un arrêté (ou en annexe). À défaut de publication sous cette forme, la charte n'a pas de valeur juridique et n'est donc pas opposable dans le cadre d'un contentieux.

4. La charte de la personne hospitalisée (2006). Les chartes des droits et libertés de la personne accueillie (2003). Toutes les deux ont fait l'objet d'une publication sous forme d'arrêté.

5. L'admission à l'hôpital d'un enfant ne doit être réalisée que si les soins nécessités par sa maladie ne peuvent être prodigués à la maison, en consultation externe ou en hôpital de jour.
Les enfants et leurs parents ont le droit de recevoir une information sur la maladie et les soins, adaptée à leur âge et leur compréhension, afin de participer aux décisions les concernant.
Les enfants ne doivent pas être admis dans des services adultes. Ils doivent être réunis par groupes d'âge pour bénéficier de jeux, loisirs, activités éducatives adaptés à leur âge, en toute sécurité. Leurs visiteurs doivent être acceptés sans limite d'âge.
L'équipe soignante doit être formée à répondre aux besoins psychologiques et émotionnels des enfants et de leur famille.

6. L'information donnée au patient doit être accessible et loyale. La personne hospitalisée participe aux choix thérapeutiques qui la concernent. Elle peut se faire assister par une personne de confiance qu'elle choisit librement.
Un acte médical ne peut être pratiqué qu'avec le consentement libre et éclairé du patient. Celui-ci a le droit de refuser tout traitement. Toute personne majeure peut exprimer ses souhaits quant à sa fin de vie dans des directives anticipées.
La personne hospitalisée est traitée avec égards. Ses croyances sont respectées. Son intimité est préservée ainsi que sa tranquillité.
La personne hospitalisée peut exprimer des observations sur les soins et sur l'accueil qu'elle a reçus. Dans chaque établissement, une commission des relations avec les usagers et de la qualité de la prise en charge veille, notamment, au respect des droits des usagers. Toute personne dispose du droit d'être entendue par un responsable de l'établissement pour exprimer ses griefs et de demander réparation des préjudices qu'elle estimerait avoir subis dans le cadre d'une procédure de règlement amiable des litiges et/ou devant les tribunaux.

7. Toute personne âgée en situation de handicap ou de dépendance doit pouvoir garder la maîtrise de son patrimoine et de ses revenus disponibles.
Les soins et les aides de compensation des handicaps que requièrent les personnes malades chroniques doivent être dispensés par des intervenants formés, en nombre suffisant, à domicile comme en institution.
Soins, assistance et accompagnement doivent être procurés à la personne âgée en fin de vie et à sa famille.
Toute personne en situation de vulnérabilité doit voir protéger ses biens et sa personne.

8. 1-c ; 2-e ; 3-a ; 4-b ; 5-d.

3 Les droits du patient

COMPRENDRE

HISTORIQUE

La loi du 4 mars 2002 constitue aujourd'hui le texte de référence en matière de droits du patient. Elle a répondu à une demande récurrente du public en faveur d'une médecine plus humaine, plus centrée sur le patient. Cette loi matérialise le refus par le patient de ce que l'on appelle le « paternalisme médical » qui oppose le médecin sachant au patient ignorant.

Désormais, le patient est au cœur de la relation soignant/soigné. Il ne doit plus subir la relation de soins mais en être un acteur à part entière.

Mais cette loi, tout emblématique qu'elle soit, n'est pas à l'origine du concept des droits du patient qui est plus ancien. L'expression même « droits des malades » est utilisée par la Cour de cassation dans son arrêt Teyssier du 28 janvier 1942 : « Attendu que comme tout chirurgien, le chirurgien d'un service hospitalier est tenu, sauf cas de force majeure, d'obtenir le consentement du malade avant de pratiquer une opération dont il apprécie en pleine indépendance, sous sa responsabilité, l'utilité, la nature et les risques ; qu'en violant cette obligation, imposée par le respect de la personne humaine, il commet une atteinte grave aux droits des malades, un manquement à ses devoirs proprement médicaux et qui constitue une faute personnelle se détachant de l'exercice de ses fonctions. »

Le malade est dans une situation de vulnérabilité, d'infériorité physique qui rend nécessaire une plus grande protection de sa personne et de ses droits. Il faut y voir également un prolongement du préambule de la constitution de 1946, selon lequel « la nation garantit à tous, notamment à l'enfant, à la mère, au vieux travailleur, la protection de la santé [...] ». De nombreux textes ont été élaborés en ce sens : la loi du 20 décembre 1988 relative à la protection des personnes qui se prêtent à des recherches biomédicales, la loi du 27 juin 1990 relative aux droits et à la protection des personnes hospitalisées en raison de troubles mentaux et à leurs conditions d'hospitalisation, la loi du 31 juillet 1991 portant réforme hospitalière... Ces textes épars ne facilitent pas la connaissance des droits du patient ni même leur compréhension. C'est sans doute la raison pour laquelle la loi du 4 mars 2002 était tant attendue par les patients. Pour la première fois, une loi affirme de manière claire et sans distinguer entre les lieux ou les raisons d'hospitalisation, les droits que possèdent les malades et par là même les obligations des soignants en la matière.

Point clé à retenir

▶ La loi établit une distinction entre les droits fondamentaux de la personne et les droits des usagers du système de santé. Les droits fondamentaux sont des droits qui sont attachés au fait d'être une personne, ils peuvent à ce titre être rapprochés des droits de l'homme, au moins du point de vue de leur inaliénabilité : droit à la dignité, droit au respect de sa vie privée, droit à la prise en charge de la douleur. Les autres droits sont attachés au statut d'usager du système de santé, ils sont donc moins généraux et dépendant d'une situation de soins : droit à l'information, droit de consentir aux soins, droit d'accéder à son dossier...

Il est intéressant de faire un parallèle entre les dispositions de la loi du 4 mars 2002 et les dispositions de la Charte de la personne hospitalisée de 2006, dans la mesure où la charte est affichée dans tous les services et est annexé au livret d'accueil remis à chaque patient lors de son admission. Ce sont les informations dont ils disposent et qui doivent donc être connues des professionnels.

LES DROITS FONDAMENTAUX DE LA PERSONNE

Parce qu'il est une personne, le patient dispose de droit qui préexiste à son hospitalisation. Ces droits sont classés par la loi du 4 mars 2002 dans une partie droits fondamentaux. Les soignants se doivent d'être particulièrement attentifs à leur respect et doivent mettre en œuvre toutes les actions poursuivant cet objectif.

Le respect de la dignité et de l'intimité

Législation

Article L.1110-2 du Code de la santé publique (CSP)

▶ « La personne malade a droit au respect de sa dignité »

La loi du 4 mars 2002 réinscrit l'ensemble de l'activité des professionnels de santé dans le respect de la dignité du patient et de son intimité. Le patient hospitalisé dans un établissement de santé n'en reste pas moins une personne et à ce titre, il a le droit au respect de sa dignité.

Il est déconcertant de voir que la loi contient ce principe qui semble aller de soi. Le droit à la dignité ne devrait pas avoir besoin d être rappelé, tant cela est lié à l'activité soignante. Il n'y a aucune situation de soin, aucune profession de santé qui ne puisse se départir du respect de cette dignité.

Néanmoins, certains exemples relatés par des soignants montrent que ce respect de la dignité est parfois bien mal appliqué. Certains secteurs d'activité sont plus souvent cités comme portant atteinte au respect de la dignité du patient (la gériatrie ou encore la psychiatrie), même si les choses tendent à s'améliorer. Il est essentiel ici pour les soignants de verbaliser ce qui les étonne, ce qui les met à l'aise, ce qui leur paraît contraire à la dignité de la personne. Parfois, le quotidien peut être si prenant que le soignant ne s'aperçoit même plus que telle ou telle pratique n'est pas respectueuse autant qu'elle devrait l'être de la dignité du patient. Or, il est essentiel de pouvoir s'en apercevoir et de remettre en question les pratiques ou les fonctionnements qui portent atteinte à la dignité.

Dans cette optique, l'étudiant infirmier a toute sa place. Il n'est pas encore pris par le quotidien, il est encore « naïf » au sens d'avoir gardé intact sa capacité d'étonnement. Les équipes doivent se saisir de cette capacité d'étonnement pour se remettre en question. Si une pratique choque un étudiant, cela signifie qu'elle peut également choquer le patient ou encore sa famille. L'étudiant représente en quelque sorte, sans le vouloir ni même en avoir conscience, le porte-voix du patient. Il est un intermédiaire indispensable entre le patient et l'équipe. Même si ce n'est pas toujours facile, les équipes se doivent de faciliter à l'étudiant l'expression de ses interrogations, et ce pour leur permettre de voir ce qu'habituellement ils ne remarquent plus.

Madame Huberte est hospitalisée dans une chambre double dans un service de chirurgie pour une intervention orthopédique programmée de longue date. Elle est sortante ce jour à partir de 14 h 30 comme le veut le règlement du service.

Il est environ 10 h 00, le service est complet et une entrée est annoncée. La question se pose alors de savoir où cette nouvelle patiente va être installée ? L'équipe prend la décision d'installer madame Huberte dans le salon de télévision et de récupérer sa place pour la nouvelle patiente.

Ses effets personnels sont rapidement regroupés et mis dans le salon où se trouvent déjà deux autres personnes. Toujours en chemise de nuit, Madame Huberte se demande où elle peut se changer et finir sa toilette interrompue puisque sa chambre est dorénavant occupée. Elle est confuse et ne retrouve plus ses affaires…

Dans cette situation, le respect de la dignité de la personne semble avoir été oublié au profit de la libération de la chambre pour la nouvelle entrée. Alors qu'il était possible de concilier les deux : une discussion aurait pu être engagée avec madame Huberte pour lui expliquer le dilemme du service. Un compromis aurait pu être trouvé : ainsi l'équipe aurait pu laisser madame Huberte finir de faire sa toilette, de s'habiller et de regrouper ses affaires, tout en lui expliquant que la chambre devait être libérée plus tôt que prévu, vers 11 heures. Madame Huberte aurait ainsi pu attendre dans le salon de télévision, habillée et rassurée quant au devenir de ses affaires.

Législation

Charte de la personne hospitalisée

▶ **La personne hospitalisée est traitée avec égards**. Le respect de l'intimité de la personne doit être préservé lors des soins, des toilettes, des consultations et des visites médicales, des traitements pré- et postopératoires, des radiographies, des brancardages et, plus généralement, à tout moment de son séjour hospitalier. La personne hospitalisée est traitée avec égards. […].

La prise en charge de la douleur

« Véritable enjeu de santé publique et critère de qualité et d'évolution d'un système de santé, la lutte contre la douleur répond avant tout à un objectif humaniste, éthique et de dignité de l'homme. La douleur physique et la souffrance morale ressenties à tous les âges de la vie rendent plus vulnérables encore les personnes fragilisées par la maladie. Les douleurs chroniques rebelles sont sources d'incapacités, de handicaps et d'altérations majeures de la qualité de vie. La lutte contre la douleur satisfait à une attente légitime de toute personne. [...] S'il est illusoire de penser que toute douleur peut être supprimée, les moyens de prévention de la douleur aiguë et d'amélioration de la prise en charge de la douleur chronique doivent être mis en œuvre en toutes circonstances. L'engagement, la mobilisation et la coordination de l'ensemble des professionnels constituent l'élément majeur de la réussite de cette démarche de l'amélioration de la qualité des soins, à laquelle je suis tout particulièrement attaché. Cette démarche illustre la nécessaire évolution des pratiques médicales du XXIe siècle afin de mieux répondre à cette exigence légitime de toute personne malade » énonce Xavier Bertrand, alors ministre de la Santé et des solidarités, en préambule du Plan d'amélioration de la prise en charge de la douleur 2006-2010.

La prise en charge de la douleur n'est pas qu'une simple possibilité elle constitue un véritable droit pour le patient.

Dans chaque établissement de santé doit exister un Comité de lutte contre la douleur (CLUD) chargé de faire un état des lieux de la prise en charge de la douleur au sein de l'établissement et de mettre en place des axes d'amélioration.

Parce qu'il s'agit d'un droit pour la personne soignée, un « contrat d'engagement de lutte contre la douleur[1] » doit être remis à chaque personne hospitalisée (brochure qui figure en général à l'intérieur du livret d'accueil), contrat dans lequel figure l'engagement de l'établissement en ces termes : « Dans cet établissement, les équipes soignantes s'engagent à prendre en charge votre douleur et à vous donner toutes les informations utiles ».

Législation

Article L.1110-5 CSP

▶ « Toute personne a le droit de recevoir des soins visant à soulager sa douleur. Celle-ci doit être en toute circonstance prévenue, évaluée, prise en compte et traitée ».

Douleur et protocole

En ce qui concerne la prise en charge de la douleur, l'article R.4311-8 du Code de la santé publique dispose que « L'infirmier ou l'infirmière est habilité à entreprendre et à adapter les traitements antalgiques, dans le cadre des protocoles préétablis, écrits, datés et signés par un médecin. Le protocole est intégré dans le dossier de soins infirmiers ». Une telle possibilité de protocole en matière de prise en charge de la douleur a été instaurée en 2002.

1 *Contrat d'engagement contre la douleur* dont le contenu a été fixé par le ministère de la Santé.

Auparavant, il n'était possible d'administrer des antalgiques qu'en application d'une prescription. Or, parce que le protocole permet à l'infirmier d'intervenir sans délai (sans avoir besoin que le médecin n'établisse de prescription au moment de l'administration), il est indispensable à une prise en charge de qualité.

Ainsi, un patient peut désormais recevoir un traitement antalgique, s'il existe un protocole préétabli en amont, sans que l'infirmier n'ait obligatoirement besoin de faire appel au médecin pour cela.

Il convient malgré tout pour l'infirmière de garder à l'esprit que l'existence d'un protocole ne fait pas disparaître toute appréciation d'une situation donnée. En effet il peut exister un décalage important dans le temps entre l'élaboration d'un protocole et la question de son application dans une situation donnée pour un patient individualisé.

Or lorsque l'on rédige un protocole, il n'est pas possible d'envisager tous les cas particuliers qui pourraient se produire, ce qui n'est d'ailleurs pas le but d'un protocole.

Il revient à l'infirmier d'apprécier si dans telle situation particulière l'application du protocole se justifie ou non. Si l'infirmière devait estimer que l'application du protocole ne se justifie pas au regard de la situation, elle se doit de ne pas l'appliquer et de faire appel en direct au praticien afin qu'une décision individualisée à la situation soit prise.

Plan d'amélioration de la prise en charge de la douleur : 2006-2010

La prise en charge de la douleur fait l'objet depuis près de 10 ans d'une action gouvernementale matérialisée par des plans d'actions.

Faisant suite au plan 2002-2005, 4 priorités sont définies par le plan 2006-2010 :

- améliorer la prise en charge des douleurs des populations les plus vulnérables notamment des enfants et des adolescents, des personnes polyhandicapées, des personnes âgées et en fin de vie ;
- améliorer la formation pratique initiale et continue des professionnels de santé pour mieux prendre en compte la douleur des patients ;
- améliorer les modalités de traitements médicamenteux et d'utilisation des méthodes non pharmacologiques pour une prise en charge de qualité ;
- structurer la filière de soins de la douleur, en particulier celle de la prise en charge des douleurs chroniques dites rebelles, pour rendre plus efficace le dispositif.

Législation

Charte de la personne hospitalisée

▶ **Les établissements de santé garantissent la qualité de l'accueil, des traitements et des soins**. Les établissements de santé assurent les examens de diagnostic, la surveillance et le traitement des malades, des blessés et des femmes enceintes en tenant compte des aspects psychologiques de chacun d'eux. Ils leur dispensent les actes de prévention, d'investigation, de diagnostic ou de soins – curatifs ou palliatifs – que requiert leur état et ne doivent pas, en l'état des connaissances médicales, leur faire courir de risques disproportionnés par rapport au bénéfice escompté. Par ailleurs ils veillent à la continuité des soins à l'issue de leur admission ou de leur hébergement.

▶ La dimension douloureuse, physique et psychologique de la prise en charge des personnes hospitalisées ainsi que le soulagement de leur souffrance constituent une préoccupation constante de tous les intervenants. Tout établissement doit se doter des moyens propres à organiser la prise en charge de la douleur des personnes qu'il accueille. Une brochure intitulée *Contrat d'engagement contre la douleur* doit être remise à chaque personne hospitalisée. […]

Le respect de la confidentialité

Législation

Article L.1110-4 CSP

▶ « Toute personne prise en charge par un professionnel, un établissement, un réseau de santé ou tout autre organisme participant à la prévention et aux soins a droit au respect de sa vie privée et du secret des informations la concernant.

▶ Excepté dans les cas de dérogation, expressément prévus par la loi, ce secret couvre l'ensemble des informations concernant la personne venues à la connaissance du professionnel de santé, de tout membre du personnel de ces établissements ou organismes et de toute autre personne en relation, de par ses activités, avec ces établissements ou organismes. Il s'impose à tout professionnel de santé, ainsi qu'à tous les professionnels intervenant dans le système de santé.

▶ Deux professionnels peuvent toutefois, sauf opposition de la personne dûment avertie, échanger des informations relatives à une même personne prise en charge, afin d'assurer la continuité des soins ou de déterminer la meilleure prise en charge sanitaire possible. Lorsque la personne est prise en charge par une équipe de soins dans un établissement de santé, les informations la concernant sont réputées confiées par le malade à l'ensemble de l'équipe […].

▶ Le fait d'obtenir ou de tenter d'obtenir la communication de ces informations en violation du présent article est puni d'un an d'emprisonnement et de 15 000 euros d'amende.

▶ En cas de diagnostic ou de pronostic grave, le secret médical ne s'oppose pas à ce que la famille, les proches de la personne malade ou la personne de confiance définie à l'article L.1111-6 reçoivent les informations nécessaires destinées à leur permettre d'apporter un soutien direct à celle-ci, sauf opposition de sa part. Seul un médecin est habilité à délivrer, ou à faire délivrer sous sa responsabilité, ces informations.

▶ Le secret médical ne fait pas obstacle à ce que les informations concernant une personne soient délivrées à ses ayants droit, dans la mesure où elles leur sont nécessaires pour leur permettre de connaître les causes de la mort, de défendre la mémoire du défunt ou de faire valoir leurs droits, sauf volonté contraire exprimée par la personne avant son décès. »

Si aujourd'hui la transparence est un mot fréquemment employé dans tous les secteurs d'activité, le secret professionnel conserve une forte valeur aux yeux du patient. Il constitue la contrepartie nécessaire à la confiance qui s'instaure entre le soignant et lui.

Le secret professionnel couvre l'ensemble des informations concernant le patient et dont a connaissance le professionnel de santé du fait de sa fonction.

Législation

Article L.1110-5 CSP

▶ Les juges ont eu l'occasion de préciser que le secret couvre tout ce qui est venu à la connaissance du professionnel « c'est-à-dire non seulement ce qui lui a été confié, mais aussi ce qu'il a vu, entendu ou compris ».

Finalement peu importe la manière dont l'information est venue à la connaissance du professionnel dès lors qu'elle concerne un patient elle doit rester confidentielle, elle entre dans le champ du secret professionnel.

La violation du secret professionnel

Il s'agit d'une faute grave puisqu'il s'agit d'une infraction sanctionnée par le Code pénal. L'article 226-13 du Code pénal dispose en effet que « la révélation d'une information à caractère secret par une personne qui en est dépositaire soit par état ou par profession, soit en raison d'une fonction ou d'une mission temporaire, est punie d'un an d'emprisonnement et de 15 000 euros d'amende. »

Depuis la loi du 4 mars 2002, sont concernés par l'obligation de secret professionnel tout le personnel de santé, mais également toute personne travaillant au sein d'un établissement de santé (comme le personnel administratif par exemple) et même toute personne qui du fait de ses activités est en relation avec ses établissements (comme les bénévoles).

Les dérogations légales

Si le Code pénal punit sévèrement la violation du secret professionnel, il envisage malgré tout des hypothèses dans lesquelles le secret professionnel peut être transgressé, et ce sans que cette transgression puisse faire l'objet de la sanction normalement prévue. On parle alors de dérogations légales, de circonstances qui permettent de justifier la violation du secret professionnel.

Ces dérogations sont prévues à l'article 226-14 du Code pénal et concernent principalement le signalement des maltraitances aux autorités. On comprend aisément pourquoi ces dérogations ont été mises en place, la violation du secret professionnel se justifiant par la protection d'une personne subissant des violences.

Législation

Article 226-14 du Code pénal

▶ « L'article 226-13 [relatif au secret professionnel] n'est pas applicable dans les cas où la loi impose ou autorise la révélation du secret. En outre il n'est pas applicable :

▶ 1° À celui qui informe les autorités judiciaires, médicales ou administratives de privations ou de sévices, y compris lorsqu'il s'agit d'atteintes sexuelles dont il a eu connaissance, et qui ont été infligés à un mineur ou à une personne qui n'est pas en mesure de se protéger en raison de son âge ou de son état physique ou psychique.

▶ 2° Au médecin qui, avec l'accord de la victime, porte à la connaissance du procureur de la République les sévices ou privations qu'il a constatés, sur le plan physique ou psychique, dans l'exercice de sa profession et qui lui permettent de présumer que des violences physiques, sexuelles ou psychiques de toute nature ont été commises. Lorsque la victime est mineure son accord n'est pas nécessaire.

▶ 3° Aux professionnels de la santé ou de l'action sociale qui informent le préfet, et à Paris le préfet de police, du caractère dangereux pour elles-mêmes ou pour autrui des personnes qui les consultent et dont ils savent qu'elles détiennent une arme ou qu'elles ont manifesté leur intention d'en acquérir une.

▶ Le signalement effectué aux autorités compétentes effectué dans les conditions prévues au présent article ne peut faire l'objet d'aucune sanction disciplinaire. »

Article 434-3 du Code pénal

▶ « Le fait pour quiconque ayant eu connaissance de privations, de mauvais traitements ou d'atteintes sexuelles infligés à un mineur de 15 ans ou à une personne qui n'est pas en mesure de se protéger en raison de son âge, d'une maladie, d'une infirmité, d'une déficience physique ou psychique ou d'un état de grossesse, de ne pas en informer les autorités judiciaires et administratives est puni de 3 ans d'emprisonnement et de 45 000 euros d'amende.

▶ **Sauf lorsque la loi en dispose autrement, sont exceptées des dispositions qui précèdent les personnes astreintes au secret dans les conditions prévues par l'article 226-13** ».

Il n'y a donc pas d'obligation de signaler pour les personnes astreintes au secret, contrairement à ce que l'on a coutume de penser, mais une permission légale de le faire.

Néanmoins, il n'y a pas d'exception prévue pour les personnes astreintes au secret en ce qui concerne la non-assistance à personne en péril. Le choix de se taire, conformément à la possibilité offerte pour les personnes soumises au secret, pourra donc être examiné sous l'angle de la non-assistance.

Le secret partagé

S'il existe des dérogations légales au respect du secret professionnel, il est également prévu un principe de secret partagé qui permet aux professionnels de santé participant à la prise en charge d'un patient de faire circuler entre eux des informations. Au nom de la continuité des soins, les informations concernant la prise en charge d'un patient doivent pouvoir circuler entre tous ceux qui vont être amenés à participer à cette prise en charge. C'est ce qu'il faut entendre par « lorsque la personne est prise en charge par une équipe de soins dans un établissement de santé, les informations la concernant sont réputées confiées par le malade à l'ensemble de l'équipe ».

Contrairement à une idée répandue, l'accès à une information concernant un patient ne tient pas au fait d'être soumis au secret professionnel mais de participer à sa prise en soin.

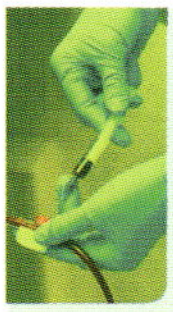

Au quotidien pour l'infirmier

Il y a de nombreuses situations dans lesquelles la confidentialité peut faire l'objet d'atteinte. Il faut être attentif aux paroles échangées dans les couloirs, aux dossiers qui peuvent être ouverts sur les chariots dans les couloirs pendant les visites… Par ailleurs, en chambre double, lorsque l'on donne des informations à un patient, il faut être attentif à la manière dont on peut en préserver la confidentialité vis-à-vis de l'autre patient.

Autre situation qui met en jeu la confidentialité : le téléphone. Les familles des patients appellent souvent dans les services pour obtenir des renseignements sur leurs proches. Que peut-on leur dire ? En premier lieu, le téléphone ne permet pas d'avoir la certitude de l'identité de la personne qui appelle. L'employeur du patient peut ainsi très bien se faire passer pour un proche pour obtenir des renseignements qu'il n'a pas le droit d'avoir. Il faut donc toujours garder une méfiance vis-à-vis de ce moyen de communication. Néanmoins, il est des situations où la personne qui appelle est bel et bien connue du service, la fille d'une personne âgée hospitalisée par exemple, et dans cette situation un renvoi à la confidentialité peut engendrer de l'incompréhension, voire de l'agressivité. Dans ces circonstances, il est envisageable de donner des informations mais uniquement celles qui n'apportent pas de renseignements médicaux. Ainsi, il est possible de donner à la fille de la personne âgée hospitalisée des nouvelles concernant sa mère. Il est des situations qui commandent d'adapter la rigueur dont on doit faire preuve, et ce dans l'intérêt de la personne hospitalisée elle-même.

Si la demande concerne des renseignements médicaux précis, ce n'est pas à l'infirmière de les donner, il faut alors renvoyer vers le médecin, qui lui décidera si la personne demandeuse est en droit d'avoir ces informations ou non.

Dilemme éthique

Le respect de la sérologie peut parfois engendrer des dilemmes éthiques complexes. Tel est le cas, par exemple, en matière de sérologie VIH.

M. Clamart est entré en unité de pneumologie pour pneumocystose et un herpès buccal. Il est âgé de 29 ans, est marié sans enfant et exerce la profession de chauffeur poids lourds. Il présente dans ses antécédents médicaux un épisode d'éthylisme. Lors du bilan étiologique, il a été proposé à M. Clamart une sérologie VIH qu'il a acceptée.

Les bilans sanguins réalisés révèlent un syndrome d'immunodéficience acquise (SIDA) avéré.

À l'annonce de ce diagnostic, M. Clamart ne semble pas comprendre, ni réagir lorsque l'interne lui explique l'importance d'en informer son épouse. Il fuit le dialogue en augmentant le son de la télévision, son attitude semble en décalage avec la situation (il sourit, il ricane).

L'équipe soignante tente chaque jour de discuter avec lui afin de lui faire comprendre qu'il est atteint d'une maladie qui engage le pronostic vital.

Mme Clamart, inquiète de ne rien savoir, téléphone à plusieurs reprises dans le service et questionne à chacune de ses visites les infirmières dans la salle de soin. Ces dernières lui répondent qu'elles ne sont pas autorisées à lui fournir des renseignements sur l'état de santé de son mari.

Dans cette situation, l'équipe est tiraillée entre le respect de la confidentialité qui impose de ne pas révéler aux proches de la personne d'éléments concernant sa santé dès lors qu'il n'a pas donné son accord pour cela ; et le principe de non-assistance à personne en danger qui commanderait de prévenir Mme Clamart de la situation de son mari afin qu'elle puisse faire un test de dépistage, et le cas échéant prendre les précautions nécessaires. Ces deux obligations divergentes ne sont pas traitées de manière hiérarchique, l'une l'emportant sur l'autre. Si bien que rien sur un plan légal ne va aider à la prise de décision. Dès lors il faut se positionner : le respect de la confidentialité contre la non-assistance à personne en danger ou l'inverse. Et sachant que les deux principes entraînent en cas de non-respect des sanctions pénales.

Législation

Charte de la personne hospitalisée

▶ **Le respect de la vie privée est garanti à toute personne.** Toute personne hospitalisée a droit au respect de sa vie privée. Le personnel est tenu au secret professionnel défini par les articles 226-13 et 226-14 du Code pénal et à la discrétion professionnelle définie par l'article 26 de la loi n° 33634 du 13 juillet 1983 modifiée, relative aux droits et obligations des fonctionnaires.

▶ L'établissement garantit la confidentialité des informations qu'il détient sur les personnes hospitalisées (informations médicales, d'état civil, administratives, financières)

Toutefois, les informations à caractère médical, dans la mesure où elles sont utiles à la continuité des soins et déterminent la meilleure prise en charge possible, sont réputées avoir été confiées par la personne hospitalisée à l'ensemble de l'équipe de soins qui la prend en charge. Ces mêmes informations pourront également être confiées à d'autres professionnels de santé ne faisant pas partie de l'équipe de soins qui prend en charge la personne, dans la mesure où celle-ci en aura été avertie et ne s'y sera pas opposée. Dans le cadre d'une procédure judiciaire exécutée dans les formes prescrites, le juge ou la personne qu'il aura mandatée à cet effet peut avoir accès aux informations concernant une personne hospitalisée ou ayant été hospitalisée. Toutefois, cette procédure judiciaire n'est pas de nature à entraîner la levée des anonymats garantis par la loi. La personne hospitalisée peut recevoir dans sa chambre les visites de son choix en respectant l'intimité et le repos des autres personnes hospitalisées. Elle a le droit à la confidentialité de son courrier, de ses communications téléphoniques, de ses entretiens avec des visiteurs et avec les professionnels de santé.

▶ [...] Une personne hospitalisée peut refuser toute visite et demander que sa présence ne soit pas divulguée.

LES DROITS DE L'USAGER DU SYSTÈME DE SANTÉ

À côté de ses droits fondamentaux, la personne qui est hospitalisée acquiert des droits du fait de son statut d'usager du système de santé. Ces droits ne sont pas moins importants mais ils sont plus contextuels.

Le droit à l'information

Législation

Art L.1111-2 CSP

▶ « Toute personne a le droit d'être informée sur son état de santé. Cette information porte sur les différentes investigations, traitements ou actions de prévention qui sont proposés, leur utilité, leur urgence éventuelle, leurs conséquences, les risques fréquents ou graves normalement prévisibles qu'ils comportent ainsi que sur les autres solutions possibles et sur les conséquences prévisibles en cas de refus. Lorsque postérieurement à l'exécution des investigations, traitements ou actions de prévention, des risques nouveaux sont identifiés, la personne concernée doit en être informée, sauf en cas d'impossibilité de la retrouver.

▶ Cette information incombe à tout professionnel de santé dans le cadre de ses compétences et dans le respect des règles professionnelles qui lui sont applicables. Seules l'urgence ou l'impossibilité d'informer peuvent l'en dispenser.

3 Les droits du patient

▶ Cette information est délivrée au cours d'un entretien individuel.

▶ La volonté d'une personne d'être tenue dans l'ignorance d'un diagnostic ou d'un pronostic doit être respectée, sauf lorsque des tiers sont exposés à un risque de transmission.

▶ Les droits des mineurs ou des majeurs sous tutelle mentionnés au présent article sont exercés, selon les cas, par les titulaires de l'autorité parentale ou par le tuteur. Ceux-ci reçoivent l'information prévue par le présent article, sous réserve des dispositions de l'article L.1111-5. Les intéressés ont le droit de recevoir eux-mêmes une information et de participer à la prise de décision les concernant, d'une manière adaptée soit à leur degré de maturité s'agissant des mineurs, soit à leurs facultés de discernement s'agissant des majeurs sous tutelle.

▶ Des recommandations de bonnes pratiques sur la délivrance de l'information sont établies par la Haute autorité de santé et homologuées par arrêté du ministre chargé de la Santé.

▶ En cas de litige, il appartient au professionnel ou à l'établissement de santé d'apporter la preuve que l'information a été délivrée à l'intéressé dans les conditions prévues au présent article. Cette preuve peut être apportée par tout moyen ».

L'article L.1111-2 du Code de la santé publique dispose que « toute personne a le droit d'être informée sur son état de santé ». L'information est bien proclamée comme un droit pour le patient et non comme une simple possibilité offerte aux soignants.

Ce droit à l'information pour le patient porte à la fois sur son état de santé, sur la nature, l'utilité et l'urgence des actes et des traitements médicaux proposés, sur les conséquences et les risques qu'ils peuvent comporter, lorsqu'il s'agit de « risques fréquents ou graves normalement prévisibles » et sur les autres solutions possibles ou conséquences prévisibles en cas de refus.

Si des risques nouveaux sont identifiés postérieurement aux actes médicaux, le patient doit également en être informé dans la mesure du possible.

Par ailleurs, la loi du 4 mars 2002 envisage également un droit à l'information au bénéfice des patients juridiquement incapables. Ainsi, le mineur et le majeur sous tutelle ont le droit de recevoir une information, d'une manière adaptée à leur degré de maturité et à leurs facultés de discernement.

Il existe 3 limites prévues par la loi à cette obligation d'informer : le refus du patient d'être informé sauf en cas de pathologie transmissible, l'urgence et l'impossibilité d'informer.

L'information à laquelle tout patient a droit « incombe à tout professionnel de santé dans le cadre de ses compétences et dans le respect des règles professionnelles qui lui sont applicables ».

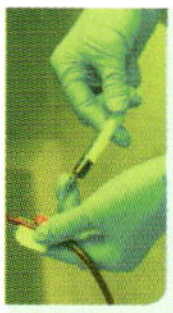

Au quotidien pour l'infirmier

Les familles des patients interrogent fréquemment l'infirmier sur le résultat d'un examen, sur le fait de savoir si l'on a trouvé quelque chose. Mais cette information constitue un diagnostic qui n'entre pas dans le champ de compétences de l'infirmier. Il s'agit d'une compétence médicale. Il peut, à son niveau, donner des informations sur le déroulement d'un examen, sur les soins qui sont administrés mais il ne peut donner d'informations médicales.

En ce qui concerne la preuve de l'information, c'est au professionnel de santé ou à l'établissement de santé d'apporter la preuve que le patient a été informé, et ce par tous moyens. Cela doit conduire à modifier certaines pratiques de soins, pour tendre vers une traçabilité plus importante et améliorer la qualité des transmissions entre les soignants (orales et écrites).

Preuve de l'information : faut-il céder à la tentation du « tout écrit » ?

En cas de contentieux, il appartient aux professionnels d'apporter la preuve que l'information a bien été délivrée aux personnes en droit de la recevoir. Le texte précise que cette preuve peut être apportée par tout moyen. Aujourd'hui, la tentation est grande de constituer une preuve écrite, et ce en raison du côté rassurant de l'écrit. On a ainsi l'impression de posséder quelque chose de concret, de tangible pour prouver sa bonne foi. Si l'écrit peut être utile, il n'est en aucun cas obligatoire. Si le choix est fait d'élaborer un feuillet d'information écrit, il est important de le penser en amont, de le rédiger de telle façon qu'il soit réellement éclairant pour celui qui doit en prendre connaissance[2].

A-t-on le droit de cacher une information à un patient ?

M. Longuet, âgé de 65 ans, vit avec son épouse et une de ses filles dans un appartement au 3e étage sans ascenseur. En 2007, il ressent une vive douleur dans la région lombaire, nécessitant une hospitalisation. Les médecins diagnostiquent alors un cancer de la prostate avec des métastases vertébrales. Ne lui prédisant que quelques mois à vivre, ils décident d'en informer l'épouse de M. Longuet dans un premier temps. Celle-ci décide, en commun accord avec sa fille, de ne pas révéler la vérité à son mari craignant qu'en lui ôtant tout espoir « on ne le tue ».

M. Longuet devient paraplégique, quelque temps après, suite à la prolifération des métastases vertébrales. Il est incontinent urinaire et fécal, ne peut plus se mobiliser, ni sortir de chez lui. Il est pris en charge par une équipe de soin à domicile de manière pluriquotidienne. Un traitement antalgique est instauré car les douleurs osseuses sont de plus en plus invalidantes.

Afin de se distraire, M. Longuet peint (il réalise de nombreux tableaux accrochés dans le salon), lit beaucoup, écoute de la musique et communique très bien avec sa famille. Il vit au jour le jour et ne se projette pas dans l'avenir. Néanmoins, il pose beaucoup de questions sur son état de santé lors de la toilette.

…

2 À ce sujet, il peut être utile de se référer aux recommandations émises par la Haute autorité de santé : *Guide méthodologique, Élaboration d'un document écrit d'information à l'intention des patients et des usagers du système de santé*, mars 2005.

Il ne s'agit pas ici de critiquer la position de la famille qui pense protéger M. Longuet en le maintenant dans l'ignorance. Elle pense agir pour son bien. L'erreur provient de l'équipe puisque celle-ci informe la famille avant le patient. Or, c'est à lui qu'appartient le droit de savoir, c'est lui qui est le premier concerné par son état de santé. Il pourrait d'ailleurs décider de laisser sa famille dans l'ignorance, pour les mêmes raisons finalement que sa famille décide de ne pas l'informer, mais en toute légalité puisque l'information lui appartient et qu'il peut légalement en disposer comme il le souhaite. Devant une rétention d'information, M. Longuet pourrait par ailleurs demander à avoir accès à son dossier médical, requête qui ne peut lui être refusée, quand bien même son diagnostic lui a été caché. La prise de connaissance du diagnostic, engageant le pronostic vital dans le cas de M. Longuet, à la lecture d'un document n'est pas la solution la plus optimale qui soit.

Législation

Charte de la personne hospitalisée.

▶ **L'information donnée au patient doit être accessible et loyale.** Les établissements doivent veiller à ce que l'information médicale et sociale des personnes hospitalisées soit assurée et que les moyens mis en œuvre soient adaptés aux éventuelles difficultés de communication ou de compréhension des patients, afin de garantir à tous l'égalité d'accès à l'information.

▶ Il revient à l'établissement et aux professionnels de santé d'apporter la preuve que l'information a été délivrée à l'intéressé.

▶ Toute personne a le droit d'être informée sur son état de santé et le secret médical n'est pas opposable au patient. Toutefois, la volonté d'une personne de ne pas être informée du diagnostic ou du pronostic la concernant doit être respectée, sauf si son état de santé présente des risques de transmission à des tiers.

▶ Le médecin doit, au cours d'un entretien individuel, donner à la personne une information accessible, intelligible et loyale. Cette information doit être renouvelée si nécessaire. Le médecin répond avec tact et de façon adaptée aux questions qui lui sont posées. L'information porte sur les investigations, traitements ou actions de prévention proposées ainsi que sur leurs alternatives éventuelles. Dans le cas de la délivrance d'une information difficile à recevoir pour le patient, le médecin peut, dans la mesure du possible, proposer un soutien psychologique. [...]

▶ Pour favoriser la participation des mineurs et des majeurs sous tutelle à la prise de décision les concernant, ils sont informés des actes et examens nécessaires à la prise en charge de leur état de santé, en fonction de leur âge et de leur capacité de compréhension, indépendamment de l'information donnée à leurs représentants légaux. [...]

▶ La personne de confiance doit également bénéficier d'une information suffisante pour pouvoir donner valablement son avis dans le cas où la personne malade n'est pas en mesure d'exprimer sa volonté.

▶ Seules l'impossibilité, l'urgence ou la volonté de la personne malade de ne pas savoir peuvent dispenser le médecin d'informer celle-ci

Le droit au consentement

Législation

Art L.1111-4 CSP

- « Toute personne prend, avec le professionnel de santé et compte tenu des informations et des préconisations qu'il lui fournit, les décisions concernant sa santé.
- Le médecin doit respecter la volonté de la personne après l'avoir informée des conséquences de ses choix.
- Si la volonté de la personne de refuser ou d'interrompre tout traitement met sa vie en danger, le médecin doit tout mettre en œuvre pour la convaincre d'accepter les soins indispensables. Il peut faire appel à un autre membre du corps médical. Dans tous les cas, le malade doit réitérer sa décision après un délai raisonnable. Celle-ci est inscrite dans son dossier médical. Le médecin sauvegarde la dignité du mourant et assure la qualité de sa fin de vie en dispensant les soins visés à l'article L.1110-10.
- Aucun acte médical, ni aucun traitement ne peut être pratiqué sans le consentement libre et éclairé de la personne et ce consentement peut être retiré à tout moment.
- Lorsque la personne est hors d'état d'exprimer sa volonté, aucune intervention ou investigation ne peut être réalisée, sauf urgence ou impossibilité, sans que la personne de confiance prévue à l'article L.1111-6, ou la famille, ou à défaut, un de ses proches ait été consulté.
- Lorsque la personne est hors d'état d'exprimer sa volonté, la limitation ou l'arrêt de traitement susceptible de mettre sa vie en danger ne peut être réalisé sans avoir respecté la procédure collégiale définie par le Code de déontologie médicale et sans que la personne de confiance prévue à l'article L.1111-6 ou la famille ou, à défaut, un de ses proches et, le cas échéant, les directives anticipées de la personne, aient été consultés. La décision motivée de limitation ou d'arrêt de traitement est inscrite dans le dossier médical.
- Le consentement du mineur ou du majeur sous tutelle doit être systématiquement recherché s'il est apte à exprimer sa volonté et à participer à la décision. Dans le cas où le refus d'un traitement par la personne titulaire de l'autorité parentale ou par le tuteur risque d'entraîner des conséquences graves pour la santé du mineur ou du majeur sous tutelle, le médecin délivre les soins indispensables.
- L'examen d'une personne malade dans le cadre d'un enseignement clinique requiert son consentement préalable. Les étudiants qui reçoivent cet enseignement doivent être au préalable informés de la nécessité de respecter les droits des malades énoncés au présent titre ».

La loi du 4 mars 2002 pose le principe selon lequel « toute personne prend, avec le professionnel de santé et compte tenu des informations et des préconisations qu'il lui fournit, les décisions concernant sa santé ».

Aucun acte médical, ni aucun traitement ne peut être pratiqué sans le consentement libre et éclairé du patient.

Le consentement du mineur ou du majeur protégé doit également être recherché lorsqu'il est apte à exprimer sa volonté.

Ce droit au consentement ne s'envisage qu'en lien avec le droit à l'information dont dispose le patient. En effet, pour consentir de manière éclairée, le patient doit avoir reçu toutes les informations lui permettant de prendre une décision. Il est donc important pour les soignants de ne pas dissocier les deux droits : la manière dont j'informe le patient aura des conséquences sur son consentement.

Considéré comme inutile il y a quelques années par certains praticiens fonctionnant sur un mode paternaliste, le consentement aux soins s'impose désormais comme une obligation juridique et doit être recherché dans tous les cas sauf urgence ou impossibilité.

Dire que le patient dispose du droit de consentir aux soins signifie que le patient peut les accepter mais également les refuser.

Les situations de refus de soin, relativement fréquentes de nos jours même si elles n'entraînent pas toutes les mêmes conséquences pour le patient, interrogent les soignants dans leur pratique : si le refus du patient met sa vie en danger, que dois-je faire ? Dois-je lui administrer le soin de force ? Dois-je respecter sa volonté ? Il n'y a pas de réponse définitive en la matière et les opinions divergent selon que l'on soit soignant ou patient.

Chaque soignant doit pourtant s'interroger, raisonner comme s'il était lui-même le patient, et se demander s'il accepterait qu'on lui impose un soin. Il est important de raisonner en se mettant au niveau du patient, car ce qui semble bon pour lui du point de vue des soignants ne l'est pas nécessairement si l'on envisage les choses de son point de vue.

Les juges ont eu l'occasion ces dernières années de se pencher sur cette question du refus de soin, dans le cadre précis des refus de transfusions sanguines exprimées par les témoins de Jéhovah. Ils ont à plusieurs reprises donné raison aux praticiens qui avaient pris la décision de transfuser les patients, en avançant 3 arguments : l'urgence vitale, l'absence d'alternative thérapeutique et le caractère proportionné de l'intervention par rapport à l'état du patient.

Cette position interroge la conception de l'autonomie de la volonté. Est-on libre de décider pour soi quitte à y laisser sa vie ? Une personne qui ne souhaite pas être transfusée, qui émet ce refus en dehors d'une situation d'urgence (avant une intervention chirurgicale programmée par exemple ou avant un accouchement), qui est pleinement consciente des conséquences que pourrait avoir ce refus sur son état de santé (dès lors que la transfusion deviendrait nécessaire à lui sauver la vie) et qui le réitère, ne doit-elle pas voir sa position respectée ? Le respect de l'autonomie de la volonté ne commande-t-il pas dans cette situation de ne pas transfuser ? Dilemme éthique pour les soignants. La loi semble plutôt en faveur de cette posture lorsqu'elle dispose « qu'aucun acte médical, ni aucun traitement ne peut être pratiqué sans le consentement libre et éclairé de la personne ». C'est la notion de bienfaisance qu'il convient ici d'interroger. Doit-on prendre en compte l'appartenance communautaire et les conséquences sociales d'une transfusion sur un témoin de Jéhovah ? Ou seul le fait de lui sauver la vie doit compter, quitte à lui administrer un traitement qu'elle refuse ? Soigner avec ou malgré le patient ?

Certains invoquent dans cette situation le principe de non-assistance à personne en danger en tant qu'il commanderait d'agir. Le respect du refus de soin ne constitue pas une non-assistance à personne en danger dès lors que tout est fait pour convaincre la personne et qu'elle est pleinement consciente des conséquences de ce refus et les accepte. Le contraire peut en revanche constituer un acharnement thérapeutique.

Il y a non-assistance lorsque l'on n'intervient pas sur une personne qui a besoin de soin alors qu'elle n'a pas refusé de les recevoir.

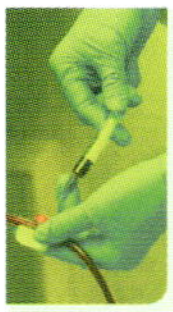

Au quotidien pour l'infirmier

Bien souvent les refus de soins ne sont qu'une manifestation d'absence d'information du patient. Ainsi, un patient qui refuse de prendre des médicaments le fait souvent parce qu'on ne lui a pas expliqué la nature ni les raisons du traitement. En présence d'un tel refus, l'infirmière doit demander au patient les raisons de son refus, lui demander s'il a bien reçu les informations nécessaires et s'il les a bien comprises. Elle doit ensuite faire appel au médecin si elle constate un manque d'information du patient.

Législation

Charte de la personne hospitalisée

▶ **Un acte médical ne peut être pratiqué qu'avec le consentement libre et éclairé du patient.** L'intangibilité de l'intégrité corporelle de chaque personne et l'indisponibilité du corps humain sont des principes fondamentaux auxquels il ne peut être dérogé que par nécessité médicale pour la personne et avec son consentement préalable. Pour cette raison, notamment, aucun acte médical ne peut être pratiqué sans le consentement de l'intéressé. Lorsque la personne n'est pas en état d'exprimer sa volonté, sauf urgence ou impossibilité, le médecin ne pourra réaliser aucune investigation ni traitement sans avoir consulté au préalable la personne de confiance, la famille ou à défaut un des proches.

▶ Autre conséquence du principe du consentement : toute personne hospitalisée, apte à exprimer sa volonté, peut aussi refuser tout acte diagnostic ou tout traitement ou en demander l'interruption à tout moment. Toutefois, si par ce refus ou cette demande d'interruption de traitement la personne met sa vie en danger, le médecin, tenu par son obligation d'assistance, doit tout mettre en œuvre pour faire accepter les soins indispensables. Il peut alors faire appel à un autre membre du corps médical. Cependant, dès lors que la personne réitère sa décision dans un délai raisonnable (délai apprécié compte tenu de la situation), celle-ci s'impose au médecin. Il faut préciser que la décision prise par la personne malade de limiter ou d'arrêter ses traitements, alors même qu'elle ne se trouve pas en situation de fin de vie, doit être particulièrement réfléchie. C'est pourquoi le devoir d'assistance du médecin doit l'emporter sur le refus de soins dans les situations d'urgence où le pronostic vital est engagé, dès lors que le patient n'a pas disposé d'un délai minimum nécessaire pour réitérer, en toute connaissance de cause, sa volonté. En fin de vie (c'est-à-dire lorsque la personne se trouve « en phase avancée ou terminale d'une affection grave ou incurable »), dès lors que la personne, dûment informée des conséquences de son choix et apte à exprimer sa volonté, fait valoir sa décision de limiter ou d'arrêter les traitements, celle-ci s'impose au médecin.

La désignation d'une personne de confiance

Législation

Article L.1111-6 CSP

▶ « Toute personne majeure peut désigner une personne de confiance qui peut être un parent, un proche ou le médecin traitant, et qui sera consultée au cas où elle-même serait hors d'état d'exprimer sa volonté et de recevoir l'information nécessaire à cette fin.

▶ Cette désignation est faite par écrit. Elle est révocable à tout moment.

▶ Si le malade le souhaite, la personne de confiance l'accompagne dans ses démarches et assiste aux entretiens médicaux afin de l'aider dans ses décisions.

▶ Lors de toute hospitalisation dans un établissement de santé, il est proposé au malade de désigner une personne de confiance dans les conditions prévues à l'alinéa précédent.

▶ Cette désignation est valable pour la durée de l'hospitalisation, à moins que le malade n'en dispose autrement.

▶ Les dispositions du présent article ne s'appliquent pas lorsqu'une mesure de tutelle est ordonnée. Toutefois le juge des tutelles peut, dans cette hypothèse, soit confirmer la mission de la personne de confiance antérieurement désignée, soit révoquer la désignation de celle-ci. »

Parmi les nombreuses dispositions de la loi du 4 mars 2002 relative aux droits des malades et à la qualité du système de santé il en est une qui est peu connue des professionnels, en tout cas du point de vue de la mise en application : la possibilité pour le patient de désigner une personne de confiance. Les questions que se posent les professionnels sont nombreuses : qui peut être désigné, quelles sont les missions de cette personne, quelles explications à donner au patient ?...

Qui désigne et qui peut être désigné ?

Précisions avant toute chose que la désignation d'une personne de confiance est une simple possibilité offerte par la loi et non une obligation pour le patient.

Il est bien précisé que « toute personne majeure **peut** désigner » et non que toute personne majeure **doit** désigner...

Si cette désignation n'est pas une obligation pour le patient, en revanche, elle doit lui être systématiquement proposée lors de toute admission. Les établissements de santé doivent en effet proposer au patient de désigner une personne de confiance, proposition qui doit être accompagnée d'explications sur le rôle de celle-ci. Le patient est ensuite libre d'en désigner une ou non.

Si le texte prévoit expressément que pour désigner une personne de confiance il faut être majeur, il ne précise pas de manière identique que la personne de confiance doive elle aussi être majeure.

Il est dès lors permis de s'interroger sur la validité de la désignation d'une personne de confiance mineure. Comme le rôle de la personne de confiance n'est que consultatif, rien ne permet d'affirmer qu'elle doit être majeure. Néanmoins, ce rôle consultatif et notamment lorsque le patient est hors d'état de s'exprimer, peut conduire à conseiller une désignation en rapport avec celui-ci.

À noter qu'un patient sous tutelle ne peut pas désigner de personne de confiance. Si la mise sous tutelle intervient après la désignation de la personne de confiance, il appartiendra au juge des tutelles d'en confirmer ou révoquer la désignation.

La personne de confiance peut être un parent, un proche ou le médecin traitant. Cette liste est indicative, on peut donc penser que le patient peut désigner qui il veut. Il semble malgré tout qu'un lien effectif entre le patient et la personne de confiance soit nécessaire afin que cette désignation prenne tout son sens. Même si le texte ne le précise pas expressément, la personne sollicitée par le patient pour être sa personne de confiance peut refuser de jouer ce rôle. Seule la révocation faite par le patient s'impose à elle.

Mineure et personne de confiance. Comme le précise le texte « toute personne **majeure** peut désigner une personne de confiance », on doit en déduire que la condition *sine qua non* pour désigner une personne de confiance c'est d'être majeur. Une personne mineure n'est pas en capacité juridique de procéder à une telle désignation, d'autant plus que d'un point de vue légal ce sont le ou les titulaire(s) de l'autorité parentale qui vont exercer les missions normalement dévolues à la personne de confiance.

Cependant, dans le cadre de la marge d'autonomie conférée à la patiente mineure, comme dans le cadre de l'IVG par exemple, on lui demandera d'être accompagnée d'une personne majeure de son choix. Il est ici important de ne pas mélanger les deux fonctions : la personne majeure choisie par la mineure n'est que présente, elle n'a pas de droit en tant que tel. On pourrait la comparer à une « caution de majorité » qui remplacerait l'un des titulaires de l'autorité parentale.

Les modalités de désignation

La désignation de la personne de confiance doit être faite par écrit et est révocable à tout moment. C'est la raison pour laquelle les établissements de santé doivent mettre en place des formulaires de désignation. Si le patient décide de désigner une personne de confiance, par l'intermédiaire de ce formulaire, celui-ci devra être annexé dans son dossier. Pour faciliter l'information du patient, les explications sur cette personne de confiance peuvent figurer sur ce formulaire.

Quand on interroge les établissements de santé sur le taux de désignation des personnes de confiance, celui-ci est souvent faible. Néanmoins, bien souvent, on s'aperçoit qu'il n'y a pas de règles posées qui précisent à quel moment la désignation est proposée, par qui, qui récupère le formulaire... Or, il est essentiel pour que cette disposition soit opérationnelle, qu'une procédure détermine qui fait quoi, afin qu'il n'y ait pas d'oubli et que chaque patient se voit bien proposer de désigner une personne de confiance.

Le rôle de la personne de confiance : accompagnement et consultation lorsque le patient est hors d'état d'exprimer sa volonté

Le rôle de la personne de confiance est double : d'une part, elle a une mission d'accompagnement du patient dans ses démarches, et peut donc assister aux entretiens médicaux afin de l'aider dans ses décisions. Il s'agit là d'une nouvelle dérogation au secret professionnel, instaurée dans l'intérêt u patient. Précisons cependant que c'est le patient qui demeure à l'initiative, s'il ne souhaite pas que sa personne de confiance soit présente, elle ne peut évidemment pas l'exiger.

D'autre part, la personne de confiance a un rôle consultatif au cas où le patient serait hors d'état d'exprimer sa volonté. Dans ce cas, la personne de confiance sera consultée afin de se faire l'écho d'indications éventuellement données par le patient. La personne de confiance n'est donc que consultée et en aucun cas n'a pour mission de se substituer au patient et de consentir à sa place. Lorsque le patient est en fin de vie et qu'il a préalablement désigné une personne de confiance, l'avis de cette dernière prévaut sur tout autre avis non médical (c'est-à-dire sur l'avis des proches ou membres de la famille).

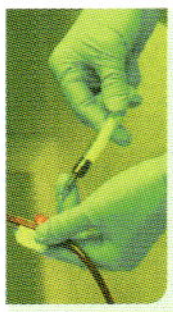

Au quotidien pour l'infirmier

Il est essentiel d'éviter le côté anxiogène d'une information donnée à un patient. C'est pourquoi il paraît préférable d'expliquer les missions de la personne de confiance en plaçant en second celle associée à un état d'inconscience du patient. En effet, on peut aisément comprendre qu'un patient ne souhaite pas envisager que peut-être il puisse se retrouver dans une situation où il serait hors d'état d'exprimer sa volonté !

À ne pas confondre... Il est important de ne pas confondre personne de confiance et personne à prévenir.

Le rôle de la personne de confiance est beaucoup plus large puisqu'elle est susceptible d'accompagner le patient dans ses démarches pendant toute la durée d'une hospitalisation, elle a de plus un rôle actif puisqu'elle peut être consultée lorsque le patient est hors d'état d'exprimer sa volonté.

La personne à prévenir, quant à elle, est plutôt passive, elle n'est que prévenue. Les soignants contactent les personnes à prévenir surtout lors des démarches administratives et en cas d'aggravation de l'état clinique de la personne soignée.

Pour autant, les deux intervenants peuvent être une seule et même personne puisque la personne à prévenir peut être la personne de confiance.

Le droit d'accès au dossier

Le dossier du patient est aujourd'hui un outil indispensable à la pratique soignante. Améliorer sa qualité doit être un objectif permanent car lié à l'amélioration de la qualité de la prise en charge. Le dossier doit retracer l'ensemble des événements d'une prise en charge, c'est la « mémoire » du passage du patient dans un établissement de santé. La loi est venue poser des règles quant à son contenu, sa bonne tenue ou encore quant aux modalités d'accès pour le patient.

Présentation du dossier patient

Le dossier du patient a été défini par l'Anaes en 2003[3] comme « le lieu de recueil et de conservation des informations administratives, médicales et paramédicales, formalisées et actuali-

3 Dossier du patient : Amélioration de la qualité de la tenue et du contenu. Réglementation et recommandations.

sées, enregistrées pour tout patient accueilli, à quelque titre que ce soit, dans un établissement de santé ». Le dossier du patient est aujourd'hui est un outil indispensable à la pratique des soignants car il permet de recenser l'ensemble des informations relatives à la prise en charge d'un patient. Comme le précise l'Anaes, le dossier « est la mémoire de l'itinéraire du patient dans le système de soins et le seul document qui en atteste ».

On le sait, une politique d'amélioration de la prise en charge des patients passe nécessairement par une amélioration de la tenue du dossier du patient. La qualité de tenue du dossier doit refléter et être en adéquation avec la qualité des soins dispensés. Un dossier mal tenu pourrait laisser penser que certains soins n'ont pas été réalisés, ou ne pas mettre en avant la qualité de la prise en soin mise en œuvre.

C'est ainsi qu'il est important de rappeler les règles essentielles en matière de tenue du dossier du patient, bonne tenue dont les soignants sont les premiers garants.

Le contenu légal minimal du dossier du patient

En la matière, la loi du 4 mars 2002 relative aux droits des malades et à la qualité du système de santé complétée par le décret du 29 avril 2002[4] pose de manière explicite le contenu minimal du dossier médical ainsi que les modalités d'accès pour le patient à son dossier.

L'article R.1112-2 du Code de la santé publique dispose qu'« un dossier médical est constitué pour chaque patient hospitalisé dans un établissement de santé public ou privé. Ce dossier contient au moins les éléments suivants, ainsi classés :

- 1° les informations formalisées lors des consultations externes dispensées dans l'établissement, lors de l'accueil au service des urgences ou au moment de l'admission et au cours du séjour hospitalier, et notamment :
  - a) la lettre du médecin qui est à l'origine de la consultation ou de l'admission,
  - b) les motifs d'hospitalisation,
  - c) la recherche d'antécédents et de facteurs de risques,
  - d) les conclusions de l'évaluation clinique initiale,
  - e) le type de prise en charge prévue et les prescriptions effectuées à l'entrée,
  - f) la nature des soins dispensés et les prescriptions établies lors la consultation externe ou du passage aux urgences,
  - g) les informations relatives à la prise en charge en cours d'hospitalisation : état clinique, soins reçus, examens paracliniques, notamment d'imagerie,
  - h) les informations sur la démarche médicale, adoptée dans les conditions prévues à l'article L.1111-4[5],
  - i) le dossier d'anesthésie,
  - j) le compte rendu opératoire ou d'accouchement,
  - k) le consentement écrit du patient pour les situations où ce consentement est requis sous cette forme par voie légale ou réglementaire,

4 Décret n° 2002 - 637 du 29 avril 2002 relatif à l'accès aux informations personnelles détenues par les professionnels et les établissements de santé.

5 Article du Code de la santé publique relatif au recueil du consentement du patient.

– l) la mention des actes transfusionnels pratiqués sur le patient, et le cas échéant, copie de la fiche d'incident transfusionnel mentionnée au deuxième alinéa de l'article R.122141,

– m) les éléments relatifs à la prescription médicale, à son exécution et aux examens complémentaires,

– n) le dossier de soins infirmiers ou, à défaut, les informations relatives aux soins infirmiers,

– o) les informations relatives aux soins dispensés par les autres professionnels de santé,

– p) les correspondances échangées entre professionnels de santé ;

■ 2° les informations formalisées établies à la fin du séjour. Elles comportent notamment :

– a) le compte rendu d'hospitalisation et la lettre rédigée à l'occasion de la sortie,

– b) la prescription de sortie et les doubles d'ordonnance de sortie,

– c) les modalités de sortie (domicile, autres structures),

– d) la fiche de liaison infirmière ;

■ 3° les informations mentionnant qu'elles ont été recueillies auprès de tiers n'intervenant pas dans la prise en charge thérapeutique ou concernant de tels tiers.

Sont seules communicables les informations énumérées aux 1° et 2° ».

Comme on peut le voir, trois catégories d'informations figurent dans le dossier du patient : les informations recueillies avant et pendant l'hospitalisation, les informations établies à la sortie du patient, et enfin les informations provenant de tiers ou concernant les tiers. Aucun document n'a été oublié par le législateur. L'objectif est bien de faire du dossier du patient le lieu de recueil de l'ensemble des informations concernant un patient et susceptibles d'intéresser l'ensemble des professionnels de santé. Ce contenu est un contenu minimal, d'autres documents pourront venir s'y ajouter selon les circonstances particulières d'une prise en charge (comme par exemple les procès-verbaux d'autopsie).

Un document fondamental : le dossier de soins infirmiers

Au sein de cette liste établie par la loi on trouve le dossier de soins infirmiers. Il a été défini comme « un document unique et individualisé regroupant l'ensemble des informations concernant la personne soignée. Il prend en compte l'aspect préventif, curatif, éducatif et relationnel du soin. Il comporte le projet de soins qui devra être établi avec la personne soignée. Il contient des informations spécifiques à la pratique infirmière[6] ».

Il s'agit ici d'un élément majeur du dossier du patient dans la mesure où il permet de retracer l'évolution du suivi, de la prise en charge du patient. En cela, il a une valeur légale indéniable. En cas de contentieux, c'est l'un des documents qui sera examiné avec soin afin de comprendre l'enchaînement des événements ayant abouti à un éventuel préjudice pour le patient. C'est pour cela qu'il est important de ne pas hésiter à écrire dans le dossier de soins infirmiers toutes les informations utiles à la prise en charge. Quand on parle d'informations utiles, cela fait référence aux informations objectives et non pas aux données subjectives et jugements de valeur que l'on trouve encore dans les dossiers. Il est important d'écrire mais il s'agit de ne pas écrire n'importe quoi.

6 *Recommandations pour la tenue du dossier de soins infirmiers du malade à domicile*, ANAES, juin 1997.

Au quotidien pour l'infirmier

L'accès du patient à son dossier doit conduire les infirmiers à modifier leurs écrits car il est évident que cette possibilité d'accès et notamment d'accès direct a des répercussions sur les soignants dans leur manière d'écrire. Désormais le dossier n'est plus un document interne pour les soignants, lu par les soignants. C'est un document consultable par celui qu'il concerne. Rappelons que l'infirmier est « chargé de la conception, de l'utilisation et de la gestion du dossier de soins infirmiers » conformément à l'article R.4311-4 du Code de la santé publique.

Un outil de recueil et d'analyse des données de soins doit être favorisé, celui des transmissions ciblées. Cette méthode est centrée sur l'identification d'une cible avec les données cliniques afférentes, les actions en lien et les résultats attendus et obtenus. On constate souvent que l'évaluation des résultats obtenus n'est pas suffisamment formalisée.

Le dossier du patient : un formalisme incontournable

Autre précision d'importance, lorsqu'un soignant s'apprête à noter une information dans le dossier de soins, il faut impérativement qu'il fasse figurer la date, l'heure, son nom (les initiales peuvent être acceptées si celles-ci sont reconnues au sein de l'établissement) ainsi que sa fonction. En effet, la fonction de traçabilité du dossier implique que l'on puisse associer un soignant à une information et que l'on puisse situer cette information dans le temps de la prise en charge. Ce formalisme est également valable pour les étudiants dans la mesure où ils sont amenés à intervenir dans la prise en charge du patient.

De la même manière chaque pièce du dossier doit être datée, comporter l'identité du patient ainsi que celle du professionnel ayant recueilli l'information. Dans la mesure où certains documents « volants » peuvent se perdre, il est important de pouvoir les ranger dans le bon dossier et à la bonne place, ce qui est impossible lorsque les documents ne sont pas clairement identifiés et datés.

En ce qui concerne les prescriptions médicales, celles-ci doivent être horodatées, signées par le médecin prescripteur et comporter son nom en caractère lisible.

À noter qu'avec l'informatisation du dossier du patient, ce formalisme est simplifié puisque chaque information est automatiquement inscrite dans le temps et reliée au soignant qui l'a inscrite du fait de son code d'identification.

Les modalités du droit d'accès du patient à son dossier

Le droit d'accès à son dossier pour le patient n'est pas une nouveauté de la loi du 4 mars 2002. Dès 1995, ce droit d'accès est mentionné dans la Charte du patient hospitalisé. Mais parce qu'aucun délai n'était posé pour cet accès, parce que le contenu lui-même du dossier n'était pas fixé, et parce que cet accès n'était possible que par l'intermédiaire d'un médecin, l'effectivité de ce droit pour le patient, dans les faits, était quasi inexistante.

Améliorer ce droit d'accès au dossier a constitué pendant longtemps l'une des revendications majeures des associations d'usagers du système de santé. Ceux-ci faisaient valoir qu'il n'était pas normal que cet accès soit si difficile alors que les informations contenues dans les dossiers appartiennent au patient et non aux établissements de santé.

Ces revendications ont été pleinement entendues par le législateur puisque la loi du 4 mars 2002 a entièrement revu les modalités de ce droit d'accès.

Législation

Article L.1111-7 CSP

▶ « Toute personne a accès à l'ensemble des informations concernant sa santé détenues par des professionnels et établissements de santé, qui sont formalisées et ont contribué à l'élaboration et au suivi du diagnostic et du traitement ou d'une action de prévention, ou ont fait l'objet d'échanges écrits entre professionnels de santé, notamment des résultats d'examen, compte rendu de consultation, d'intervention, d'exploration ou d'hospitalisation, des protocoles ou prescriptions thérapeutiques mis en œuvre, feuilles de surveillance, correspondances entre professionnels de santé, à l'exception des informations mentionnant qu'elles ont été recueillies auprès de tiers n'intervenant pas dans la prise en charge thérapeutique ou concernant un tel tiers.

▶ Elle peut accéder à ses informations directement ou par l'intermédiaire d'un médecin qu'elle désigne et en obtenir communication, dans des conditions définies par voie réglementaire au plus tard dans les 8 jours suivant sa demande et au plus tôt après qu'un délai de réflexion de 48 heures ait été observé. Ce délai est porté à 2 mois lorsque les informations médicales datent de plus de 5 ans ou lorsque la commission départementale des hospitalisations psychiatriques est saisie en application du 4e alinéa.

▶ La présence d'une tierce personne lors de la consultation de certaines informations peut être recommandée par le médecin les ayant établies ou en étant dépositaire, pour des motifs tenant aux risques que leur connaissance sans accompagnement ferait courir à la personne concernée. Le refus de cette dernière ne fait pas obstacle à la communication de ces informations.

▶ À titre exceptionnel, la consultation des informations recueillies, dans le cadre d'une hospitalisation sur demande d'un tiers ou d'une hospitalisation d'office, peut être subordonnée à la présence d'un médecin désigné par le demandeur en cas de risque d'une particulière gravité. En cas de refus du demandeur, la commission départementale des hospitalisations psychiatriques est saisie. Son avis s'impose au détenteur des informations comme au demandeur.

▶ Sous réserve de l'opposition prévue à l'article L.1111-5, dans le cas d'une personne mineure le droit d'accès est exercé par le ou les titulaires de l'autorité parentale. À la demande du mineur, cet accès a lieu par l'intermédiaire d'un médecin.

▶ En cas de décès du malade, l'accès des ayants droit à son dossier médical s'effectue dans les conditions prévues par le dernier alinéa de l'article L.1110-4.

▶ La consultation sur place des informations est gratuite. Lorsque le demandeur souhaite la délivrance de copies, quel qu'en soit le support, les frais laissés à sa charge ne peuvent excéder le coût de la reproduction et, le cas échéant, de l'envoi des documents ».

Toute personne a accès à l'ensemble des informations concernant sa santé détenues par des professionnels de santé et établissements de santé, qui sont formalisées et ont contribué à l'élaboration et au suivi du diagnostic et du traitement et d'une obligation de prévention, ou ont fait l'objet d'échanges écrits entre professionnels de santé prévoit la loi.

Cet accès peut se faire de deux manières : de manière indirecte c'est-à-dire par l'intermédiaire d'un médecin désigné librement par le patient, et de manière directe. Si le patient choisit de consulter directement son dossier, deux possibilités lui sont offertes : une consultation sur place (dans les locaux de l'établissement de santé) qui est gratuite, ou l'envoi de photocopies (qui est payant).

Si la prise de connaissance du dossier fait courir un risque à la personne concernée, la présence d'une tierce personne peut être recommandée par le médecin, mais le patient reste libre de la refuser et de consulter seul le dossier.

La personne qui souhaite accéder à son dossier doit en faire une demande écrite qu'elle peut adresser au directeur de l'établissement de santé ou au médecin l'ayant prise en charge.

À compter de la date de réception de la demande, la personne sollicitée dispose d'un délai de 48 heures à 8 jours pour communiquer le dossier médical. Ce délai est porté à deux mois si les informations médicales datent de plus de 5 ans.

Le statut spécifique des informations provenant de tiers ou concernant de tels tiers

Comme on l'a vu précédemment, le dossier du patient est divisé en trois catégories : les informations recueillies avant et pendant l'hospitalisation, les informations établies à la sortie du patient, et enfin les informations provenant de tiers ou concernant les tiers. Par exemple, les commentaires du fils d'une personne âgée hospitalisée sur les capacités de sa mère à retourner chez elle à l'issue de l'hospitalisation : « Elle ne sera jamais capable de retourner chez elle ! »

Seules les deux premières catégories d'éléments sont transmissibles au patient. Pour ce qui est de la 3e catégorie concernant les tiers, le patient ne peut en aucun cas y avoir accès. Parce qu'elles concernent des tiers, on estime que ces informations ainsi recueillies sont protégées par un secret professionnel opposable au patient.

Une précaution s'impose au soignant : dès lors qu'une information provient d'un tiers n'intervenant pas dans la prise en charge ou concerne un tel tiers, elle ne doit pas apparaître sur l'un des documents appartenant aux deux premières catégories transmissibles, elles, au patient. Cela ne veut pas dire qu'il ne faut pas faire figurer cette information dans le dossier (ces informations sont en effet souvent très importantes) mais qu'il faut les écrire sur un document spécifique, permettant ainsi de l'enlever lors d'une demande de consultation du dossier par le patient.

Lorsque cette précaution n'est pas prise, cela oblige à occulter (de manière non définitive) ces informations sur les tiers, au risque de générer de la suspicion pour le patient.

Dans l'exemple cité ci-dessus, les éléments d'information fournis par le fils doivent être notés dans la mesure où ils vont influer sur la prise de décision. Mais, ne provenant pas de la patiente elle-même, ils ne doivent pas pouvoir être consultés par elle lors d'une demande d'accès à son dossier. On imagine aisément l'impact que pourrait en effet avoir la lecture de commentaires négatifs de son fils sur ses capacités.

La place de la famille et des ayants droit

Dans les services, il arrive fréquemment que des membres de la famille d'un patient demandent à voir le dossier en cours d'hospitalisation. Cela est encore plus fréquent lorsque l'un des membres de la famille se trouve être médecin : il revendique alors un droit d'accès au nom du secret partagé. Il est ici important de rappeler que la famille est considérée juridiquement comme un tiers à la prise en charge. Il n'est donc pas possible d'invoquer le secret partagé. C'est le patient qui est le propriétaire de son dossier, c'est lui qui dispose du droit d'accès à son dossier (hormis les patients sous tutelle pour qui ce droit est exercé par le tuteur). Le premier destinataire d'une information le concernant est en toutes circonstances le patient et non la famille. De toute façon, il n'appartient pas aux soignants et notamment aux infirmiers d'accéder à une demande d'accès au dossier, c'est au médecin concerné ou au directeur de l'établissement d'y faire droit.

L'accès au dossier par la famille, plus précisément par les ayants droit, ne devient possible qu'après la mort du patient, sauf si celui-ci s'y est opposé de son vivant (il est dès lors important d'avoir une trace écrite de ce refus). Preuve que c'est au patient qu'il appartient de décider s'il souhaite informer sa famille.

AGIR

SITUATION PROFESSIONNELLE

M. Senlis, 35 ans, sans antécédents médicaux jusqu'à ce jour, est hospitalisé en médecine pour réaliser un bilan pour dysphagies importantes depuis quelques semaines avec altération de l'état général (AEG) et amaigrissement de 5 Kg en 6 semaines.

Professeur des écoles, M. Senlis a toujours été très actif et investi dans la vie sociale de son quartier : iI s'y occupe d'une association de jeunes.

Les bilans sanguins montrent des résultats de marqueurs tumoraux élevés, notamment les ACE et CA 125 élevés, ce qui n'est pas de bon pronostic. La fibroscopie œsogastroduodénale (FOGD) révèle des lésions douteuses au niveau d'une ulcération gastrique et l'échographie hépatique des métastases…

Le médecin pose le diagnostic de cancer gastrique de stade évolué. Le traitement proposé est en première intention une intervention chirurgicale, qui sera suivie d'une chimiothérapie néo-adjuvante.

Le chirurgien transmet à Mr Senlis les informations relatives à l'acte opératoire, et lui explique les risques encourus au cours d'un entretien.

« Dans votre cas, il faut réaliser l'intervention car c'est l'option la plus appropriée ; cependant c'est un geste opératoire assez lourd avec des risques surtout en ce qui concerne le foie. »

Après une mauvaise nuit, M. Senlis fait part de son refus de l'intervention en fin de matinée à l'infirmière. Il lui précise qu'il n'a pas compris toutes les informations qui lui ont été données par le chirurgien « ça va trop vite, je n'ai pas tout saisi ! », « c'est confus ! »

Il termine l'entrevue avec l'infirmière en lui disant qu'il souhaite rentrer chez lui.

1 IDENTIFIER LES DONNÉES SIGNIFICATIVES

Quelles données relève-t-on ?	Pourquoi sont-elles significatives ?
Âge : 35 ans M. Senlis est jeune dynamique et investi dans la vie de son quartier Il est professeur des écoles	Ces données donnent des indications sur la période de vie (adulte), la personnalité, le statut socioprofessionnel et le niveau cognitif de la personne
Absence de comorbidité	Élément en faveur d'une prise en charge lourde
Dysphagies avec AEG, amaigrissement significatif… Le diagnostic de cancer gastrique avec métastases hépatiques est posé	Ces éléments justifient l'hospitalisation et la prise en charge de M. Senlis

Quelles données relève-t-on ?	Pourquoi sont-elles significatives ?
Le traitement proposé est un acte chirurgical lourd en première intention suivi d'une chimiothérapie Existence d'un risque hépatique lié à l'intervention	Ces éléments traduisent la stratégie de prise en charge thérapeutique présentée au patient par le médecin et le risque encouru par le patient
Le patient indique son refus et en précise les raisons « ça va trop vite, je n'ai pas tout saisi ! », « c'est confus »	Ces données situent le contexte dans lequel se trouve la personne après l'information médicale. Le refus de soins est clairement énoncé par le patient

2 COMPRENDRE ET ÉVALUER LA SITUATION

Que faut-il comprendre ?	Évaluation
Le niveau social de M. Senlis laisse penser qu'il s'agit d'une personne instruite, qui a des capacités pour comprendre des informations relatives à son état de santé Il est jeune, le contexte de prise en charge est donc un accident de vie majeur dans un contexte d'absence de comorbidité SAVOIRS FONDAMENTAUX Cycles de la vie et grandes fonctions, psychologie, sociologie, raisonnement clinique, accident de la vie, maladie chronique et handicap, soins relationnels	La personne dispose des capacités psychocognitives pour recevoir une information médicale Éléments favorables à une intervention chirurgicale importante
La pathologie est grave, les signes cliniques ont des conséquences visibles et inquiétantes (AEG, perte de poids). Le bilan d'exploration révèle des métastases ce qui est plutôt de mauvais pronostic. Le contexte de prise en charge est cependant rapide et signe une interruption dans le continuum de santé de la personne, M. Senlis qui était en santé « entre » dans un statut de malade SAVOIRS FONDAMENTAUX processus tumoraux, raisonnement clinique, Psychologie, sociologie et anthropologie, pharmacologie et thérapeutiques...	Cancer avec métastases qui aura des conséquences importantes dans la vie du patient sur le plan physique, psychologique et social M. Senlis va devoir gérer ce changement majeur

Que faut-il comprendre ?	Évaluation
L'annonce du diagnostic de cancer a des implications spécifiques, il est associé à la mort, la douleur, la chronicité ; il nécessite une prise en charge longue et importante… Le délai d'annonce est bref, et ne permet pas à la personne d'intégrer toutes les informations qui lui sont données. À cet âge, M. Senlis est conscient de ce que cette annonce laisse présumer, il peut être anéanti, perturbé… SAVOIRS FONDAMENTAUX Processus tumoraux, raisonnement clinique, psychologie, sociologie et anthropologie, pharmacologie et thérapeutiques…	L'annonce du diagnostic n'a probablement pas été suffisamment accompagnée par un professionnel de santé Le risque d'interprétation erronée ou mauvaise assimilation de l'information est probable compte tenu de la gravité de la pathologie et des délais entre les premiers signes et l'annonce du diagnostic
L'annonce du diagnostic et de la stratégie thérapeutique est rapide et brève, et insuffisamment étayée La loi demande aux soignants de donner une information claire, loyale et fiable permettant le recueil d'un consentement éclairé M. Senlis doit pouvoir comprendre ce qui lui arrive. Le choc émotionnel diminue les capacités cognitives et la réactivité de la personne Cette situation va générer le développement d'autres signes tels que la peur, l'anxiété qui seront à rechercher	Délai d'annonce court Information délivrée insuffisante, puisqu'elle n'a pas permis la compréhension et l'intégration par M. Senlis
L'information relative à ce type de diagnostic est difficile à faire car les émotions gênent le fonctionnement cognitif habituel. Il faut du temps pour intégrer les différents éléments de la situation : l'annonce du diagnostic, des traitements proposés, le renoncement à son état de santé et donc à ses possibilités antérieures. La situation est confuse pour M. Senlis car les informations sont trop rapidement données, il n'a pas tout saisi, ce qui a pour conséquence le refus de soin et le souhait de rentrer chez lui.	Consentement aux soins non obtenu

Que faut-il comprendre ?	Évaluation
SAVOIRS FONDAMENTAUX Législation, soins relationnels, psychologie, sociologie et anthropologie	Consentement aux soins non obtenu
Le refus de soin peut aussi être une réponse « psychologique » du patient en état de colère, révolté…	Hypothèse à valider
Il existe parfois un décalage entre le rythme de l'équipe dans l'intégration des données inhérentes aux patients et celui des patients SAVOIRS FONDAMENTAUX Raisonnement clinique, soins relationnels, psychologie, sociologie et anthropologie	Adaptation insuffisante au rythme du patient

Synthèse de l'évaluation : M. Senlis est hospitalisé suite à une AEG. Le diagnostic de cancer avec métastase est posé. Suite à la présentation par le médecin du diagnostic et de la stratégie thérapeutique M. Senlis, après une nuit de réflexion, refuse le traitement proposé et veut rentrer chez lui

3 METTRE EN ŒUVRE LES ACTIONS

Quelles actions met-on en œuvre ?	Pourquoi ?
Rencontrer le médecin qui a délivré l'information pour connaître la teneur du message délivré	Travailler en cohérence avec l'équipe médicale, ne pas aborder le diagnostic avec le patient si cela n'a pas été fait par le médecin, reprendre les termes employés lors du premier entretien sur la thérapeutique…
Programmer un entretien afin d'assurer une communication de qualité post-information médicale Rechercher à identifier sa compréhension, reprendre les éléments incompris S'assurer de la capacité du patient à intégrer l'information reçue	Identifier la cause réelle du refus de soin S'assurer de la compréhension de la situation par le patient. L'annonce d'un diagnostic grave demande un temps d'intégration ; pour cela il est nécessaire de reprendre les informations dans un deuxième temps à distance du premier entretien avec le médecin. Conformément à la loi du 4 mars 2002, les professionnels sont tenus d'informer les patients… Permettre à M. Senlis d'exprimer ses craintes et de formuler les questions qu'il souhaite

Quelles actions met-on en œuvre ?	Pourquoi ?
Apporter des précisions sur la prise en charge de la personne	L'information que doit avoir le patient pour faire ses choix ne porte pas uniquement sur la maladie et son traitement. Il doit pouvoir comprendre comment va se dérouler l'hospitalisation, ce qui va être fait, la durée, l'accompagnement et les informations dont il pourra disposer (livret d'explication, vidéo de démonstration de certains gestes thérapeutiques...)
Reprendre avec le patient les informations sur les risques encourus Identifier les réactions de la personne à la réception du message pour avancer dans le consentement	Identifier des incompréhensions ou des questions qui seront à transmettre au médecin pour qu'il y réponde
Respecter le temps de réflexion du patient : ëprendre congé en laissant la possibilité de revenir ëvérifier les réactions du patient dans un proche avenir	Le patient a besoin d'un temps pour assimiler les éléments relatifs à sa nouvelle situation Il doit pouvoir réfléchir seul, avec ses proches
Assurer des transmissions écrites et orales	Permettre la continuité de la prise en charge et maintenir la cohérence des propos et des actions entre les membres de l'équipe soignante Assurer la traçabilité de l'information du patient

4 NOTER ET ANALYSER LES RÉSULTATS OBTENUS

Résultats	Évaluation des résultats de la prise en charge
Le patient a exprimé ses craintes, son malaise et son désarroi; il a posé de nouvelles questions au médecin	L'écoute a permis au patient de verbaliser ses craintes d'obtenir des réponses à ses questions. Il se sent soutenu par l'équipe
Le patient accepte la stratégie thérapeutique proposée	La réponse aux questions et le délai supplémentaire ont permis au patient de mieux comprendre sa situation et d'adhérer à l'option thérapeutique proposée. Il choisit l'option thérapeutique adaptée à sa situation de vie et à son rythme de compréhension

S'ENTRAINER

VÉRIFIER SES CONNAISSANCES

1 QROC (Questions à réponses ouvertes courtes)

1. Quelle est la nature juridique de la violation du secret professionnel ?

2. Quelle est l'étendue de la compétence de l'infirmier en matière de traitement de la douleur du patient ?

3. Compléter les pointillés :
Article L.1110-5 CSP : « Toute personne a le.................. de recevoir des soins visant à soulager sa.................. Celle-ci doit être en toutes circonstances.................., ..., ... et.................. »
Article L.1110-4 CSP : « Toute personne prend, avec le professionnel de santé et compte tenu des.................. et des préconisations qu'il lui fournit, les.................. concernant sa santé. Le médecin doit.................. la volonté de la personne après l'avoir informée des.................. de ses choix ».

4. Vrai – faux :
a) **Le patient a le droit de faire une réclamation** par oral ou par écrit chaque fois qu'il le juge nécessaire.
b) Le patient hospitalisé peut exiger son dossier médical immédiatement.
c) À la mort du patient, le dossier médical ne peut pas être transmis à ses ayants droit.
d) Le patient doit obligatoirement signer un consentement écrit pour chaque soin.
e) C'est au professionnel qu'il appartient d'apporter la preuve de l'information du patient.
f) Le patient ne peut pas s'opposer à l'information de sa famille.
g) Le patient peut demander des photocopies de son dossier de manière gratuite.
h) Pour une hospitalisation datant de moins de 2 mois, le délai maximum pour accéder à son dossier est de 8 jours.

2 QCM

Sélectionner les propositions vraies. Il y a au moins une bonne réponse et au moins un leurre.

1. La personne de confiance :
A. Est désignée par écrit par le patient
B. Est choisie librement par le patient
C. Est choisie par le soignant à l'entrée du patient à l'hôpital
D. Est obligatoirement désignée par le patient lors de son entrée à l'hôpital
E. Est obligatoirement de la famille du patient

2. Le respect de l'intimité est-il une obligation dans les établissements de santé ?
A. Non, c'est seulement une recommandation
B. Oui, c'est même un droit fondamental
C. Non, car il n'est pas toujours compatible avec la nature de certains soins
D. Oui, mais cela dépend du patient, de son âge, de son sexe, de sa culture...
E. Non, cela n'existe pas pour les mineurs

3. Quels sont les droits des patients reconnus par la législation ?
A. Le droit d'avoir une chambre seule
B. Le droit pour une femme de refuser d'être accouchée par un homme
C. Le droit au respect du secret médical
D. Le droit au respect de sa dignité
E. Le droit d'avoir accès à son dossier médical

TRANSFÉRER À D'AUTRES SITUATIONS

3 CAS CLINIQUES

1. Martine et Audrey sont amies et infirmières dans le même hôpital. Elles se croisent au vestiaire et entament une conversation sur leur travail respectif. Martine qui sait qu'une personne qu'elle connaît bien se trouve hospitalisée dans le service d'Audrey, en profite pour lui demander de ses nouvelles et espère en savoir plus. Que peut lui répondre Audrey ?

2. Pierre est infirmier dans un centre hospitalier. Est hospitalisée dans son service une patiente âgée de 55 ans pour qui l'on vient de diagnostiquer un cancer du sein. Dans les couloirs, Pierre croise la sœur de la patiente, venue lui rendre visite. Celle-ci souhaite savoir si l'on a trouvé quelque chose suite à l'examen que vient de passer sa sœur. Que peut-on lui répondre ?

3. Madame Inès dont le mari est hospitalisé depuis quelques jours demande à l'infirmière du service le résultat du scanner qu'il vient de passer ce matin. Elle a peur qu'il n'ait quelque chose de grave et est très insistante. Peut-on lui donner cette information ?

4. Mme Chevrier est une femme âgée de 70 ans hospitalisée pour un cancer du sein. Un matin, alors que l'infirmière est en train de lui administrer son traitement, elle lui demande si après cette cure de vitamines elle pourra rentrer chez elle. Elle lui explique alors qu'elle a accepté cette hospitalisation pour rassurer sa fille qui la trouvait plus fatiguée que d'habitude. Elle espère que cette cure de vitamines la rassurera. Que penser de cette situation ?

5. M. Fabre souhaite rencontrer le cadre du service dans lequel est hospitalisée sa sœur. Celle-ci a été hospitalisée à la suite d'un accident de la route et est actuellement dans le coma. M. Fabre souhaiterait être désigné personne de confiance, il en a discuté avec toute la famille et tout le monde est d'accord pour dire que c'est à lui de remplir cette mission.

CORRIGÉS

VÉRIFIER SES CONNAISSANCES

1 QROC (Questions à réponses ouvertes courtes)

1. La violation du secret professionnel est une infraction pénale. Cette infraction est un délit passible d'une peine de 15 000 euros d'amende et d'1 an d'emprisonnement.

2. L'infirmier participe à la prise en charge de la douleur du patient. Dans ce cadre, il lui appartient de l'évaluer et de la prendre en compte. Pour ce qui est du traitement de cette douleur, l'infirmier ne peut agir de sa propre responsabilité. Il n'agit que sur la base d'une prescription ou d'un protocole. L'article R.4311-8 du Code de la santé publique dispose ainsi que « l'infirmier ou l'infirmière est habilité à entreprendre et à adapter les traitements antalgiques, dans le cadre des protocoles préétablis, écrits, datés et signés par un médecin. Le protocole est intégré dans le dossier de soins infirmiers ».

3. Article L.11110-5 : « Toute personne a le **droit** de recevoir des soins visant à soulager sa **douleur**. Celle-ci doit être en toute circonstance **prévenue**, **évaluée**, **prise en compte** et **traitée**. »
Article L.1111-4 CSP : « Toute personne prend, avec le professionnel de santé et compte tenu des informations et des préconisations qu'il lui fournit, les décisions concernant sa santé. Le médecin doit respecter la volonté de la personne après l'avoir informée des conséquences de ses choix ».

4. a) Vrai b) Faux c) Faux d) Faux e) Vrai f) Faux

2 QCM

1. A et B.

2. B.

3. C, D et E.

TRANSFÉRER À D'AUTRES SITUATIONS

3 CAS CLINIQUES

1. La réponse est simple, rien. Martine ne participe pas à la prise en charge du patient, elle ne peut donc pas bénéficier d'informations au titre du secret partagé.

2. C'est ici la question de la place de la famille par rapport à cette obligation de secret professionnel qui est posée. Les familles, souvent inquiètes, veulent des informations médicales. La première chose à savoir est que la famille n'a pas à être informée avant le patient, dans la mesure où celui-ci peut librement choisir de tenir ses proches dans l'ignorance de sa situation.
La loi du 4 mars 2002 prévoit ainsi qu'en cas de diagnostic ou de pronostic grave « le secret médical ne s'oppose pas à ce que la famille, les proches de la personne malade ou la personne de confiance reçoivent les informations nécessaires destinées à leur permettre d'apporter un soutien direct à celle-ci, sauf opposition de sa part. » Ces informations seront dans ce cas données par le médecin.

3. L'information médicale du patient appartient au médecin et non à l'infirmier. Il peut donner des informations sur le déroulement d'un examen, sur les soins qui sont administrés mais elle ne peut donner d'informations médicales.

4. On peut déduire de cette situation que la patiente ignore le diagnostic de cancer, et que peut-être celui-ci ne lui a pas été donné. On peut se demander si sa fille, elle, en a été informée. L'information de la fille avant celle de la patiente n'est pas respectueuse de la législation puisque le patient peut s'opposer à l'information de ses proches. Or, pour pouvoir le faire encore faut-il qu'il ait reçu l'information en premier ce qui ne semble pas être le cas de la patiente.
Indépendamment de l'information donnée ou non à la fille, il apparaît que la patiente n'est pas informée de la pathologie dont elle souffre et des traitements administrés. Pour autant des traitements sont administrés. On peut donc en déduire qu'aucun consentement n'a donc été requis, ou en tout cas de consentement valide. En effet, il n'y a de consentement valide que s'il correspond à une information claire et loyale fournie en amont. On peut ici se demander quelle est la frontière avec l'acharnement thérapeutique. La patiente pourrait très bien ne pas vouloir de traitement pour son cancer, elle pourrait vouloir profiter des jours ou mois qu'il lui reste sans être hospitalisée. Sauf que pour cela il faut que le diagnostic soit posé avec elle.

5. Seul le patient peut désigner sa personne de confiance. Ici, la patiente est arrivée dans le coma, ce qui signifie qu'elle n'est pas dans la capacité de désigner une personne de confiance, capacité qui n'est transférée à personne d'autre. Son frère ne peut donc pas s'auto-désigner personne de confiance. Il sera tout au plus la personne référente du service mais sans que n'y soient associés le rôle et les missions de la personne de confiance.

4 Les droits du patient : les déclinaisons spécifiques

COMPRENDRE

Plusieurs catégories de patients font l'objet de dispositions spécifiques, en raison de leur vulnérabilité ou de leur mode particulier d'hospitalisation. Il convient par conséquent d'étudier les droits du patient sous des angles particuliers : droits du mineur, de la personne âgée (bénéficiant d'une mesure de protection ou non), de la personne hospitalisée en santé mentale ou encore de la personne en fin de vie.

LES DROITS DES PATIENTS MINEURS

En principe, le mineur est placé sous la tutelle de ses père et mère du fait de son incapacité juridique en raison de son âge. Jusqu'à sa majorité, les parents d'un mineur disposent de l'autorité parentale (sur un pied d'égalité, à moins que le juge n'en ait décidé autrement dans le cadre d'un contentieux) qui leur confère un ensemble de droits et de devoirs, dont celui de prendre l'ensemble des décisions le concernant.

Cependant, un peu comme une entorse à cette autorité parentale, le législateur prend aujourd'hui en compte le mineur comme une personne à part entière et non plus seulement comme un incapable. Cela a même abouti, dans certaines situations, à la reconnaissance d'une réelle autonomie, l'incapacité juridique cédant le pas devant l'intérêt du mineur.

C'est dans le domaine de la santé que cette évolution se ressent le plus. En effet, la loi du 4 mars 2002 aménage une réelle place pour le mineur dans cette relation de soins tripartite. Les titulaires de l'autorité parentale ne sont plus les seuls à prendre en compte, ce qui occasionne de nombreuses interrogations pour les professionnels de santé : quelle information à donner au mineur ? Faut-il recueillir son consentement et comment ? Est-on tenu d'avoir le consentement des parents ? Le mineur peut-il désigner une personne de confiance ? Peut-il accéder à son dossier ?

L'information du patient mineur

La place faite au mineur dans la relation de soins ne fait pas disparaître celle des titulaires de l'autorité parentale. Ceux-ci continuent d'être un maillon important, et à ce titre, ce sont eux qui sont destinataires des informations concernant leur enfant mineur. Cette information leur est due parce que juridiquement ce sont eux qui prennent les décisions concernant la santé de leur enfant[1]. L'information qui doit leur être délivrée doit être claire, loyale et conforme aux données acquises de la science.

Il appartient principalement aux médecins de délivrer cette information, notamment pour tout ce qui concerne le diagnostic ou le pronostic, dans le cadre d'un entretien individuel nous dit le texte. D'autres professionnels peuvent participer à cette information, les infirmiers par exemple en ce qui concerne les soins et traitements reçus.

À côté des titulaires de l'autorité parentale, le législateur tient compte d'un élément important : bien qu'incapable aux yeux de la loi, c'est bien le mineur qui va recevoir les soins nécessités par son état. Et, de ce fait, c'est bien le moindre que de le prendre en compte et de l'informer. Bien entendu, cette information sera sans doute différente de celle reçue par les parents, elle devra être adaptée à la maturité du mineur. Le texte n'apporte ici pas plus de précision, car il est impossible de donner d'autres éléments : il appartient aux professionnels de santé de déterminer, au cas par cas, les informations que peut entendre et comprendre le mineur. Cette information est ainsi adaptée et simplifiée si l'on prend le cas des nouveau-nés, et sera plus importante en présence d'un mineur de 16 ans. C'est pour le législateur faire preuve de pragmatisme que de faire confiance aux soignants.

C'est donc bien deux informations qui devront être délivrées : une pour les parents, la plus complète possible pour leur permettre de prendre une décision de manière éclairée ; une pour le mineur, la plus claire possible afin qu'il comprenne au mieux ce qui va lui être fait.

Information des parents et secret professionnel

Chaque texte concernant les soignants qui parait réaffirme leur obligation de respecter le secret professionnel. Les informations concernant un patient ne doivent pas être divulguées à des tiers non autorisés. L'incapacité juridique du mineur oblige les professionnels à révéler des informations concernant le mineur aux titulaires de l'autorité parentale. Pour autant, une intimité est-elle possible pour le mineur ? Au-delà de cette intimité, le mineur peut-il exiger que l'on tienne ses parents dans l'ignorance de sa situation ?

L'information des titulaires de l'autorité parentale n'exclut pas le respect de la vie privée du mineur, les soignants peuvent parfaitement taire des confidences du mineur, dès lors qu'elles sont sans lien avec sa situation médicale.

Par ailleurs, l'article L.1111-5 du CSP, en permettant au mineur de consentir seuls à des soins nécessaires à la sauvegarde de sa santé[2], implique indirectement une possibilité pour le mineur d'opposer le secret à ses parents. Cette situation constitue une dérogation complète au statut d'incapable, le mineur pouvant prendre seul une décision normalement dévolue à ses représentants légaux.

L'information du mineur prend ici toute sa dimension. En effet, il sera seul pour entendre les informations nécessaires à la prise de décision, elles doivent donc être les plus claires possi-

1 Les modalités du consentement ainsi que les exceptions au consentement des titulaires de l'autorité parentale seront traitées plus loin.

2 Cette situation spécifique sera étudiée avec plus de précision dans le cadre de la section sur le consentement (cas particuliers).

bles. Il convient, dans cette situation précise, d'évoquer avec lui l'information de ses parents en présence d'éventuelles complications. Si la volonté du mineur de ne pas prévenir ses parents doit être respectée, les soignants n'auront en revanche pas d'autre choix que de les prévenir si la situation se détériore.

Le consentement aux soins pour le mineur par les titulaires de l'autorité parentale

Comme en matière d'information, les titulaires de l'autorité parentale disposent du droit de consentir aux soins concernant leur enfant mineur. En raison de la mission qu'ils exercent pendant la minorité de leur enfant, c'est à eux qu'il appartient de prendre des décisions le concernant. À ce titre l'admission d'un mineur relève de la décision des titulaires de l'autorité parentale. En principe le mineur ne peut consentir seul à son hospitalisation[3].

Au cours de l'hospitalisation, le consentement des titulaires de l'autorité parentale sera requis avant chaque acte médical et notamment en cas d'intervention chirurgicale. La question qui se pose concerne le nombre de consentement : un seul consentement suffit-il ou faut-il les deux consentements de chacun des titulaires de l'autorité parentale ?

À ce sujet, il convient de distinguer les actes usuels des actes non usuels. Pour les actes usuels, actes de soins courants (par exemple un point de suture sur une plaie bénigne), l'accord d'un des deux parents suffit. Même s'il n'existe pas de liste des actes usuels, entrent dans cette catégorie les actes bénins ne présentant pas de risques importants ou ne nécessitant pas de technicité pointue. Dans cette hypothèse, on considère que le parent qui consent est réputé le faire en accord avec le deuxième parent. Il s'agit ici d'une présomption légale.

À noter qu'en cas de parents séparés, il convient de vérifier que celui qui consent dispose bien du droit pour le faire, c'est-à-dire qu'il est bien détenteur de l'autorité parentale.

Pour les actes non usuels, les actes lourds, invasifs, comportant des risques, le consentement de chacun des titulaires de l'autorité parentale doit être requis (et ce même pour les couples mariés). En cas d'urgence à agir, les professionnels ont bien entendu toute latitude pour intervenir indépendamment du consentement, et ce comme en matière d'information. L'urgence constitue toujours en matière de soins une circonstance dérogatoire.

L'association du mineur aux décisions le concernant

Si le mineur a le droit d'être informé des décisions concernant sa santé c'est parce que son consentement doit être requis chaque fois que cela est possible, s'il est apte à exprimer sa volonté et à participer à la décision. Il s'agit ici d'une adhésion aux soins, importante à bien des égards pour l'évolution de la prise en charge.

Une fois le consentement émis par les parents, il appartient aux soignants d'expliquer la situation au mineur afin qu'il puisse à son tour consentir aux traitements ou à l'intervention qui va être pratiquée.

3 Une exception est prévue en la matière par l'article L.1111-5 du Code de la santé publique, elle sera traitée dans la section suivante relative aux cas particuliers en matière de consentement du mineur.

Que penser de la pratique des autorisations de soins signées par les parents pour leur enfant mineur ?

Dans le cadre des soins sur patients mineurs, de nombreux services font signer aux titulaires de l'autorité parentale des « autorisations de soins ». Dans la mesure où le consentement de chacun des titulaires de l'autorité parentale est nécessaire en matière de soins aux mineurs (pour les actes dits non usuels tels les actes lourds, invasifs, ou comportant des risques), l'écrit facilite en effet la preuve.

Ce n'est pas cette pratique en soi qui pose question mais plutôt ses modalités de mise en œuvre.

En effet, bien souvent, ces autorisations de soins sont signées dès le début de la prise en charge dans l'éventualité où une intervention serait nécessaire. Or la notion de consentement n'a pas de sens sans les informations précises associées à l'acte envisagé.

C'est ce que signifie la notion de consentement éclairé, c'est-à-dire donné en toute connaissance de cause, en fonction des informations fournies.

Peut-on parler de consentement éclairé lorsque l'on signe une autorisation de soins dans l'absolu sans référence à un acte en particulier ? La réponse est non. Cette autorisation de soins ne fait sens que quand elle est postérieure à l'information précise sur l'acte qui est envisagé.

Certains évoquent l'anticipation de l'urgence pour justifier cette pratique. Mais il convient de rappeler qu'en situation d'urgence, les soignants sont de toute façon dispensés de recueillir tout consentement. Par conséquent leur avoir fait signer cette autorisation en amont ne présente pas le moindre intérêt. Il n'y a pas de consentement valide dès lors qu'il n'est pas éclairé, c'est-à-dire émis après les informations fournies par les soignants. La pratique de l'autorisation de soins ne devrait se concevoir que dans ce sens.

Ce raisonnement conduit à l'absence de valeur juridique des autorisations de soins signés par les parents en début d'année scolaire ou lors d'un voyage scolaire. Comment pourrait-on consentir dans l'absolu à quelque chose qui n'existe pas et quelle que soit la situation qui pourrait intervenir ? En cas de soins nécessités par l'enfant dans cette hypothèse, les soignants se doivent, malgré cette autorisation signée, de recueillir le consentement des parents après les avoir informés de la situation. Seule l'urgence les en dispense et ce indépendamment d'une quelconque autorisation signée en début d'année.

Le refus de soins : quelle marge de manœuvre pour les parents, pour le mineur ?

Un refus de soins émis par un adulte pour lui-même pose question aux soignants : faut-il intervenir ? Faut-il respecter ? Lorsque ce refus est émis par un adulte pour son enfant, c'est-à-dire pour quelqu'un d'autre que lui-même, la situation est en revanche beaucoup plus simple. En refusant un soin, on court des risques inhérents à l'absence de soins. Or, on ne peut refuser un soin que si l'on assume soi-même les risques associés à sa décision. Lorsqu'un parent refuse un soin pour son enfant, ce n'est pas lui qui assume les risques mais bien l'enfant. Le refus de soin ne peut donc être valable.

Pour preuve, l'article L.1111-4 précise bien qu'en cas de refus émis par les parents risquant d'entraîner des conséquences graves pour le mineur, les professionnels sont autorisés à délivrer les soins indispensables et ce dans l'intérêt du mineur. Parce que les parents ne prennent pas les bonnes décisions concernant leur enfant, c'est le médecin qui devient garant des intérêts supérieurs de celui-ci et qui devra agir en conséquence. Il en va de même lorsque les parents ne parviennent pas à se mettre d'accord et que la santé du mineur risque d'être menacée.

Plus délicate est la question du refus émis par le mineur. Le texte nous précise qu'il faut associer le mineur aux décisions le concernant. Mais que doit-on faire si après avoir obtenu le consentement des parents, on n'obtient pas celui du mineur ? L'article L.1111-4 ne donne aucune réponse à cette question. Ce silence doit être interprété comme la primeur donnée aux titulaires de l'autorité parentale au titre du mandat dont ils disposent. L'enfant, quant à lui, ne dispose finalement que du droit d'adhérer aux décisions et pas de celui de les refuser. Dans certaines situations, en fonction de l'intervention envisagée et de la maturité du mineur, cet état de fait est à déplorer.

Il faut préciser, néanmoins, que dans certaines situations particulières, le refus du mineur constituera un réel obstacle à l'intervention des professionnels.

Les situations particulières

En matière de contraception

L'article L.5134-1 du Code de la santé publique dispose que « le consentement des titulaires de l'autorité parentale ou, le cas échéant, du représentant légal n'est pas requis pour la prescription, la délivrance ou l'administration de contraceptifs aux personnes mineures. »

Les articles D.5134-5 à 10 du CSP envisagent le cas particulier de l'administration d'une contraception d'urgence dans les établissements d'enseignement du second degré. Ainsi, peuvent administrer la contraception d'urgence, les infirmiers et les infirmières rattachées à un établissement et y disposant d'un local permettant le respect de la confidentialité.

« La décision concernant l'administration d'une contraception d'urgence est précédée d'un entretien avec l'élève, qu'elle soit mineure ou majeure. Cet entretien a pour but de permettre à l'infirmière ou à l'infirmier d'apprécier si la situation de l'élève correspond aux critères d'urgence et de détresse caractérisés prévus au deuxième alinéa de l'article L.5134-1. [...] Chaque fois, il est indiqué à l'élève que la contraception d'urgence ne constitue pas une méthode régulière de contraception et qu'elle peut ne pas être efficace dans tous les cas. L'élève est également informée que ce médicament ne peut lui être administré de manière répétée et que son usage ne peut être banalisé. [...] ».

En matière d'IVG

Depuis la loi du 4 juillet 2001, il est possible pour une mineure d'avoir recours à une interruption volontaire de grossesse sans avoir besoin du consentement de ses parents : l'article L.2212-7 du Code de la santé publique dispose que « si la femme mineure non émancipée désire garder le secret, le médecin doit s'efforcer, dans l'intérêt de celle-ci, d'obtenir son consentement pour que le ou les titulaire(s) de l'autorité parentale ou, le cas échéant, le représentant légal soient consultés ou doit vérifier que cette démarche a été faite lors de l'entretien mentionné à l'article L.2212-4. Si la mineure ne veut pas effectuer cette démarche ou si le consentement n'est pas obtenu, l'interruption volontaire de grossesse ainsi que les actes médicaux et les soins qui lui sont liés peuvent être pratiqués à la demande de l'intéressée. Dans ce cas, la mineure se fait accompagner dans sa démarche par la personne majeure de son choix. Après l'intervention, une deuxième consultation, ayant notamment pour but une nouvelle information sur la contraception, est obligatoirement proposée aux mineures. »

Si le caractère obligatoire de la consultation précédant l'interruption volontaire de grossesse a été supprimé pour la femme majeure, il a en revanche été conservé pour la femme mineure.

Au cours de cette consultation, elle doit être conseillée sur le choix de la personne majeure qui devra l'accompagner à défaut de consentement des parents.

Le consentement du mineur aux soins nécessaires à la sauvegarde de sa santé

En ce qui concerne les droits des mineurs, et plus particulièrement la question du consentement aux soins, l'innovation majeure provient de la loi du 4 mars 2002, consistant à permettre à un mineur de consentir seul à certains actes (et non plus seulement en cas d'IVG tel que cela est possible depuis 2001) sans avoir besoin d'obtenir le consentement des titulaires de l'autorité parentale.

L'article L.1111-5 du Code de la santé publique dispose que « par dérogation à l'article 371-2 du Code civil, le médecin peut se dispenser d'obtenir le consentement du ou des titulaires de l'autorité parentale sur les décisions médicales à prendre lorsque le traitement ou l'intervention s'impose pour sauvegarder la santé d'une personne mineure, dans le cas où cette dernière s'oppose expressément à la consultation du ou des titulaires de l'autorité parentale afin de garder le secret sur son état de santé. Toutefois, le médecin doit dans un premier temps s'efforcer d'obtenir le consentement du mineur à cette consultation. Dans le cas où le mineur maintient son opposition, le médecin peut mettre en œuvre le traitement ou l'intervention. Dans ce cas, le mineur se fait accompagner d'une personne majeure de son choix ».

C'est sans doute la disposition de la loi du 4 mars 2002 qui pose le plus de difficulté aux professionnels de santé. En effet, ceux-ci se sentent démunis lorsqu'ils n'ont pas de consentement des titulaires de l'autorité parentale. Il faut relativiser cette disposition qui ne concernera que de rares situations ou les soins nécessités par l'état de santé concernent la vie privée du mineur (traitement d'une MST, hospitalisation en vue d'une désintoxication, accouchement sous X...).

Si dans ce type de situation, le mineur doit se faire accompagner par une personne majeure de son choix (sans restriction *a priori* sur le choix de celle-ci), il est important de bien préciser que ce n'est pas cette personne majeure qui consent à la place des titulaires de l'autorité parentale. Cette personne majeure n'a qu'un rôle d'accompagnant, qui n'est par ailleurs pas défini par le texte, à la différence du rôle de la personne de confiance par exemple.

On ne peut donc que souhaiter que la désignation de cette personne soit faite sur la base de liens suffisants entre elle et le mineur. Le médecin peut à ce titre préciser ce point au mineur qui souhaite bénéficier de l'article L.1111-5.

Le prélèvement de moelle osseuse sur personne mineure

En matière de don d'organe du vivant, le principe est celui de l'interdiction de prélèvement sur personne mineure. Le législateur a néanmoins prévu une exception : « Par dérogation, en l'absence d'autre solution thérapeutique, le prélèvement de cellules hématopoïétiques issues de la moelle osseuse peut, à titre exceptionnel, être fait sur un mineur au bénéfice de son frère ou de sa sœur. Lorsqu'un tel prélèvement n'est pas possible et en l'absence d'autre solution thérapeutique, le prélèvement de cellules hématopoïétiques issues de la moelle osseuse peut, à titre exceptionnel, être fait sur un mineur au bénéfice de son cousin germain ou de sa cousine germaine, de son oncle ou de sa tante, de son neveu ou de sa nièce ».

Pour qu'un tel prélèvement ait lieu, le consentement de chacun des titulaires de l'autorité parentale est nécessaire, étant précisé que le refus du mineur fait obstacle à tout prélèvement.

Un véritable droit au refus de soin est ici reconnu au mineur, dès lors qu'il est apte à exprimer sa volonté.

On peut donc considérer que c'est le consentement du mineur qui compte ici, puisqu'en cas de refus rien ne sera possible, quand bien même les titulaires de l'autorité parentale ont exprimé leur consentement.

La participation du mineur à des recherches biomédicales

L'article L.1121-7 du CSP dispose que « les mineurs ne peuvent être sollicités pour participer à des recherches biomédicales que si des recherches d'une efficacité comparable ne peuvent être effectuées sur des personnes majeures et dans les conditions suivantes : soit l'importance du bénéfice escompté pour ces personnes est de nature à justifier le risque prévisible encouru, soit ces recherches se justifient au regard du bénéfice escompté pour d'autres mineurs. Dans ce cas, les risques prévisibles et les contraintes que comporte la recherche doivent présenter un caractère minimal ».

Comme en matière de prélèvement d'organe, le refus du mineur ou la révocation de son consentement fait obstacle à sa participation à la recherche.

En la matière les Comités de protection des personnes, dont l'avis favorable est indispensable au démarrage de toute recherche, sont particulièrement vigilants. Pour toute recherche concernant des personnes mineures, un expert pédiatre doit être sollicité afin qu'il se prononce sur la pertinence de la recherche et sur les risques de celle-ci.

La sortie du patient mineur hospitalisé

Lorsque l'état de santé du mineur ne requiert plus son hospitalisation, sa sortie va être prononcée. Mais parce qu'il s'agit d'un mineur, des mesures particulières doivent être prises notamment quant à l'organisation de cette sortie.

Par ailleurs, des situations peuvent se rencontrer, telles que les demandes de sortie contre avis médical ou encore des fugues, nécessitant de bien connaître la marche à suivre parce que susceptibles de représenter un danger pour la sécurité de l'enfant.

Les permissions de sortie concernant le mineur hospitalisé

Comme tout autre patient majeur, le mineur hospitalisé peut bénéficier, en cours d'hospitalisation d'une permission de sortie d'une durée maximale de 48 heures, conformément à l'article R.1112-56 du Code de la santé publique. Ces permissions de sortie sont données par le directeur, sur avis favorable du médecin chef de service.

En ce qui concerne le mineur hospitalisé l'article R.11112-57 du CSP précise que « sous réserve des dispositions de l'article L.1111-5 ou d'éventuelles décisions de l'autorité judiciaire, les mineurs ne peuvent être, pour les sorties en cours d'hospitalisation, confiées qu'aux personnes exerçant l'autorité parentale ou aux tierces personnes expressément autorisées par elles ».

Comme pour toutes les décisions concernant le mineur hospitalisé, ce sont les titulaires de l'autorité parentale qui sont compétents, les permissions de sortie ne dérogent pas à la règle. Une seule particularité, les titulaires de l'autorité parentale peuvent confier à un tiers le droit de venir chercher l'enfant. Dans ce cas, il est nécessaire de disposer d'un écrit, signé par les titulaires de l'autorité parentale, dans lequel ils autorisent telle personne à venir chercher leur enfant. Il appartiendra au service de vérifier l'identité de la personne qui se présente afin qu'elle corresponde bien à la personne expressément désignée.

Rappelons par ailleurs qu'il appartient à l'établissement de santé de s'assurer que les personnes qui se présentent comme les parents de l'enfant sont bien titulaires de l'autorité parentale (et ce notamment lorsque les parents sont divorcés, vivent en concubinage ou forment une famille recomposée).

La référence à l'article L.1111-5 du CSP signifie qu'en cas d'hospitalisation suite au seul consentement du mineur, il ne sera pas fait appel aux titulaires de l'autorité parentale. La permission de sortie, dans cette hypothèse, devra donc être discutée et accordée au cas par cas, en fonction de la situation et de la maturité de l'enfant.

La sortie contre avis médical du mineur hospitalisé

L'article R.11112-62 du CSP dispose que « sous réserve des dispositions de l'article L.1111-5, à l'exception des mineurs et des personnes hospitalisées d'office, les malades peuvent, sur leur demande, quitter à tout moment l'établissement. Si le médecin chef de service estime que cette sortie est prématurée et présente un danger pour leur santé, les intéressés ne sont autorisés à quitter l'établissement qu'après avoir rempli une attestation établissant qu'ils ont eu connaissance des dangers que cette sortie présente pour eux. Lorsque le malade refuse de signer cette attestation, un procès verbal de ce refus est dressé. »

Au nom de la liberté d'aller et venir reconnue à toute personne, un patient hospitalisé est libre de quitter à tout moment un établissement de santé, au besoin après avoir signé une sortie contre avis médical l'informant des risques consécutifs à sa décision.

Deux exceptions sont néanmoins prévues : le cas des personnes hospitalisées d'office (qui ne peuvent quitter de leur plein gré l'établissement dans la mesure où leur consentement à l'hospitalisation n'est pas nécessaire) et celui des mineurs.

Hormis pour les hospitalisations sous couvert de l'article L.1111-5 (hospitalisation sans accord parental), il n'est donc pas possible pour un mineur de quitter l'établissement où il est hospitalisé, et ce même s'il demande à signer une sortie contre avis médical.

Qu'en est-il pour les titulaires de l'autorité parentale ? Peuvent-ils demander la sortie de leur enfant mineur, au besoin en signant une sortie contre avis médical ?

Rappelons tout d'abord qu'une sortie contre avis médical équivaut à un refus de soin de la part de celui qui la signe. Or en matière de refus de soin, on ne peut refuser que ce dont on va soi-même assumer les conséquences. En signant une sortie contre avis médical pour leur enfant mineur, ce ne sont pas les parents qui vont assumer les conséquences de leur décision, mais l'enfant lui-même.

Par conséquent, l'établissement pourra refuser une telle demande des parents dès lors qu'il estime qu'elle sera préjudiciable à la santé de l'enfant, et ce, sur la base de l'article L.1111-4 du CSP qui dispose que « [...] Dans le cas où le refus d'un traitement par la personne titulaire de l'autorité parentale ou par le tuteur risque d'entraîner des conséquences graves pour la santé du mineur ou du majeur sous tutelle, le médecin délivre les soins indispensables. »

Une sortie prématurée de l'enfant hospitalisé ne pourrait se justifier qu'en cas de transfert dans un autre établissement de santé dans lequel les soins nécessaires à la santé de l'enfant lui seront dispensés.

La sortie définitive du mineur hospitalisé

L'article R.1112-64 du CSP dispose que « sous réserve des dispositions de l'article L.1111-5, les personnes mentionnées à l'article R.1112-57 sont informées de la sortie prochaine du mineur. Elles font connaître à l'administration de l'établissement si le mineur peut ou non quitter seul l'établissement ».

Les titulaires de l'autorité parentale ou les personnes expressément autorisées par eux reçoivent donc l'information de la sortie prochaine du mineur et se doivent de l'organiser. Le mineur peut à ce titre être autorisé à quitter seul l'établissement, sur la base d'un accord écrit et signé en ce sens par les personnes en question.

Si l'établissement estime néanmoins qu'une telle sortie serait dangereuse pour le mineur, il lui est possible de s'y opposer et de tenter de trouver une autre solution préservant la sécurité de l'enfant.

Il convient par ailleurs de s'interroger également sur la marge de manœuvre de l'établissement en présence d'une personne (titulaire de l'autorité parentale ou autorisée) qui se présente pour récupérer l'enfant et ne semble pas être en mesure de le faire (sous l'emprise d'un état alcoolique par exemple). Une telle situation peut apparaître comme délicate pour les soignants car elle implique une ingérence dans la vie privée du parent. Néanmoins, il faut garder à l'esprit que cette ingérence se justifie par l'intérêt supérieur de l'enfant : en effet, il pourrait être dangereux de laisser partir un enfant avec un parent manifestement en état d'ébriété. Dans une telle situation, il est possible de faire appel aux autorités policières. Rappelons qu'une telle conduite (consommation habituelle et excessive de boissons alcooliques ou un usage de stupéfiants) de la part des parents peut conduire à un retrait total ou partiel de l'autorité parentale.

La fugue du mineur hospitalisé

En cas de constat de fugue d'un mineur en cours d'hospitalisation, des recherches pour le retrouver au sein de l'établissement doivent être immédiatement entreprises. Si elles demeurent infructueuses, les titulaires de l'autorité parentale ainsi que les services de police doivent être prévenus de cette disparition.

L'élaboration d'une procédure en cas de fugue est ici fortement conseillée afin que chacun connaisse la marche à suivre.

La responsabilité d'un établissement en cas de fugue d'un mineur dépendra de plusieurs éléments. Sera tout d'abord examinée la réaction de l'établissement suite au constat de fugue et notamment les délais dans lesquels les services de police auront été avertis de la disparition. Il s'agit ici d'une situation d'urgence, une fugue représentant un danger pour la santé et la sécurité de l'enfant hospitalisé. Un retard dans l'information des services de police pourra être qualifié de faute par le juge et ainsi engager la responsabilité de l'établissement.

Par ailleurs, la fugue en elle-même pourra être imputée à l'établissement si elle s'avérait prévisible et qu'un défaut de surveillance l'a permise.

Le mineur ne disposant pas, comme le patient majeur, d'une liberté d'aller et venir, il appartient en effet aux établissements de prendre toutes les mesures pour s'assurer de la présence de l'enfant tout au long de l'hospitalisation, et ce d'autant plus que le risque de fugue est identifié et réel.

L'accès du patient mineur à son dossier

Le droit d'accès au dossier d'un patient mineur est réservé de plein droit aux titulaires de l'autorité parentale, c'est ce que précise l'article R.1111-1 du CSP. Cet article ne mentionne pas de possibilité pour le mineur d'accéder lui-même, directement ou indirectement, à son dossier. Il dispose du droit d'être informé, mais uniquement de manière orale.

La Haute autorité de santé précise, qu'en cas de demande d'accès à son dossier formulée par un mineur, il est « souhaitable qu'une attention particulière soit portée à une telle demande d'accès aux éléments du dossier. Elle doit permettre au mineur de compléter l'information reçue et bénéficier d'explications supplémentaires, compte tenu de l'âge atteint lorsqu'il effectue cette demande. Il peut être utile de reprendre avec lui les éléments de son dossier et leurs incidences sur sa vie adulte ».

Si le mineur ne peut accéder directement à son dossier, il peut néanmoins exiger que l'accès à celui-ci ne puisse se faire que par l'intermédiaire d'un médecin et non directement.

Il appartient donc aux professionnels, en présence d'une demande d'accès au dossier formulée par les parents, d'interroger le mineur afin de connaître sa volonté. L'âge à partir duquel une telle consultation doit se faire est laissé à la libre appréciation du professionnel dans la mesure où la loi emploie le terme de « mineur » sans distinction d'âge.

Les parents peuvent-ils se voir refuser l'accès au dossier de leur enfant ?

Dans le cadre de l'article L.1111-5 du CSP, un mineur peut consentir seul à des soins dès lors qu'ils sont nécessaires à la sauvegarde de sa santé et qu'ils s'opposent à la consultation de ses parents.

Le dossier qui va être constitué dans cette situation ne devra pas être accessible aux parents, faute de quoi le secret demandé par le mineur ne sera pas respecté. Il est donc important de faire attention en cas de demande d'accès à un dossier par des parents, en effet celui-ci peut contenir des hospitalisations pour lesquelles les parents ont consenti mais également une ou des intervention(s) pour lesquelles le mineur a conservé le secret. Une lecture attentive du dossier et un tri devront donc être faits avant d'accéder à la demande des parents.

Les parents ont-ils accès à toutes les informations contenues dans le dossier de leur enfant ?

Comme le précise l'article R.1112-2 du CSP, sont seules communicables les informations énumérées aux 1° et 2° de l'article, à l'exclusion donc des informations mentionnant qu'elles ont été recueillies auprès de tiers n'intervenant pas dans la prise en charge ou concernant de tels tiers.

Cela signifie que les informations fournies par l'entourage du mineur (membres de la famille, enseignants, amis...) ne seront pas accessibles aux parents. De même, les informations fournies par les parents eux-mêmes ne leur seront pas accessibles, ce qui peut présenter toute son importance dans l'hypothèse de parents séparés.

Cette disposition doit conduire les professionnels de santé à prévoir au sein du dossier une partie dans laquelle pourront être consignées les informations non communicables.

Législation

Article L.1111-2 CSP

▶ « Les droits des mineurs ou des majeurs sous tutelle mentionnés au présent article sont exercés, selon les cas, par les titulaires de l'autorité parentale ou par le tuteur. Ceux-ci reçoivent l'information prévue par le présent article, sous réserve des dispositions de l'article L.1111-5. Les intéressés ont le droit de recevoir eux-mêmes une information et de participer à la prise de décision les concernant, d'une manière adaptée soit à leur degré de maturité s'agissant des mineurs, soit à leurs facultés de discernement s'agissant des majeurs sous tutelle [...] ».

Article L.1111-4 CSP

▶ « Le consentement du mineur ou du majeur sous tutelle doit être systématiquement recherché s'il est apte à exprimer sa volonté et à participer à la décision. Dans le cas où le refus d'un traitement par la personne titulaire de l'autorité parentale ou par le tuteur risque d'entraîner des conséquences graves pour la santé du mineur ou du majeur sous tutelle, le médecin délivre les soins indispensables. [...] »

LES DROITS DES PERSONNES ÂGÉES DÉPENDANTES

La personne âgée hospitalisée peut se trouver dans deux situations différentes : soit elle dispose toujours de sa capacité juridique, soit elle n'en dispose plus complètement et bénéficie d'une mesure de protection juridique (curatelle ou tutelle notamment). Le statut juridique de la personne âgée va influer sur l'exercice des droits dont elle dispose en tant que patient. La vulnérabilité qui est par ailleurs la sienne, indépendamment de son statut juridique, doit également être prise en compte par les soignants.

Information et consentement de la personne âgée

Parce que chaque usager est différent, il appartient aux professionnels de santé, au quotidien, d'adapter l'exercice de ces droits. La personne âgée, qu'elle soit sous tutelle ou non, est un usager dont les capacités de compréhension peuvent être amoindries. Sa bonne prise en charge nécessite par conséquent une adaptation des informations que l'on va lui fournir afin de favoriser au maximum un consentement à sa prise en charge.

La personne âgée dispose du droit d'être informée sur son état de santé

Le droit à l'information est un droit fondamental pour tout usager du système de santé. Le moment de l'information est un moment-clé de la prise en charge car en dépend la qualité de la relation entre le soignant et le soigné. L'information dès lors qu'elle est claire et loyale permet d'instaurer une relation de confiance.

Sur un plan juridique, la personne âgée en tant que telle est un usager comme un autre et à ce titre elle dispose du même droit à l'information. Cette information doit, bien entendu, être adaptée à ses capacités de compréhension, mais c'est également le cas pour tous les autres usagers. En effet, l'information que le soignant donne est fonction de la personne qu'il a en face de lui, qu'elle soit âgée ou non.

La personne âgée dispose du droit de consentir aux soins la concernant

L'information qui va être donnée à la personne âgée est d'autant plus importante qu'elle va lui permettre de consentir aux soins qui lui sont proposés. La personne âgée doit être accompagnée dans l'expression de son consentement, mais également dans celui de son refus. En effet, elle est libre de refuser les soins qui lui sont proposés, à charge pour le médecin de l'informer des conséquences de cette décision et de tout mettre en œuvre pour la faire changer d'avis si cette décision engage un pronostic vital.

La personne âgée sous tutelle[4] ne perd pas son droit à l'information, ni son droit au consentement

La personne âgée sous tutelle bénéficie d'une mesure de protection juridique et est à ce titre considérée comme un incapable majeur. C'est en raison de cette incapacité que son droit à l'information va être transféré vers son tuteur qui aura pour rôle de prendre la meilleure décision pour la personne.

Mais, et parce que c'est bien la personne âgée qui reçoit les soins malgré son incapacité juridique, le texte précise bien que les soignants se doivent de chercher à informer la personne en fonction de ses capacités de discernement.

En ce qui concerne le consentement, le raisonnement est identique : on recueille le consentement du tuteur et on se doit de rechercher celui de la personne âgée sous tutelle si elle est apte à participer à la décision.

La protection apportée par la tutelle consiste donc en une double information et un double consentement, celle de la personne protégée et celle de son représentant légal.

Une curatelle, tout comme une sauvegarde de justice, n'a pas d'impact sur l'exercice de ces deux droits; une personne sous curatelle ou placée sous sauvegarde de justice reçoit seule les informations la concernant et consent aux soins, sans intervention de son curateur.

L'information et le consentement de la personne âgée hors d'état d'être informée et d'exprimer sa volonté mais ne bénéficiant pas d'une mesure de protection

La personne âgée peut être juridiquement capable alors qu'en réalité son état de santé nécessiterait la mise en place d'une mesure de protection. Sa capacité juridique implique sa seule information et le recueil de son seul consentement, ce qui peut être difficile malgré toute l'adaptation que l'on peut faire. La mise en place d'une mesure de protection présente un intérêt ici puisqu'elle permettrait l'association d'une tierce personne disposant d'un mandat légal.

L'article L.1111-4 du CSP prend en compte ces personnes sous l'expression « personnes hors d'état d'exprimer leurs volontés ». On peut en effet être hors d'état d'exprimer sa volonté alors

4 Les notions de tutelle, curatelle et sauvegarde de justice sont explicitées dans le paragraphe sur la gestion du patrimoine et la protection de la personne.

que l'on dispose de sa capacité juridique, c'est le cas des personnes dans le coma par exemple. De manière extensive, on peut donc y inclure les personnes âgées qui ne bénéficient pas de mesure de protection mais qui pour autant ont une capacité de discernement très altérée.

Il est ici précisé qu'en présence d'une personne hors d'état d'exprimer sa volonté, il est nécessaire de consulter la personne de confiance, si la personne en a désigné une au préalable, ou à défaut la famille ou les proches. Ce sont eux qui vont donc recevoir l'information que la personne âgée ne peut pas recevoir afin, non pas de consentir à sa place, mais de se faire l'écho de ses volontés.

Les principes énoncés par la Charte des droits et libertés de la personne âgée dépendante

Les droits des personnes accueillies en institution font l'objet de plusieurs textes : la loi du 4 mars 2002 et la Charte de la personne hospitalisée (2006) ; mais pour les professionnels qui exercent dans des institutions accueillant des personnes âgées, c'est bien souvent à la Charte des droits et libertés de la personne âgée en situation de handicap ou de dépendance (datant et revue en 2007) qu'il est fait référence.

Composée de 14 articles, cette charte développe de nombreux principes essentiels à la qualité de la prise en charge des personnes âgées.

Le droit aux soins et la qualification des intervenants

Législation

Charte des droits et libertés de la personne âgée en situation de handicap ou de dépendance

▶ **Article 9 :** « Toute personne âgée en situation de handicap ou de dépendance doit avoir accès aux conseils, aux compétences et aux soins qui lui sont utiles.

▶ L'accès aux soins doit se faire en temps utile selon les besoins de la personne. Les discriminations liées à l'âge sont contraires à l'éthique médicale.

▶ Les soins comprennent les actes médicaux et paramédicaux qui permettant la guérison chaque fois que cet objectif peut être atteint. Les soins visent aussi à rééduquer les fonctions déficitaires et à compenser les incapacités. Ils s'appliquent à améliorer la qualité de vie, à soulager la douleur, à maintenir la lucidité et le confort du malade, en réaménageant espoirs et projets.

▶ En situation de handicap, la personne doit avoir accès à l'ensemble des aides humaines et techniques nécessaires ou utiles à la compréhension de ses incapacités.

▶ Aucune personne ne doit être considérée comme un objet passif de soins, que ce soit à l'hôpital, au domicile ou en institution. Le consentement éclairé doit être recherché en vue d'une meilleure coopération du malade à ses propres soins.

▶ Tout établissement de santé doit disposer des compétences et des moyens, ou à défaut, des coopérations structurelles permettant d'assurer sa mission auprès des personnes âgées malades, y compris celles en situation de dépendance. »

De l'accès aux soins au prendre soin : s'il est bien un droit qui est fondamental, parce qu'à l'origine de tous les autres, c'est celui de l'accès aux soins. De manière générale, toute personne doit en effet avoir accès aux soins que requiert son état, sans discrimination aucune.

La personne âgée ne constitue pas une exception à ce principe, si son état le nécessite, elle doit pouvoir accéder aux soins et ce en temps utile.

L'âge ne devrait pas pouvoir être opposé à la personne pour lui refuser une prise en charge. Le faible taux de réussite d'une intervention (du fait d'un âge avancé) ne devrait pas conduire à un refus automatique d'intervenir, la personne dûment informée de ce fort taux d'échec et des conséquences associées doit conserver le choix concernant sa santé. Nombreux sont ceux qui militent pour que soit reconnu aux personnes âgées un droit au risque : pourquoi en effet la personne âgée se verrait-elle privée d'une intervention qui peut-être bénéfique pour elle, même si les chances de réussite sont faibles ? Ce droit au risque ne peut s'entendre, bien entendu, que pour les personnes âgées qui disposent des capacités de discernement nécessaires pour comprendre et bien mesurer les implications de leur décision.

Par ailleurs, cet accès aux soins ne doit pas uniquement s'entendre dans un sens curatif (*to cure*), mais bel et bien dans le sens du « prendre soin » (*to care*).

Tous les soins ne sont pas qu'exclusivement curatifs, ils ne poursuivent pas uniquement un objectif de guérison, ils sont parfois palliatifs visant, non pas à guérir la personne souffrant d'une pathologie, mais à l'accompagner, c'est-à-dire soulager sa douleur, sa souffrance et les symptômes gênants (nausées, vomissements, encombrement bronchique terminal...).

Comme le souligne la charte, les soins « s'appliquent à améliorer la qualité de vie, à soulager la douleur, à maintenir la lucidité et le confort du malade, en réaménageant espoirs et projets. »

Une personne âgée, qui plus est lorsqu'elle est dépendante, doit bénéficier de soins attentifs de la part des soignants, attentifs à ses besoins, tant biologiques que psychologiques, attentifs à son bien-être, le tout dans un souci d'une meilleure qualité de vie, et même de fin de vie, possible.

Rappelons ici l'importance de la prise en charge de la douleur, qui elle aussi est multidimensionnelle : physique bien sûr mais également psychologique, sociale, culturelle, spirituelle et cognitive[5].

Les soins dispensés aux personnes âgées doivent être des soins de qualité, qualité qui doit pouvoir être mesurée. Comme les établissements sanitaires, les établissements médico-sociaux parmi lesquels on trouve les EHPAD sont soumis à une obligation d'évaluation de leur prise en charge. Le référentiel le plus utilisé en ce qui concerne l'évaluation de la prise en charge des personnes âgées est le référentiel ANGÉLIQUE[6]. Au sein de ce référentiel, qui contient 147 questions réparties dans 4 parties, on trouve toute une série de questions qui concernent les réponses apportées aux résidents en termes d'autonomie, d'accompagnement et de soins.

5 *Cf.* Cecily Saunders avec le concept de *total pain*.

6 ANGÉLIQUE est un acronyme qui signifie : Application Nationale pour Guider une Évaluation Labellisée Interne de la Qualité pour les Usagers des Établissements. Pour en savoir plus www.sante.gouv.fr ; www.personnes-agees.gouv.fr.

Lieu de vie, choix de vie et maintien de la vie sociale

Législation

Charte des droits et libertés de la personne âgée en situation de handicap ou de dépendance

▶ **Article 1 :** « Toute personne âgée devenue handicapée ou dépendante est libre d'exercer ses choix dans la vie quotidienne et de déterminer son mode de vie. Elle doit bénéficier de l'autonomie que lui permettent ses capacités physiques et mentales, même au prix d'un certain risque. Il convient de la sensibiliser à ce risque, d'en tenir informé l'entourage et de proposer les mesures de préventions adaptées. Il faut l'informer de ce risque et en prévenir l'entourage.

▶ La famille et les intervenants doivent respecter le plus possible le désir profond et les choix de la personne, tout en tenant compte de ses capacités qui sont à réévaluer régulièrement. »

▶ **Article 2 :** « Toute personne âgée en situation de handicap ou de dépendance doit pouvoir choisi un lieu de vie – domicile personnel ou collectif – adapté à ses attentes et à ses besoins. Elle réside le plus souvent à son domicile et souhaite y demeurer. Des dispositifs d'assistance et d'aménagement doivent être proposés pour le lui permettre.

▶ Un handicap psychique rend souvent difficile, voire impossible, la poursuite de la vie au domicile, surtout en cas d'isolement. Dans ce cas, l'indication et le choix du lieu d'accueil doivent être évalués avec la personne et avec ses proches. La décision doit répondre aux souhaits et aux difficultés de la personne. Celle-ci doit être préparée à ce changement.

▶ La qualité de vie ainsi que le bien-être physique et moral de la personne doivent constituer l'objectif constant, quelle que soit la structure d'accueil.

▶ Lors de l'entrée en institution, les conditions de résidence doivent être garanties par un contrat explicite ; la personne concernée a recours au conseil de son choix avant et au moment de l'admission.

▶ Le choix de la solution d'accueil prend en compte et vérifie l'adéquation des compétences et des moyens humains de l'institution avec les besoins liés aux problèmes psychosociaux, aux pathologies et aux déficiences à l'origine de l'admission.

▶ Tout changement de lieu de résidence, ou même de chambre, doit faire l'objet d'une concertation avec la personne.

▶ En institution, l'architecture et les dispositifs doivent être conçus pour respecter la personne dans sa vie privée.

▶ L'espace commun doit être organisé afin de favoriser l'accessibilité, l'orientation, les déplacements. Il doit être accueillant et garantir les meilleures conditions de sécurité. »

▶ **Article 3 :** « Toute personne âgée en situation de handicap ou de dépendance conserve la liberté de communiquer, de se déplacer et de participer à la vie de la société.

▶ La vie quotidienne doit intégrer son rythme d'existence ainsi que les exigences et les difficultés liées aux handicaps, que ce soit au domicile, dans les lieux publics ou en institution.

▶ Les élus et les urbanistes doivent prendre en considération le vieillissement de la population et les besoins des personnes de tous âges présentant des incapacités, notamment pour l'aménagement de la cité.

▶ Les lieux publics et les transports en commun doivent être accessibles en toute sécurité afin de préserver l'insertion sociale et de favoriser l'accès à la vie culturelle en dépit des handicaps.

▶ Les institutions et industries culturelles ainsi que les médias doivent être attentifs, dans leurs créations et leurs programmations, aux attentes et besoins spécifiques des personnes âgées en situation de handicap ou de dépendance.

▶ Les nouvelles technologies doivent être accessibles dans les meilleures conditions possibles aux personnes qui le souhaitent. »

▶ **Article 6** : « Toute personne âgée en situation de handicap ou de dépendance doit être encouragée à conserver des activités.

▶ Des besoins d'expression et des capacités d'accomplissement existent à tout âge, même chez des personnes malades présentant un affaiblissement intellectuel ou physique sévère.

▶ Développer des centres d'intérêt maintient le sentiment d'appartenance et d'utilité tout en limitant l'isolement, la ségrégation, la sensation de dévalorisation et l'ennui.

▶ La participation volontaire à des réalisations créatives diversifiées et valorisantes (familiales, mais aussi sociale, économiques, artistiques, culturelles, associatives, ludiques...) doit être favorisée.

▶ L'activité ne doit pas être une animation uniformisée et indifférenciée stéréotypée, mais permettre l'expression des aspirations personnelles.

▶ Des activités adaptées doivent être proposées aux personnes quelle que soit la nature du déficit.

▶ Les activités infantilisantes ou dévalorisantes sont à rejeter. »

Du maintien au domicile à l'entrée en institution

En ce qui concerne son lieu de vie, la personne âgée dépendante doit conserver une liberté de choix. L'institution ne doit pas forcément être le futur systématique de toute personne âgée. Aujourd'hui, la société tente de promouvoir le maintien à domicile des personnes âgées qui en font la demande. Pour y parvenir, une organisation réfléchie et spécifique doit être mise en place, organisation souvent coûteuse : aménagement du logement, présence d'aidant au quotidien voire recours à des soins à domicile.

Or ce coût ne peut pas toujours être supporté par la personne âgée, il nécessite donc un investissement de la part de la solidarité nationale. Et parce que la proportion de personnes âgées dans la population globale ne va cesser de croître dans les années à venir, il est urgent de mener cette réflexion et d'enclencher le processus public.

L'institution ne doit bien évidemment pas être stigmatisée, elle a toute sa place à jouer, certaines personnes âgées choisissant, d'ailleurs, l'institution plutôt que le maintien au domicile.

Point clé à retenir

▶ Même en institution, la personne âgée demeure sous le statut juridique du domicile, les établissements d'hébergement s'analysant comme des « substituts de domicile », précision essentielle au regard des droits de la personne.

Mais, et c'est ici toute la problématique, certaines personnes sont contraintes d'entrer en institution, sans que parfois la question même de leur consentement ne se pose. Gardons bien à l'esprit qu'en droit français il n'existe que deux situations dans lesquelles on peut supprimer la liberté d'aller et venir d'un individu et par là même le contraindre à rester dans l'enceinte d'une structure : il s'agit des détenus et des personnes hospitalisées sans leur consentement dans le cadre d'une hospitalisation d'office ou sur demande d'un tiers.

L'entrée en institution gériatrique ne fait donc pas partie de ces dérogations à la liberté d'aller et venir, la personne, même âgée, doit conserver le droit de choisir son lieu de résidence.

De l'autonomie à la revendication d'un droit au risque

L'âge, la dépendance viennent incontestablement limiter l'autonomie de manière plus ou moins grande ; mais en aucune manière ne la font disparaître de manière automatique.

Il est essentiel de maintenir une autonomie aussi petite soit-elle pour la personne du fait de ses capacités physiques ou mentales. Parler d'autonomie implique de raisonner, notamment au sein des institutions, en termes de prise de risque. Si l'on prend l'exemple du risque de chute, tout doit être fait pour éviter la survenance de ce risque, mais certains vont pour cela jusqu'à entraver la personne âgée dans ses mouvements pour supprimer tout risque de chute.

Or, le risque ne doit pas surpasser le droit à l'autonomie, de valeur supérieure. On peut ainsi voir de plus en plus revendiqué un droit au risque : si le maintien de mon autonomie passe par le fait de courir un risque, je revendique le droit de le courir.

Ce droit au risque doit bien entendu être encadré pour être au maximum limité pour la personne, c'est pourquoi il est important de l'y associer ainsi que son entourage, qui préfère parfois la protection quitte à sacrifier l'autonomie.

Une nécessité affirmée : la participation à la vie de la société

S'il est un triste constat que l'on peut parfois faire aujourd'hui c'est l'exclusion des personnes âgées de la société.

La canicule de 2003 représente à ce titre un événement tragique et révélateur de l'ignorance dont peut faire preuve la société, plus précisément les citoyens qui la composent, vis-à-vis des personnes âgées : combien de personnes sont décédées dans l'indifférence la plus totale, sans que personne ne se soucie de ne pas les avoir vues depuis plusieurs jours...

Il est indispensable de restaurer la place des personnes âgées dans la société et de les respecter en tant que telles.

Mais pour cela, il est nécessaire que la société s'adapte, notamment du point de vue de l'urbanisme, qu'elle permette à ces personnes de sortir de chez elle, de se déplacer. À ce titre, la loi du

11 février 2005[7] sur le handicap constitue le point de départ de ce vaste chantier de rénovation urbaine et d'accessibilité des locaux. Au-delà de ces aménagements urbains, c'est la personne présentant un handicap ou une dépendance, qui doit être considérée de manière positive, il est nécessaire de commencer le chantier par ceci.

Lorsque la personne âgée se trouve en institution, l'établissement doit lui permettre de conserver ce lien avec la vie en société, l'entrée en institution ne doit pas être synonyme en effet de rupture avec l'extérieur. À ce titre, de nombreuses initiatives sont prises par les établissements : sorties culturelles, partenariat avec les écoles, animations à thème...

La place de la famille

Législation

Charte des droits et libertés de la personne âgée en situation de handicap ou de dépendance

▶ **Article 4 :** « Le maintien des relations familiales et des réseaux amicaux est indispensable à la personne âgée en situation de handicap ou de dépendance.

▶ Le rôle des proches qui entourent la personne à domicile doit être reconnu. Il doit être étayé par des soutiens psychologiques, matériels et financiers.

▶ Au sein des institutions, l'association des proches à l'accompagnement de la personne et le maintien d'une vie relationnelle doivent être encouragés et facilités.

▶ En cas d'absence ou de défaillance des proches, il revient au personnel et aux bénévoles formés à cette tâche de veiller au maintien d'une vie relationnelle dans le respect des choix de la personne.

▶ Toute personne quel que soit son âge doit être protégée des actions visant à la séparer d'un tiers avec lequel, de façon libre et mutuellement consentie, elle entretient ou souhaite avoir une relation intime.

▶ Respecter la personne dans sa sphère privée, sa vie relationnelle, affective et sexuelle s'impose à tous. »

Famille, proches et représentant légal

Lorsqu'une personne âgée arrive en institution, elle arrive avec une histoire, un passé, une famille. Ce passage, qui peut parfois être traumatisant, doit pouvoir se faire avec la présence de la famille ou des proches de la personne âgée. Il est en effet important qu'elle ne se sente pas abandonnée. Il appartient donc aux soignants de laisser une place à la famille de la personne âgée.

Le terme de famille, qui est celui employé par les textes, doit être compris dans son acception la plus large. En effet il n'y a pas, dans ce cadre, de hiérarchie légale entre les membres de la famille.

7 Loi n° 2005-102 du 11 février 2005 pour l'égalité des droits et des chances, la participation et la citoyenneté des personnes handicapées.

Il convient malgré tout de dissocier la « famille » du « représentant légal ». Un membre de la famille peut avoir été désigné comme tuteur ou curateur, dans ce cas il dispose du statut de représentant légal qui lui confère d'autres droits et obligations que les membres de la famille non pourvus d'un tel mandat. À noter que la protection juridique de la personne âgée sera évoquée plus tard.

Bien souvent, lorsque les textes emploient le mot de « famille », ils y associent celui de « proches » et ce parce que l'on peut très bien ne pas avoir de famille au sens biologique et juridique du terme et pour autant avoir des proches (amis, voisins...) qui doivent pouvoir accompagner la personne.

■ Conflits de famille

Il n'est pas rare que les soignants se trouvent confrontés à des conflits de famille en ce qui concerne la prise en charge d'une personne âgée, chacun ayant son opinion sur les soins à prodiguer ou les décisions à prendre. Si la personne âgée est sous tutelle, c'est son représentant légal qui a une voix prépondérante sur les autres, et ce parce qu'il dispose d'un mandat en ce sens.

Lorsque la personne âgée n'est pas sous tutelle, elle est en principe pleinement capable (du point de vue juridique) de prendre ses décisions. Or, il arrive que sa situation ne le permette pas, c'est alors que la famille peut causer quelques problèmes. Pour y remédier, la personne de confiance (instituée par la loi du 4 mars 2002) peut-être une solution, mais encore faut-il que la personne âgée qui arrive en institution soit en capacité intellectuelle de la désigner.

En tout état de cause, c'est l'intérêt de la personne âgée qui doit prévaloir, indépendamment de tous les avis discordants familiaux qui pourraient être émis.

S'il est un conseil que l'on peut donner aux soignants, c'est surtout de ne pas s'impliquer dans un conflit familial, notamment lorsque ce conflit vise à exclure tel ou tel membre de la famille. Aucun membre de la famille ne dispose, en effet, du droit d'interdire à un autre membre de venir ou de prendre des nouvelles.

■ Institution, vie affective et vie sexuelle

Dans un cadre strictement privé, le droit d'entretenir des relations sexuelles entre personnes adultes ne fait aucun doute. Ce droit aux relations sexuelles n'est certes pas inscrit en tant que tel dans une loi toutefois, il existe bel et bien. Les relations sexuelles, lorsqu'elles sont consentantes bien entendu, dans un cadre privé et à l'abri du regard d'autrui, sont parfaitement licites.

Mais qu'en est-il en institution ? Là encore si l'on examine les textes applicables, on ne trouve aucun élément spécifique. On constate que le droit n'est pas à son aise sur la question des relations sexuelles en institution... Malgré tout, la personne âgée en institution a le droit au respect de sa vie privée, et qu'est-ce la sexualité si ce n'est de la vie privée ? À partir du moment où les relations sont discrètes et ne perturbent pas la vie en collectivité, quels arguments pourrait-on valablement invoquer pour les interdire ? On ne trouve dans les textes aucun âge limite, à l'image de l'âge minimum, en ce qui concerne les relations sexuelles. La charte l'affirme, le droit à une vie sexuelle doit être reconnu aux personnes âgées et on doit tout faire pour préserver le maintien d'une relation de couple lorsqu'elle existe.

Malgré tout on peut concevoir que la sexualité des personnes âgées engendre un malaise pour les soignants, faute d'y être formés ou d'y avoir réfléchi. Il pourrait être utile d'envisager une formation sur cette thématique afin de lever les tabous et de donner à chacun les moyens de s'exprimer.

Famille, information et secret professionnel

La famille de la personne âgée est souvent très en demande d'informations, besoin de savoir qui traduit son inquiétude. Mais que peut-on lui dire ? Le secret professionnel est-il opposable à la famille ?

S'il a pu exister un vide juridique en la matière, la loi n° 2002-303 du 4 mars 2002 relative aux droits des malades et à la qualité du système de santé a apporté des réponses.

Le texte prévoit qu'« en cas de diagnostic ou de pronostic grave, le secret médical ne s'oppose pas à ce que la famille, les proches de la personne malade ou la personne de confiance reçoivent les informations nécessaires destinées à leur permettre d'apporter un soutien direct à celle-ci sauf opposition de sa part ».

Au-delà de cette information en cas de diagnostic ou de pronostic grave, les familles sollicitent fréquemment des informations par téléphone auprès de l'équipe soignante. Aucune information d'ordre médical ne doit être donnée par téléphone, d'une part parce que l'on ne peut être sûr de l'identité de la personne et d'autre part parce que le téléphone n'est pas le meilleur moyen de délivrer une information.

Néanmoins, des informations sans incidence juridique peuvent être données à la famille. Celle-ci a parfois simplement besoin d'être rassurée, lui dire que la personne a passé une bonne nuit ou qu'elle va bien tout simplement n'est interdit par aucun texte.

L'article L.1110-6 du Code de la santé publique dispose par ailleurs que « le secret médical ne fait pas obstacle à ce que les informations concernant une personne décédée soient délivrées à ses ayants droit, dans la mesure où elles leur sont nécessaires pour leur permettre de connaître les causes de la mort, de défendre la mémoire du défunt ou de faire valoir leurs droits, sauf volonté contraire exprimée par la personne avant son décès ». L'accès au dossier par la famille est donc limité puisque celle-ci doit justifier sa demande.

On peut remarquer que la personne peut dans tous les cas refuser que sa famille reçoive des informations la concernant. Si la famille peut faire valoir un droit à être informée ce n'est qu'avec la permission de la personne. En effet, les informations appartiennent en premier lieu à la personne et c'est à elle de décider si elle souhaite les partager avec sa famille.

Gestion du patrimoine et protection de la personne

Législation

Charte des droits et libertés de la personne âgée en situation de handicap ou de dépendance

- **Article 5** : « Toute personne âgée en situation de handicap ou de dépendance doit pouvoir garder la maîtrise de son patrimoine et de ses revenus disponibles.
- Elle doit pouvoir en disposer conformément à ses désirs et à ses besoins, sous réserve d'une protection légale en cas de vulnérabilité.
- Elle doit être préalablement informée de toute vente de ses biens et préparée à cette éventualité.

▶ Il est indispensable que le coût de la compensation des handicaps ne soit pas mis à la charge de la famille. Lorsque la personne reçoit des aides sociales, la fraction des ressources restant disponibles après la prise en charge doit demeurer suffisante et servir effectivement à son bien être et à sa qualité de vie. »

▶ **Article 13** : « Toute personne en situation de vulnérabilité doit voir protéger ses biens et sa personne.

▶ L'exercice effectif de la totalité de ses droits civiques doit être assuré à la personne vulnérable, y compris le droit de vote en l'absence de tutelle.

▶ Les professionnels habilités à initier ou à appliquer une mesure de protection ont le devoir d'évaluer son acceptabilité par la personne concernée ainsi que ses conséquences affectives et sociales.

▶ Dans la mise en œuvre des protections prévues par le code civil (sauvegarde de justice, curatelle ou tutelle), les points suivants doivent être considérés :

– le besoin de protection n'est pas forcément total, ni définitif ;

– la personne protégée doit pouvoir continuer à donner son avis chaque fois que cela est nécessaire et possible ;

– la dépendance psychique n'exclut pas que la personne puisse exprimer des orientations de vie et soit toujours tenue informée des actes effectués en son nom.

▶ La sécurité physique et morale contre toutes agressions et maltraitances doit être assurée. Toutes violences et négligences, même apparemment légères, doivent être prévenues, signalées et traitées. Les infractions caractérisées peuvent donner lieu à des sanctions professionnelles ou à des suites judiciaires.

▶ Les violences et négligences ont souvent des effets majeurs et irréversibles sur la santé et la sûreté des personnes : l'aide aux victimes doit être garantie afin que leurs droits soient respectés. »

Les mesures de protection juridique possibles

En présence d'une altération des facultés mentales ou d'une altération des facultés corporelles de nature à empêcher l'expression de la volonté, le législateur a prévu plusieurs dispositifs graduels de protection. Si la personne n'a besoin que d'une protection juridique temporaire, une sauvegarde de justice peut être mise en place. Si l'altération des facultés nécessite une assistance jusqu'à un contrôle continu dans les actes de la vie civile, c'est une curatelle (simple ou renforcée) qui sera ordonnée. Enfin, en cas de nécessité de représentation de manière continue dans les actes de la vie civile, c'est une tutelle qui prendra effet. Le degré de protection de la personne est décidé par le juge des tutelles en fonction des besoins et de l'état des facultés mentales ou physiques de la personne.

Le choix d'une mesure de protection juridique est fait en fonction de l'intérêt supérieur de la personne, en tenant compte des impacts que la mesure aura sur elle, sans négliger l'impact émotionnel d'une telle mesure notamment en cas de mise en place d'une tutelle. À noter que le choix initial d'une mesure n'est pas définitif et peut évoluer à la hausse ou à la baisse en fonction de l'évolution de l'état de santé de la personne.

L'ensemble du dispositif, datant de 1968, a été revu par la loi du 5 mars 2007 (qui est entrée en vigueur le 1er janvier 2009) portant réforme de la protection juridique des majeurs.

L'une des nouveautés à retenir est l'uniformisation des appellations de ceux chargés de protéger les majeurs en dehors du cadre familial. On rencontrait en effet des délégués à la tutelle, des gérants de tutelle, des tuteurs bénévoles... Appellations différentes qui prêtaient à confusion au regard du rôle unique de ces différentes personnes : protéger la personne. Désormais, tous se nommeront des mandataires judiciaires à la protection des majeurs.

Mesure de protection juridique : le rôle des soignants

Certaines personnes arrivent en institution avec une mesure de protection déjà existante, mais ce n'est pas toujours le cas. En présence d'une personne non juridiquement protégée, il appartient aux soignants d'être vigilants par rapport à l'évolution de ses facultés mentales. En effet, il peut arriver que l'on profite de cet état de faiblesse d'une personne pour lui prendre de l'argent ou obtenir sa signature pour telle ou telle décision. En présence d'une telle situation, il appartient à l'institution d'entamer les démarches pour qu'une protection soit mise en place.

Une fois la mesure de protection ordonnée, les soignants ne sont pas pour autant désengagés par rapport à la personne âgée. Il est en effet important qu'ils s'assurent du bien-être de la personne. Il arrive parfois qu'une personne sous protection se retrouve complètement démunie : plus de vêtements neufs, pas d'argent pour s'acheter une part de gâteau... Les soignants doivent y être attentifs et demander à la personne titulaire du mandat de protection de remplir sa mission. À défaut, le juge des tutelles devra être informé des difficultés rencontrées par la personne protégée, et ce parce qu'elles portent atteinte à sa dignité et à son épanouissement.

Conséquences d'une mesure de protection sur les droits civiques de la personne

Pendant longtemps, la tutelle a été qualifiée de « mort civique ». Une personne sous tutelle perdait en effet la totalité de ses droits, y compris celui fondamental de voter. Or, pour certaines personnes âgées, le droit de vote est toujours revêtu d'une très grande force symbolique, rendant donc difficile pour elles sa perte. On invoquait comme argument la perte des capacités mentales empêchant de voter de manière correcte et réfléchie. Or, le vote est purement personnel, sans qu'aucun critère de bon ou de mauvais vote ne rentre en ligne de compte.

Devant cet état de fait, la loi du 11 février 2005 pour l'égalité des droits et des chances, la participation et la citoyenneté des personnes handicapées, représente un premier pas. Avec ce texte, l'impossibilité de voter pour une personne sous tutelle n'est plus absolue. Une personne qui le souhaite pouvant solliciter auprès du juge des tutelles une autorisation pour s'inscrire sur les listes électorales.

La loi du 5 mars 2007 franchit encore un pas puisqu'elle fait de cette impossibilité une exception. Le principe désormais est celui de la possibilité de s'inscrire sur les listes électorales, et donc de pouvoir voter si on le souhaite. Ce n'est qu'à titre d'exception que le juge pourra décider d'une impossibilité d'inscription. Cette nouvelle logique devrait permettre d'atténuer la souffrance d'une mise sous tutelle ; la personne certes a besoin d'une protection juridique forte mais n'en demeure pas moins toujours citoyenne.

Le respect des convictions religieuses

Législation

Charte des droits et libertés de la personne âgée en situation de handicap ou de dépendance

▶ **Article 7** : « Toute personne doit pouvoir participer aux activités associatives ou politiques ainsi qu'aux activités religieuses ou philosophiques de son choix.

▶ Sa liberté d'expression s'exerce dans le respect des opinions d'autrui.

▶ L'exercice de ses droits civiques doit être facilité, notamment le droit de vote en fonction de sa capacité juridique.

▶ Toute personne en situation de handicap ou de dépendance doit être reconnue dans ses valeurs, qu'elles soient d'inspiration religieuse ou philosophique.

▶ Elle a droit à des temps de recueillement spirituel ou de réflexion.

▶ Chaque établissement doit disposer d'un espace d'accès aisé, pouvant servir de lieu de recueillement et de culte et permettre la visite des représentants des diverses religions et mouvements philosophiques non confessionnels en dehors de tout prosélytisme.

▶ Les rites et usages religieux s'accomplissent dans le respect mutuel. »

L'obligation de neutralité du personnel soignant

La loi du 9 décembre 1905 concernant la séparation des Églises et de l'État a consacré le caractère laïc de la République. Cela signifie qu'il n'existe plus à partir de cette date de religion d'État. L'État reconnaît toutes les religions mais ne s'en revendique d'aucune.

Si, à l'image de tous les autres agents publics, le personnel soignant dispose d'une liberté de conscience qui interdit toute discrimination dans l'accès aux fonctions comme dans le déroulement de la carrière qui serait fondée sur leur religion, le principe de laïcité fait obstacle à ce que les soignants disposent du droit de manifester leurs croyances religieuses.

Le personnel soignant est ainsi dans l'obligation de respecter une stricte neutralité religieuse vis-à-vis de la personne accueillie. Il n'est pas question ici pour le personnel de porter un signe visible qui révélerait son appartenance religieuse.

Au-delà des signes religieux, le personnel doit également adopter une stricte neutralité dans les actes et dans les paroles. Les convictions religieuses du soignant ne doivent en aucune manière influer sur la prise en charge du patient. Cela ne signifie pas que le professionnel ne peut pas avoir de convictions ou de valeurs personnelles, mais qu'il ne peut pas faire intervenir ses convictions dans l'exercice de sa profession. C'est la définition du principe de neutralité, principe fondamental de la prise en charge de toute personne.

➡ Une fenêtre d'autonomie pour le soignant a néanmoins été prévue dans certaines situations. Une clause de conscience peut ainsi être invoquée pour se désengager de certaines situations de soins, telles que les IVG. L'obligation étant de garantir la continuité des soins pour la personne.

■ **La conciliation entre le principe de laïcité et la prise en compte des convictions de la personne**

Si le personnel soignant est tenu à une stricte neutralité, en revanche la loi de laïcité de 1905 reconnaît aux usagers le droit à l'exercice de leur religion.

Dans le secteur de la santé, la religion a en effet toute sa place. On ne peut pas demander à la personne âgée hospitalisée de faire abstraction de sa religion pendant le laps de temps, plus ou moins long, de son hospitalisation. Ses convictions religieuses font partie de sa personnalité, en faire abstraction revient à la nier.

Le personnel soignant doit donc prendre en charge la personne âgée en tenant compte de sa culture et de sa religion.

De la même manière que la Charte de la personne âgée, la Charte de la personne hospitalisée rappelle ce droit : « L'établissement de santé doit respecter les croyances et convictions des personnes accueillies. Dans les établissements de santé publics, toute personne doit pouvoir être mise en mesure de participer à l'exercice de son culte (recueillement, présence d'un ministre du culte de sa religion, nourriture, liberté d'action et d'expression, rites funéraires...) ».

Malheureusement, le constat d'une inégalité entre les religions est fréquent : dans certains établissements, faire appel à l'aumônerie catholique ne pose pas de problème, alors que faire appel aux autres ministères du culte reste plus limité, moins spontané pour les soignants ou les institutions. Or, les établissements sont tenus de respecter les convictions religieuses quelles qu'elles soient. À ce titre, ils doivent disposer d'une liste de ministres du culte des différentes religions, qui pourront être contactés au besoin si la personne en fait la demande.

■ **Les soignants et le respect des convictions religieuses de la personne âgée**

En matière de respect des convictions religieuses, aucune discrimination n'est donc acceptable.

Face à cette prise en compte des convictions religieuses de la personne, les soignants sont bien souvent démunis, ils ne savent pas comment répondre à une demande qui leur est faite et parfois même s'en désintéressent totalement parce qu'ils sont eux-mêmes athées et que pour eux la religion ne sert à rien.

Combien d'exemples a-t-on de personnes hospitalisées en service de gériatrie que l'on n'emmène pas à la messe du dimanche qui a lieu dans la chapelle de l'établissement, alors qu'elles en ont fait la demande lors de leur hospitalisation, au motif que de toute façon cela ne servira à rien puisqu'elles ne disposent plus de leur lucidité.

Il est vrai que la formation initiale des professionnels de santé ne prépare pas à ces situations, et en l'absence de démarche volontaire et personnelle du soignant, la religion du patient est bien souvent reléguée à l'arrière-plan. Il est malgré tout difficile au soignant d'accéder à la vie spirituelle du patient, en raison du degré d'intimité fort nécessaire à cela.

On ne peut que recommander la mise en place de formations continues relatives à la connaissance des religions et des rites afin de permettre aux professionnels de mieux cerner les demandes des personnes et de mieux comprendre la place que peut représenter cette pratique religieuse dans la construction d'une personnalité. De nombreux organismes de formation proposent aujourd'hui des formations sur l'interculturalité et sur la connaissance et le respect des rites religieux.

Les limites du respect des convictions religieuses

Si la personne âgée dispose d'un droit à la pratique de son culte, il est bien entendu que l'exercice de ce droit ne doit pas porter atteinte au fonctionnement du service, à la qualité des soins ou aux règles d'hygiène.

Il s'agit certes ici d'une liberté individuelle, qui parfois nécessite d'être rappelée aux établissements, mais qui s'exerce dans un cadre institutionnel soumis à des règles de fonctionnement et d'organisation. Les établissements doivent, certes, tout mettre en œuvre pour respecter les convictions des personnes accueillies, mais on ne peut pas leur demander, pour le faire, de se désorganiser au risque de porter atteinte à la qualité de la prise en charge du patient en question mais également des autres patients accueillis.

Par ailleurs, l'exercice d'un culte ne doit pas porter atteinte à la tranquillité des autres personnes présentes dans le service. Il n'est pas non plus admissible qu'une personne accueillie ou l'un de ses proches fassent œuvre de prosélytisme. Selon la célèbre formule, la liberté des uns s'arrête en effet là où commence celle des autres. Le maître mot en la matière est le respect mutuel des convictions de chacun.

On assiste aujourd'hui à un retour des revendications religieuses dans les institutions, conduisant parfois la personne à refuser d'être soignée par tel soignant en raison de sa religion présupposée. Une telle demande est bien entendu inacceptable. La discrimination en matière religieuse est à proscrire, qu'elle soit faite à l'encontre de la personne accueillie ou du professionnel de santé. Il est important dans ce type de situation de pouvoir instaurer un dialogue et d'exposer les motifs ne permettant pas d'accéder à une telle demande.

LES DROITS DES PERSONNES HOSPITALISÉES EN SANTÉ MENTALE

Les droits des personnes hospitalisées en santé mentale font l'objet d'un chapitre spécifique eu égard aux modalités d'hospitalisation particulières dont ils peuvent être l'objet. En effet, la santé mentale est le seul secteur dans lequel il est possible de contraindre une personne à recevoir des soins (en dehors de tout processus de contrainte judiciaire). Cette possibilité de contraindre une personne à recevoir des soins conduit inévitablement à se réinterroger sur le respect de leurs droits en tant que patient et sur les modalités particulières d'exercice de ces droits à mettre en œuvre.

L'hospitalisation sans le consentement du patient

La loi du 27 juin 1990 organise la lutte contre les maladies mentales et énonce les droits des personnes hospitalisées en raison de troubles mentaux. Intégrée dans le CSP aux articles L.3211-1 à L.3223-3, elle a adapté aux traitements psychiatriques modernes les dispositions initialement prévues par la loi du 30 juin 1838 et renforcé les garanties de cette catégorie de patients.

Elle est susceptible de s'appliquer à tout patient, qu'il relève ou non d'un régime de protection juridique. Seuls certains établissements de santé, publics ou privés, sont habilités, dans chaque département, à soigner sans leur consentement des personnes atteintes de troubles mentaux. L'habilitation est donnée par le préfet. Ils disposent d'un règlement intérieur spécifique. Ils peuvent être visités sans publicité préalable par plusieurs autorités et notamment par la commission départementale des hospitalisations psychiatriques.

Les modes d'hospitalisation sans consentement dans les établissements

Le consentement du malade à son hospitalisation dans un établissement traitant les troubles mentaux demeure la règle (art. L.3211-1). L'hospitalisation est alors dite « libre » (art. L.3211-2 ; cette hypothèse concerne un peu moins de 80 % des patients traités dans de tels établissements).

Néanmoins, il est nécessaire dans certains cas d'assurer des soins même lorsque le patient ne s'y prête pas volontairement. De tels modes d'hospitalisation sont de deux ordres, l'hospitalisation sur demande d'un tiers et l'hospitalisation d'office.

L'hospitalisation sur demande d'un tiers (HDT)

Prévu par l'article L.3212-1, ce mode de placement a pour origine l'initiative d'un membre de la famille du malade ou une personne susceptible d'agir dans son intérêt.

Deux conditions doivent être réunies : l'existence de troubles rendant impossible ce consentement et un état imposant des soins immédiats assortis d'une surveillance constante en milieu hospitalier.

Les conditions de forme de la demande sont également précisées par l'article L.3212-1. Elle doit être accompagnée de deux certificats médicaux établis très précisément et datant de moins de 15 jours. Le 1er certificat ne peut être établi que par un médecin n'exerçant pas dans l'établissement accueillant le malade.

Un contrôle est effectué tant au moment de l'admission qu'en cours d'hospitalisation par le directeur et par des médecins psychiatres (art. L.3212-2 à L.3212-8).

Dans les 24 heures de l'admission un nouveau certificat médical est établi par un psychiatre de l'établissement qui ne peut être l'un des médecins ayant écrit le certificat à l'origine de l'admission.

Une série de notifications administratives, notamment à l'initiative du préfet, permet la surveillance d'un tel mode d'hospitalisation : dans les 3 jours de l'hospitalisation, le préfet notifie les nom, prénom, profession et domicile, tant de la personne hospitalisée que de celle qui a demandé l'hospitalisation au procureur auprès du tribunal de grande instance (TGI) du domicile de la personne hospitalisée, au procureur auprès du TGI de l'établissement.

Dans les 3 jours précédant les 15 premiers jours de l'hospitalisation, le malade est examiné par un psychiatre, qui établit un certificat médical.

Au vu de ce certificat, l'hospitalisation peut être maintenue pour une durée maximale d'un mois. Au-delà de cette durée, l'hospitalisation peut être maintenue pour des périodes maximales d'un mois, renouvelables selon les mêmes modalités.

Cas particulier d'une HDT réalisée en urgence

Il s'agit d'une procédure nouvelle, instituée par la loi du 27 juin 1990 et régie par l'article L.3212-3 CSP. L'admission peut être prononcée par le directeur au vu d'un seul certificat médical émanant éventuellement d'un médecin exerçant dans l'établissement d'accueil. S'agissant d'une procédure dérogatoire, elle ne peut être mise en œuvre qu'à titre exceptionnel, elle suppose l'existence d'un péril imminent pour la santé du malade dûment constaté par le médecin.

La sortie de l'établissement et la fin de ce mode de traitement font également l'objet de dispositions précises et la loi de 1990 a renforcé sur ce plan les garanties du malade.

Différents modes de sortie sont énoncés, allant de la seule décision médicale (art. L.3212-8) à la décision du préfet, et à la demande d'un certain nombre de personnes (art. L.3212-9).

Afin de favoriser la guérison et la réadaptation du patient, une sortie d'essai peut être ordonnée dans des conditions précises (art. L.3211-11) : sa durée ne peut dépasser trois mois éventuellement renouvelable, elle comporte une surveillance médicale.

Depuis la loi du 4 mars 2002, le patient peut également être autorisé à des sorties accompagnées en cours de séjour, pour motif thérapeutique ou si des démarches extérieures s'avèrent nécessaires (art. L.3211-11-1) : cette sortie ne doit pas excéder 12 heures, le malade est accompagné pendant toute la durée de cette sortie par un ou plusieurs membres du personnel de l'établissement.

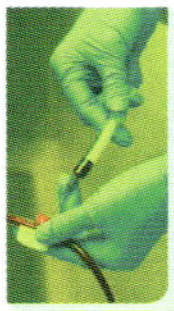

Au quotidien pour l'infirmier

Ce qui apparaît simple et naturel pour toute personne, prend des proportions plus importantes en psychiatrie notamment du point de vue de l'organisation. Ainsi, un rendez-vous chez le dentiste nécessite le détachement d'un infirmier pour accompagner le patient. La lourdeur organisationnelle ne doit néanmoins pas être un frein au respect de ce droit pour le patient de bénéficier des soins dont il a besoin et qui ne peuvent être dispensés au sein de l'établissement en santé mentale, et ce d'autant plus que la durée d'hospitalisation est longue.

■ L'hospitalisation d'office (HO)

Cette procédure permet à l'autorité administrative de faire hospitaliser le malade dangereux pour autrui ou pour lui-même sans attendre la demande d'un tiers. À Paris, le préfet de police, et, dans les autres départements, le préfet, peuvent, par arrêté, prononcer l'hospitalisation d'office.

L'arrêté préfectoral est motivé et circonstancié. Il est établi au vu d'un certificat médical lui-même circonstancié. Cette procédure intervient lorsque les troubles mentaux du patient « nécessitent des soins et compromettent la sûreté des personnes ou portent atteinte, de façon grave, à l'ordre public » (art. L.3213-1).

Une autre procédure permet d'agir dans une urgence plus grande encore et comporte l'intervention des commissaires de police à Paris et des maires des autres villes (art. L.3213-2).

Une série de contrôles a pour objectif d'éviter les abus d'un tel mode de placement, effectués à partir de la transmission par le directeur, dans les 24 heures suivant l'admission, au préfet et à la commission départementale des hospitalisations psychiatriques, d'un certificat médical établi par un psychiatre de l'établissement.

Dans le cadre d'une hospitalisation d'office, l'examen médical a lieu 15 jours après l'hospitalisation, puis un mois après l'hospitalisation, puis ensuite au moins tous les 3 mois. Le préfet et la commission départementale sont les destinataires de ces certificats.

La décision d'HO peut être reconduite :

- un mois après : dans les 3 jours précédant l'expiration du premier mois d'hospitalisation, le préfet peut prononcer le maintien de l'hospitalisation pour une nouvelle durée de 3 mois;
- 4 mois après : au-delà de cette durée, le maintien en hospitalisation peut être maintenu pour des périodes de 6 mois au maximum, renouvelables.

Les hypothèses de sortie sont énoncées et interviennent à l'initiative du préfet (art. L.3213-4 et L.3213-5) ou sur décisions conformes de deux psychiatres n'appartenant pas à l'établissement dans le cadre d'un placement suite à une déclaration d'irresponsabilité pénale (art. L.3213-8). La sortie d'essai et la sortie accompagnée sont des mesures qui s'appliquent également à l'hospitalisation d'office.

Les droits des malades faisant l'objet d'hospitalisation sans leur consentement

La loi du 27 juin 1990 affirme que la personne hospitalisée avec son consentement pour des troubles mentaux dispose des mêmes droits liés à l'exercice des libertés individuelles que ceux reconnus aux malades hospitalisés pour une autre cause.

Le texte prend surtout le soin de rappeler les droits de celui qui est ainsi placé sans y consentir. Les restrictions à l'exercice des libertés individuelles doivent être limitées à celles nécessitées par l'état de santé et la mise en œuvre du traitement.

En toutes circonstances, la dignité de la personne hospitalisée doit être respectée et sa réinsertion recherchée.

Elle doit être informée dès l'admission et, par la suite, de sa situation juridique et de ses droits. Elle dispose en tout état de cause d'une série de droits et notamment de prendre conseil d'un médecin ou d'un avocat de son choix, d'émettre ou de recevoir des courriers, de consulter le règlement intérieur de l'établissement.

À sa sortie, le patient conserve la totalité de ses droits de citoyens, sous réserve bien entendu, des conséquences d'un placement éventuel sous tutelle ou sous curatelle (art. L.3221-1).

Tout protocole thérapeutique ne doit être mis en œuvre en psychiatrie que dans le strict respect des règles déontologiques en vigueur (art. L.3211-4). Si le patient ne fait pas l'objet d'un régime de protection juridique, il conserve en principe son libre arbitre pour accepter ou refuser les soins prévus.

Quelles sont les conditions de mise en chambre d'isolement en psychiatrie ?

D'un point de vue juridique, la mise en chambre d'isolement ne peut être envisagée que dans un but thérapeutique. L'indication doit toujours être posée par un médecin. Cependant, en l'absence d'un médecin et s'il y a urgence, la décision peut être prise par l'équipe paramédicale pour des raisons tenant à la sécurité du patient, des autres patients ou du personnel. L'indication d'isolement doit être confirmée dans un délai d'une heure par une prescription médicale.

L'évolution favorable de l'état de santé du patient doit conduire à remettre en cause la décision de mise en isolement. Il est donc recommandé que l'isolement initial et chaque renouvellement éventuel soient prescrits pour une période maximale de 24 heures.

La décision de mettre fin à l'isolement du patient relève de la prescription médicale après réévaluation de la situation clinique.

Lien entre isolement et hospitalisation libre : les patients en hospitalisation libre ne peuvent en aucun cas être installés dans des services fermés à clés ni *a fortiori* dans des chambres verrouillées. En situation d'urgence, l'isolement peut toutefois se révéler indispensable, mais il ne peut dans ce cas excéder quelques heures. Si la durée de l'isolement doit se prolonger, il convient dans les 12 heures de transformer le régime d'hospitalisation en régime d'hospitalisation sous contrainte.

Loi du 4 mars 2002 et psychiatrie

La question des droits du patient et de leur respect par le corps médical est une question centrale depuis quelques années. Ce que l'on a longtemps appelé le « paternalisme médical » n'est plus acceptable pour le patient d'aujourd'hui. Le patient ne se contente plus d'une simple place de spectateur dans le cadre de la relation soignant/soigné, mais revendique au contraire une place d'acteur. Dans la mesure où il est le premier concerné par les décisions médicales qui vont être prises, il est normal qu'il soit pris en compte dans ce processus de décision.

Récemment consacrés par la loi du 4 mars 2002 relative aux droits des malades et à la qualité du système de santé, ces droits sont donc au cœur d'une nouvelle relation soignant/soigné, relation plus équilibrée, s'appuyant sur l'information et la recherche active du consentement.

Si l'on conçoit assez facilement la mise en application de cette loi dans le cadre de la médecine générale, son application au secteur de la psychiatrie semble, au premier abord, assez problématique.

En effet, la psychiatrie prend en charge des patients qui, bien souvent, sont dans l'incapacité de reconnaître leurs troubles (spécificité de la maladie psychiatrique), de les comprendre et de demander une prise en charge. La question du consentement qui est la pierre angulaire de cette nouvelle relation soignant/soigné, est mise à mal par la pathologie même de certains patients, obligeant les praticiens à proposer des soins sans consentement conformément à la loi du 27 juin 1990.

Pourtant, la loi du 4 mars 2002 ne fait pas de distinction selon les secteurs d'hospitalisation, elle a vocation à s'appliquer à tous les patients. Dès lors, quelle application possible pour cette loi en psychiatrie ? Si la loi a une vocation d'application générale, de manière pragmatique, elle tient compte des spécificités de certains patients.

L'obligation d'information

Cette information du patient sur son état de santé constitue l'un des temps forts de la prise en charge médicale. L'article L.1111-2 du Code de la santé publique, issu de la loi du 4 mars 2002, précise le contenu de l'information qui doit être délivrée au patient. Celle-ci porte ainsi sur les différentes investigations, traitements ou actions de prévention proposées, leur utilité, le cas échéant leur urgence ainsi que les risques fréquents ou graves normalement prévisibles qu'ils comportent. En cas de refus du patient de subir le traitement proposé, il doit être informé des conséquences de ce choix pour sa santé.

Enfin, si postérieurement à l'exécution des soins des risques nouveaux sont identifiés, la loi du 4 mars 2002 met également à la charge du corps médical une obligation d'information du patient, sauf en cas d'impossibilité de le retrouver. Cette information est délivrée au cours d'un entretien oral. Le texte précise également qu'il appartient au professionnel d'apporter la preuve de cette information en cas de litige, preuve qui est possible par tous moyens.

Au-delà de ce principe général, la loi prend en compte de manière spécifique la situation du majeur sous tutelle. Ainsi, pour le patient majeur sous tutelle, les droits sont exercés par le tuteur. Néanmoins, ce patient dispose du droit de recevoir lui-même une information et de participer à la prise de décision le concernant, et ce, d'une manière adaptée à ses facultés de discernement.

L'obligation de recueil du consentement

Ce principe est consacré par l'article L.1111-4 du Code de la santé publique : « toute personne prend avec le professionnel de santé et compte tenu des informations et des préconisations fournies, les décisions concernant sa santé [...] Aucun acte médical ni aucun traitement ne peut être pratiqué sans le consentement libre et éclairé de la personne et ce consentement peut être retiré à tout moment. »

De la même manière que pour l'obligation d'information, la loi prévoit que le consentement du majeur sous tutelle doit être systématiquement recherché s'il est apte à exprimer sa volonté et à participer à la décision. Cette disposition ne fait pas obstacle à la possibilité offerte par la loi du 27 juin 1990 de passer outre au consentement du patient, dans certaines conditions, pour réaliser une admission en établissement de santé public. Si le consentement du patient à son hospitalisation demeure la règle, il est néanmoins nécessaire dans certains cas d'assurer des soins même lorsque le patient ne s'y prête pas volontairement.

La possibilité de désigner une personne de confiance

Nouvel intervenant crée par la loi du 4 mars 2002, la personne de confiance a un rôle important à jouer auprès du patient. Elle pourra accompagner le patient dans ses démarches et ainsi assister aux entretiens médicaux afin de l'aider dans ses décisions; elle sera également consultée au cas où le patient serait hors d'état d'exprimer sa volonté (article L.1111-6 du Code de la santé publique).

Compte tenu de cette mission non négligeable, il est important de déterminer qui peut désigner une personne de confiance et comment doit se faire cette désignation. L'article L.1111-6 prévoit que toute personne peut désigner une personne de confiance qui peut être un parent, un proche ou le médecin traitant, désignation qui se fait par écrit et qui doit être proposée au patient lors de toute hospitalisation.

En matière d'hospitalisation psychiatrique, deux questions se posent : le patient sous tutelle est-il libre de désigner une personne de confiance ? Une personne sous tutelle peut-elle être désignée comme personne de confiance ?

Les majeurs sous tutelle ne sont pas habilités à désigner une personne de confiance une fois la mesure de tutelle prononcée, le tuteur exerçant ce rôle. Mais s'ils avaient désigné cette personne de confiance avant leur mise sous tutelle, une décision du juge des tutelles peut confirmer ou infirmer cette désignation.

En ce qui concerne la deuxième question, à savoir si la personne de confiance peut elle-même faire l'objet d'une mesure de protection, l'article L.1111-6 n'apporte pas de précision sur ce point.

Il convient donc de répondre au regard du rôle de la personne de confiance : les droits qui lui sont conférés à l'occasion de sa désignation sont des droits extrapatrimoniaux et personnels sur lesquels le protecteur n'a aucun pouvoir. Ainsi rien ne s'oppose à ce que la personne de confiance, majeur protégé remplisse sa mission. Le seul bémol serait l'ignorance de la part du patient de la situation particulière de la personne de confiance. Pour certains auteurs, il reviendrait dans une telle situation au juge des tutelles de trancher.

À noter que la loi du 4 mars 2002 ne prévoit pas de mécanisme de contrôle du choix de la personne de confiance par le patient.

L'accès au dossier du patient

La loi du 4 mars 2002 a répondu à l'attente de nombreuses associations de patients en instaurant une possibilité d'accès direct à son dossier pour le patient.

Ce principe est énoncé de manière générale par l'article L.1111-7 du Code de la santé publique. Désormais, le patient peut donc accéder directement aux informations concernant sa santé, ou par l'intermédiaire d'un médecin qu'il désigne. La présence d'une tierce personne peut être recommandée par le médecin lors de la consultation de certaines informations, pour le cas où cette consultation sans accompagnement ferait courir un risque au patient. Néanmoins, le refus de la présence de cette tierce personne ne fait pas obstacle à la communication des informations.

Cependant, la psychiatrie est la seule spécialité médicale pour laquelle il est dérogé à la maîtrise par le patient de la consultation de son dossier. Ainsi, lorsque les informations sont recueillies dans le cadre d'une hospitalisation d'office ou sur demande d'un tiers, le médecin détenteur de ces informations peut estimer que la communication de ces informations doit nécessairement se faire par l'intermédiaire d'un médecin. Si le patient refuse cet accès par l'intermédiaire d'un médecin, le texte prévoit que le médecin saisisse alors la Commission départementale des hospitalisations psychiatriques. L'avis de la commission sur les modalités d'accès au dossier s'imposera au patient. Ainsi, si la commission confirme la nécessité d'un accès au dossier par l'intermédiaire d'un médecin et que le patient persiste dans son refus, il n'aura pas la possibilité d'accéder à son dossier.

À noter que cet accès au dossier concerne toutes les informations formalisées à l'exclusion de celles recueillies auprès de tiers n'intervenant pas dans la prise en charge thérapeutique ou concernant de tels tiers.

La loi prévoit également des délais de communication qui vont de 48 h à 8 jours pour les informations datant de moins de 5 ans, à 2 mois pour les informations datant de plus de 5 ans ou en cas de saisine de la Commission départementale des hospitalisations psychiatriques.

LES DROITS DU PATIENT EN FIN DE VIE

La situation de la personne en fin de vie fait l'objet de toutes les attentions de la part du législateur et ce afin qu'elle reçoive tout l'accompagnement auquel elle a droit.

Depuis 1999[8], date de l'affirmation du droit pour toute personne malade, dont l'état le requiert, d'avoir accès à des soins palliatifs et à un accompagnement (article L.1110-10 du Code de la

8 Loi n° 99-477 du 9 juin 1999.

santé publique), de nombreux rapports ont été rendus sur le sujet, de nombreux colloques ont eu lieu suscitant chez les professionnels de santé une demande de clarification de ce qu'il est possible de faire face à une personne en fin de vie.

Une affaire médiatisée, l'affaire Vincent Humbert, a été l'occasion pour le législateur d'adopter un texte, la loi du 22 avril 2005[9], qui expose de manière précise les droits de la personne en fin de vie ainsi que les obligations pesant sur les professionnels.

L'article L.1111-10 du CSP donne tout d'abord une définition de la fin de vie, et ce afin d'uniformiser les représentations des soignants qui vont accompagner les personnes en fin de vie. On parle ainsi de fin de vie lorsqu'une personne est « en phase avancée ou terminale d'une affection grave et incurable, quelle qu'en soit la cause ». Cet article rappelle également, s'il en était besoin, que la personne en fin de vie est libre de décider d'arrêter ou de limiter tout traitement dont elle fait l'objet et que le médecin se doit de respecter sa volonté après l'avoir informée des conséquences de ses choix. Il faut y voir ici un refus de l'acharnement thérapeutique autrement qualifié d'obstination déraisonnable par l'article L.1110-5 du CSP qui dispose que les actes de soins, « lorsqu'ils apparaissent inutiles, disproportionnés ou n'ayant d'autre effet que le seul maintien artificiel de la vie, ils peuvent être suspendus ou ne pas être entrepris ».

La difficulté réside dans la délimitation de ce qui est raisonnable et de ce qui ne l'est pas. C'est un processus décisionnel élaboré collectivement sur des données médicales et sur une réflexion éthique. Doit-on demander au législateur d'être plus précis, de définir, de délimiter ? Ne va-t-il pas par cela enfermer les soignants dans des limites trop strictes ou, à l'inverse, permettre des interprétations trop larges et donc inadaptées ?

Ce type de décision et donc l'appréciation de la proportion relèvent du cas par cas. Une réflexion éthique ne se codifie pas.

Le danger est tout d'abord qu'un droit absolu devienne un devoir absolu sous l'influence des pressions morales familiales ou autres.

Le refus de l'acharnement thérapeutique ne signifie pas, ce que rappelle la charte, un abandon complet de la personne, il signifie simplement un abandon du thérapeutique pour de l'accompagnement, « le médecin sauvegarde la dignité du mourant et assure la qualité de sa fin de vie en dispensant les soins visés à l'article L.1110-10 » dispose l'article L.1111-10 du CSP en son dernier alinéa.

Cette notion de dignité est également reprise dans la charte de la personne hospitalisée en son article 2 « lorsque les personnes sont parvenues au terme de leur existence, l'établissement met tout en œuvre pour leur assurer une vie digne jusqu'à la mort ».

9 Loi n° 2005-370 du 22 avril 2005.

Le cas particulier des personnes en fin de vie hors d'état d'exprimer leur volonté

Lorsque le patient est en capacité d'exprimer une décision, le législateur nous précise que ses volontés doivent être respectées. Mais que faire lorsqu'elle n'est plus en capacité d'exprimer sa volonté ? Quelles sont les obligations des professionnels dans ce type de situation ?

Législation

Article L.1111-13 du CSP

▶ « Lorsqu'une personne, en phase avancée ou terminale d'une affection grave et incurable, qu'elle qu'en soit la cause, est hors d'état d'exprimer sa volonté, le médecin peut décider de limiter ou d'arrêter un traitement inutile, disproportionné ou n'ayant d'autre objet que la seule prolongation artificielle de la vie de cette personne, après avoir respecté la procédure collégiale définie par le Code de déontologie médicale et consulté la personne de confiance visée à l'article L.1111-6, la famille ou, à défaut, un de ses proches et, le cas échéant, les directives anticipées de la personne. Sa décision motivée est inscrite dans le dossier médical. Le médecin sauvegarde la dignité du mourant et assure la qualité de sa fin de vie en dispensant les soins visés à l'article L.1110-10. »

Lorsqu'il n'existe aucun espoir réel d'obtenir une amélioration de l'état de la personne et que l'intervention médicale entraînerait une prolongation artificielle de la vie, le curatif doit céder la place au palliatif au nom du refus de l'obstination déraisonnable.

Si le rôle des proches de la personne en fin de vie n'est pas à minimiser, il convient malgré tout de bien garder à l'esprit qu'ils ne disposent pas d'un pouvoir de décision. Seule la personne elle-même dispose du droit de prendre les décisions la concernant. Lorsqu'elle n'est plus en capacité de le faire, ce droit n'est en aucune manière transféré à sa famille ou à ses proches. Ceux-ci seront consultés, non pas sur ce qu'ils souhaitent eux mais par rapport aux souhaits de la personne qui ne peut plus s'exprimer. La responsabilité de la décision appartenant alors au médecin.

À noter que l'avis de la personne de confiance, lorsqu'elle a été antérieurement désignée, prévaut sur tout autre avis non médical, précision importante pour les professionnels en cas de divergences au sein de la famille de la personne en fin de vie.

La possibilité de rédiger des directives anticipées

Législation

Art L.1111-11 CSP

▶ « Toute personne majeure peut rédiger des directives anticipées pour le cas où elle serait un jour hors d'état d'exprimer sa volonté. Ces directives anticipées indiquent les souhaits de la personne relatifs à sa fin de vie concernant les conditions de la limitation ou l'arrêt de traitement. Elles sont révocables à tout moment.

▶ À condition qu'elles aient été établies moins de trois ans avant l'état d'inconscience de la personne, le médecin en tient compte pour toute décision d'investigation, d'intervention ou de traitement la concernant. »

Nouveauté introduite par la loi du 22 avril 2005, la possibilité pour toute personne majeure de rédiger des directives anticipées pour le cas où elle serait un jour hors d'état d'exprimer sa volonté. La directive anticipée est un écrit rédigé par une personne majeure par lequel elle fait connaître ses désirs quant aux questions relatives à sa fin de vie, en particulier sur la question de l'arrêt ou de la limitation des traitements.

Les directives par principe doivent être écrites, datées, signées et authentifiées par le nom, le prénom, la date et le lieu de naissance du rédacteur (art. R. 1111-17 du CSP).

Le texte n'exige pas d'autres formes particulières ce qui s'explique par leur valeur consultative.

Le décret n° 2006-119 du 6 février 2006 (qui pose le cadre des directives anticipées) a cependant pris en compte une situation particulière mais fréquente, celle où le patient n'est plus dans la possibilité d'écrire, tout en restant capable d'exprimer sa volonté. Il peut faire appel à deux témoins, dont la personne de confiance pour attester que l'écrit correspond à la véritable expression d'une volonté libre et éclairée.

Les directives peuvent être modifiées à tout moment, partiellement ou totalement dans les formes explicitées. Elles peuvent par contre être révoquées sans aucune formalité particulière.

Le décret n'aborde pas la question des incapables majeurs, la loi ne faisant aucune distinction entre les majeurs pouvant rédiger des directives anticipées. Il semble donc que ces directives leur soient ouvertes sans condition de forme particulière. Une incohérence avec la loi du 4 mars 2002 peut ici être soulignée puisque la personne sous tutelle ne peut pas désigner de personne de confiance.

Le législateur a posé une « date de péremption » pour ces directives qui ne devront être prises en compte que si leur rédaction remonte à trois ans avant l'état d'inconscience du patient.

Le décret développe néanmoins des systèmes d'allongement de la durée de vie des directives. En premier lieu la prolongation peut prendre la forme d'une simple signature sur la directive d'origine. Si à ce moment la personne ne peut ni signer, ni écrire, elle peut avoir recours à deux témoins qui confirmeront dans les formes déjà explicitées les directives premières.

Toute modification fait courir une nouvelle période de trois ans.

Enfin le décret précise que dès lors qu'une directive a été faite dans les trois ans précédant l'état d'inconscience du patient ou le jour où celui-ci s'est avéré « hors d'état d'en effectuer le renouvellement », elles restent valides.

Les modalités de conservation doivent satisfaire à un impératif évident en la matière qui est la facilité d'accessibilité (art. R. 1111-19 du CSP).

Pour cette raison un éventail très important de possibilité est ouvert : conservation dans le dossier du médecin de ville qu'il soit le médecin traitant ou non, dans le dossier médical du patient en cas d'hospitalisation, mais aussi par l'auteur lui-même ou par la personne de confiance, un membre de la famille ou encore un proche.

Dans ces hypothèses, l'identification du détenteur et ses coordonnées sont mentionnées par le patient lui-même dans son dossier constitué par le médecin de ville ou dans le dossier médical constitué lors de l'hospitalisation. Dès lors, toute personne admise dans un établissement de santé ou dans un établissement médico-social pourra porter à la connaissance des médecins l'existence de directives anticipées, la transcription de cette indication devant être faite dans le dossier médical.

Le texte ajoute une obligation pour le médecin qui doit, même si aucune mention n'a été faite dans le dossier médical sur l'existence éventuelle de directives, s'enquérir d'une telle existence auprès de la personne de confiance, de la famille ou à défaut des proches ou du médecin traitant du malade ou du médecin qui lui a envoyé le patient.

À noter que le livret d'accueil des établissements de santé doit désormais mentionner de manière obligatoire la possibilité pour le patient de rédiger des directives anticipées. Cela implique pour les soignants une bonne connaissance de cet outil afin de pouvoir répondre aux éventuelles questions que le patient pourrait se poser à la lecture du livret d'accueil.

L'importance des soins palliatifs

Reconnus comme un droit pour la personne en 1999, les soins palliatifs sont « des soins actifs dans une approche globale de la personne atteinte d'une maladie grave évolutive ou terminale. Leur objectif est de soulager les douleurs physiques ainsi que les autres symptômes et de prendre en compte la souffrance psychologique, sociale et spirituelle. Les soins palliatifs et l'accompagnement sont interdisciplinaires. Ils s'adressent au malade en tant que personne, à sa famille et à ses proches, à domicile ou en institution[10]... »

Comme le précise cette définition, et tel que l'énonce également la charte, ces soins ne sont pas exclusivement réservés aux personnes en établissement de santé. En effet, la personne peut souhaiter terminer sa vie dans le cadre d'une prise en charge à domicile. Si une majorité de personnes souhaitent vivre leurs derniers instants chez eux, seul 1 décès sur 4 se produit à domicile, faute des structures suffisantes pour accompagner cette volonté de la personne.

10 Définition donnée par la Société française d'accompagnement et des soins palliatifs (SFAP) en 1996.

Quel bilan d'application pour la loi Léonetti du 22 avril 2005

Près de 4 ans après son adoption, comment est-elle comprise et appliquée, est-elle suffisante ? Bien que médiatisée lors de son adoption, le constat est sans appel, la loi est mal connue des médecins, des professionnels de santé en général ainsi que du grand public. Aucune circulaire d'explicitation de la loi à l'intention des établissements hospitaliers n'a été élaborée, aucun programme ni brochure d'information n'ont été mis en place en direction du grand public.

La méconnaissance des dispositions de la loi entraîne une disparité des pratiques professionnelles, susceptible de générer une incompréhension de la part des patients.

Pour pallier cette difficulté, la mission préconise la création d'un Observatoire des pratiques médicales de la fin de vie, chargé de diffuser l'information sur la loi et d'en étudier l'application. Son action pourrait s'articuler autour de trois axes : la valorisation des soins palliatifs, l'affirmation des droits des malades et le rappel des obligations des professionnels de santé. Chaque année un rapport serait remis au Parlement faisant état des problèmes liés à la fin de vie en France et comportant des études thématiques.

Trop d'incompréhension existe encore entre le monde judiciaire et le monde médical. L'acharnement thérapeutique appliqué par certains médecins résulte parfois de peurs infondées, de croyances erronées autour de l'infraction de non-assistance à personne en danger. Afin que la loi soit pleinement appliquée, il est essentiel que les juges se familiarisent avec la pratique médicale et que les médecins se sentent juridiquement en sécurité lorsqu'ils accompagnent des personnes en fin de vie.

Dans cette optique, le Parquet général et le CHU de Besançon ont signé une convention consistant à organiser des échanges entre praticiens, personnels de santé, juriste et magistrats autour des questions soulevées par la loi du 22 avril 2005. Cette initiative est encouragée et devrait être généralisée.

Faut-il légaliser l'euthanasie ?

La mission parlementaire sur l'application de la loi Léonetti qui a rendu son rapport fin 2009 se penche à nouveau sur la question de la légalisation de l'euthanasie. Comme en 2005, la conclusion est la même, la légalisation de l'euthanasie est à proscrire et ce pour de nombreuses raisons éthiques et juridiques. « L'euthanasie apparaît ainsi comme un geste toujours commis par facilité et ignorance : facilité d'une décision faisant fi du questionnement éthique, négligence des rapports de confiance avec le malade, méconnaissance des techniques médicales aptes à alléger les souffrances du malade et ignorance des principes mêmes de l'éthique du soin ».

Une meilleure connaissance des possibilités qu'offre la loi en matière d'accompagnement de fin de vie est une réponse à ceux qui souhaitent la légalisation de l'euthanasie, mauvaise verbalisation d'une crainte réelle, celle de l'acharnement.

AGIR

SITUATION PROFESSIONNELLE

Les parents de Timothée, âgé de 8 ans, sont divorcés depuis 3 ans. Chacun a refait sa vie de son côté. Ce sont des familles recomposées. Depuis plusieurs jours, Timothée ne mange pas beaucoup et semble fatigué. Il jouait à la maison chez son papa lorsqu'il s'est plaint de violentes douleurs abdominales, avec hyperthermie à 38°9 et vomissements. Il se tient le ventre et se place dans une position en chien de fusil. Il ne veut pas manger ni boire ; il geint, il est pâle. Sa belle-mère, inquiète, l'emmène aux urgences pédiatriques. Une défense abdominale importante oriente le pédiatre vers le diagnostic de péritonite sur appendicite. Le pédiatre diagnostique une appendicite et souhaite garder Timothée hospitalisé pour une intervention chirurgicale de toute urgence. Il charge l'infirmière de faire signer le consentement éclairé à sa belle-mère. Celle-ci est dans le couloir, elle tente de joindre le papa de Timothée pour le prévenir. L'infirmière lui indique qu'il faut intervenir en urgence et lui demande de signer le formulaire en lui assurant que le chirurgien n'acceptera pas d'opérer s'il n'a pas la signature de quelqu'un. Devant l'urgence invoquée, la belle-mère signe le formulaire de consentement éclairé.

1 IDENTIFIER LES DONNÉES SIGNIFICATIVES

Quelles données relève-t-on ?	Pourquoi sont-elles significatives ?
Timothée est âgé de 8 ans	Cela donne des indications sur son statut juridique
Les parents de Timothée sont divorcés	Il s'agit du statut juridique du couple
Timothée se plaint de violentes douleurs abdominales, accompagnées d'une hyperthermie à 38,9 °C et de vomissements plus une défense abdominale	Il s'agit des symptômes permettant de poser un diagnostic et d'en déterminer le degré d'urgence
Timothée est amené aux urgences par sa belle-mère	Il s'agit du statut juridique de l'accompagnateur de Timothée
Le médecin diagnostique une péritonite sur appendicite et souhaite garder Timothée pour une intervention chirurgicale	Le diagnostic est posé, avec le traitement correspondant Le traitement est chirurgical et est urgent il en va de la vie de l'enfant (éviter le choc septique)
La belle-mère de Timothée est dans le couloir pendant que le pédiatre examine Timothée	Cela indique l'absence d'information de la belle-mère

Quelles données relève-t-on ?	Pourquoi sont-elles significatives ?
L'infirmière demande à la belle-mère de signer le consentement éclairé en précisant que sans une signature le chirurgien n'opérera pas et qu'au vu de l'urgence, il faut intervenir	Il s'agit des informations dont dispose la belle-mère pour faire ce qu'on lui demande, à savoir signer le formulaire de consentement éclairé qui donne l'autorisation juridique pour le médecin d'agir
La belle-mère de Timothée signe le formulaire de consentement	Prise de décision de la belle-mère

2 COMPRENDRE ET ÉVALUER LA SITUATION

Que faut-il comprendre ?	Évaluation
Timothée est mineur, il entre donc la catégorie juridique des incapables, c'est-à-dire ne disposant pas d'une pleine capacité juridique SAVOIRS FONDAMENTAUX Législation	Timothée ne dispose pas de la capacité juridique pour consentir seul aux soins le concernant
Les parents de Timothée sont divorcés. Il faut donc s'assurer que chacun des deux dispose de l'autorité parentale. Depuis la loi du 4 mars 2002 relative à l'autorité parentale, le principe est celui d'une autorité parentale conjointe même en cas de divorce, sauf décision contraire du juge Si chacun des deux parents dispose de l'autorité parentale, ils sont aptes à consentir aux actes médicaux concernant Timothée SAVOIRS FONDAMENTAUX Législation.	Absence de consentement des représentants légaux
Le traitement envisagé est chirurgical. Il s'agit d'un acte invasif comportant des risques, qui entre dans la catégorie des « actes non usuels » pour lesquels chacun des titulaires de l'autorité parentale doit consentir Néanmoins, il s'agit d'une pathologie déjà sévère qui peut s'aggraver et qui commande d'intervenir rapidement, une fois le diagnostic posé. Il y a donc urgence, tout retard dans l'intervention pouvant avoir des conséquences néfastes sur la sauvegarde de la santé de Timothée SAVOIRS FONDAMENTAUX Processus infectieux, raisonnement clinique	

Que faut-il comprendre ?	Évaluation
Pendant que le médecin examine Timothée, sa belle-mère est dans le couloir parce qu'elle tente de joindre son papa pour le prévenir qu'elle est à l'hôpital avec son fils SAVOIRS FONDAMENTAUX Législation, rôles infirmiers organisation du travail et interprofessionnalité, encadrement des professionnels de soins	La belle-mère de Timothée ne dispose d'aucune information, elle n'a reçu aucune explication
L'infirmière rejoint la belle-mère dans le couloir et lui demande de signer un consentement éclairé indispensable à l'intervention du chirurgien. Elle insiste sur l'urgence de la situation pour obtenir cette signature Il n'est pas possible de faire signer un « consentement éclairé » à une personne qui n'a reçu aucune information Par ailleurs, quand on fait signer un consentement, il n'est éclairé que par les informations délivrées en amont. La signature seule ne suffit pas à le rendre éclairé[1] L'infirmière culpabilise la belle-mère pour obtenir une signature, sans s'interroger sur la nécessité de cette signature et sur la capacité juridique de la belle-mère vis-à-vis de l'enfant SAVOIRS FONDAMENTAUX Législation, soins relationnels	L'IDE ignore que l'urgence est l'une des situations dérogatoires dans lesquelles il est possible d'intervenir sans consentement
La belle-mère signe le formulaire de consentement La belle-mère ne dispose pas de l'autorité parentale sur Timothée et n'est donc pas apte à autoriser une intervention chirurgicale le concernant. SAVOIRS FONDAMENTAUX Législation	Le formulaire de consentement, même signé, n'est donc juridiquement pas valable

1. Ne pas faire signer de « consentement éclairé » par quelqu'un n'ayant reçu aucune information.
Ce n'est pas la signature qui éclaire le consentement mais les informations reçues en amont

Synthèse de l'évaluation : Timothée, amené par sa belle-mère à l'hôpital, souffre d'une appendicite pour laquelle une intervention chirurgicale est vitale. Alors qu'elle essaye de joindre le papa de Timothée, sa belle-mère signe le formulaire de consentement éclairé ; l'infirmière lui explique en effet que sans ce formulaire le chirurgien n'acceptera pas d'opérer.

3 METTRE EN ŒUVRE LES ACTIONS

Quelles actions aurait-on dû mettre en œuvre ?	Pourquoi ?
Expliquer à la belle-mère de Timothée la situation : • en tant que belle-mère, elle n'a pas d'autorité parentale, et ne peut donc pas consentir à l'intervention chirurgicale nécessitée par l'état de santé de Timothée • l'urgence de l'intervention permet d'intervenir sans consentement. Ce qui compte est en effet de sauvegarder l'état de santé de Timothée En outre, lui demander les coordonnées des père/mère	L'information apportée permet de ne pas culpabiliser la belle-mère et ne pas lui faire porter le poids d'une responsabilité qui ne lui appartient pas
Joindre les deux parents de l'enfant pour les prévenir de la situation Informer Timothée de la démarche entreprise pour joindre ses parents. L'informer également de ce qui va se passer sur le plan de la prise en charge	Même si l'urgence permet d'agir sans consentement, les deux parents sont titulaires de l'autorité parentale et disposent donc du droit d'être informé sur l'état de santé de leur enfant et sur les décisions qui ont été prises en raison de l'urgence

4 NOTER ET ANALYSER LES RÉSULTATS OBTENUS

Résultats	Évaluation des résultats de la prise en charge
Timothée bénéficie de l'intervention Ses parents sont prévenus	Prise en charge efficace

S'ENTRAINER

VÉRIFIER SES CONNAISSANCES

1 QROC (Questions à réponses ouvertes courtes)

1. Citer les 3 modes d'hospitalisation possible en psychiatrie.

2. Définir les termes de tutelle et de curatelle. Quelles sont les différences entre les deux au niveau de l'autonomie de la personne âgée ?

3. Une personne âgée peut-elle désigner une personne de confiance ? Dans quelles conditions ?

4. Une personne âgée atteinte de la maladie d'Alzheimer doit recevoir des soins médicaux spécifiques. Qui peut consentir à la mise en œuvre de ces soins ? Dans quelles conditions ?

5. La contention d'une personne âgée est-elle juridiquement possible ? Si oui, quelles en sont les critères ?

6. Quelles sont les conditions de mise en chambre d'isolement en psychiatrie ?

7. Vrai - Faux
a) Une personne âgée sous tutelle ne peut plus recevoir les informations relatives aux soins qu'elle reçoit. Seul le tuteur reçoit cette information.
b) Un mineur peut consentir seul aux soins nécessaires à la sauvegarde de sa santé, sans prévenir ses parents.
c) Un mineur peut s'opposer à la consultation de son dossier par ses parents.
d) Dans le cadre d'une hospitalisation sous contrainte, le médecin peut s'opposer à ce que le patient prenne connaissance de son dossier sans accompagnement.

2 QCM

Sélectionner les propositions vraies. Il y a au moins une bonne réponse et au moins un leurre :

1. Les directives anticipées sont :

A. Obligatoires pour le patient atteint de cancer
B. Valables pendant 3 ans
C. Impérativement suivies par le médecin
D. Déposées chez un notaire pour être valables
E. Modifiables à tout moment par le patient

2. Avant de prendre une décision d'interruption d'un traitement, pour un patient en fin de vie, le médecin prend en compte l'avis :

A. Du patient s'il peut s'exprimer
B. D'une commission éthique indépendante
C. De la personne de confiance, à défaut, son entourage
D. De l'équipe de soins
E. D'un confrère

TRANSFÉRER À D'AUTRES SITUATIONS

3 CAS CLINIQUE

Camille, âgée de 15 ans et issue d'un milieu rural difficile, est élève en BEP sanitaire et social. Étourdie, elle a oublié plusieurs fois de prendre sa pilule. Elle vient voir l'infirmière scolaire après 2 semaines de retard pour ses règles. Elle est affolée car elle a peur d'être enceinte.
Le test de grossesse est positif. Camille appréhende la réaction de ses parents car son père est colérique. Elle ne sait pas non plus si elle doit l'annoncer à son ancien petit ami.
Face à tout cela, elle ne voit pas comment résoudre la situation et demande conseil à l'infirmière scolaire en qui elle a toute confiance.
Devant cette demande l'infirmière ne sait pas comment l'aider ni quel conseil lui donner. Que doit-elle faire ?

VÉRIFIER SES CONNAISSANCES

1 QROC (Questions à réponses ouvertes courtes)

1. Il existe : l'hospitalisation libre, l'hospitalisation sur demande d'un tiers et l'hospitalisation d'office.

2. La curatelle est un régime **d'assistance** dans lequel la personne majeure va être assistée pour certains actes importants de la vie civile tel que vendre ou acheter un bien immobilier.
La tutelle est un régime **de représentation** dans lequel les droits de la personne majeure sont exercés par le tuteur.
La curatelle préserve de manière plus importante l'autonomie de la personne âgée puisque celle-ci peut disposer d'un compte bancaire et gérer son argent. La tutelle fait disparaître une grande partie de l'autonomie de la personne et notamment au niveau de la gestion de ses revenus financiers. Tous les mois, une somme d'argent « de poche » doit lui être allouée par le tuteur pour lui permettre de petits achats d'agrément.
Au niveau des soins médicaux, la curatelle n'a pas d'impact juridique sur l'information et le consentement de la personne qui continue à avoir seule la capacité d'être informée et de consentir aux soins la concernant.
La tutelle double les obligations des professionnels : ils se doivent d'informer le tuteur et dans la mesure du possible la personne sous tutelle, et de recueillir le consentement du tuteur et de rechercher celui-ci de la personne.

3. Dès lors qu'une personne âgée n'est pas sous tutelle, elle peut en principe désigner une personne de confiance, qui peut être un parent, un proche voire le médecin traitant. Cette désignation doit se faire par écrit et est révocable à tout moment.
Bien entendu, il est essentiel de tenir compte des capacités de compréhension de la personne. En effet, une personne âgée peut ne pas être sous tutelle et malgré tout avoir ses facultés mentales altérées. Dans cette situation, il serait compréhensible que la proposition de désignation d'une personne de confiance ne lui soit pas faite (alors que cela relève d'une obligation des établissements de santé).

4. En principe c'est la personne qui est concernée par les soins qui y consent. En présence d'une personne hors d'état d'exprimer sa volonté (sans pour autant qu'il y ait une mesure de tutelle), ce qui peut être le cas de la personne âgée atteinte de la maladie d'Alzheimer, le législateur précise que dans cette hypothèse, la personne de confiance si elle existe, la famille ou les proches de la personne sont consultés au sujet des soins à mettre en œuvre.
Ils n'ont en revanche pas de pouvoir décisionnaire. Seule la personne peut consentir pour elle. Quand elle n'est plus en capacité de le faire, et qu'elle n'est pas sous tutelle, ce pouvoir n'est pas transféré à sa famille. Il appartient à l'équipe médicale qui se doit seulement de consulter la famille ou les proches.
Si une mesure de tutelle est mise en place, le consentement sera alors émis par le tuteur, et celui de la personne recherchée si elle est apte à participer à la décision.

5. Oui, une contention est juridiquement possible, à condition qu'elle respecte les critères énoncés par la HAS.
– Critère 1 : la contention est réalisée sur prescription médicale. Elle est motivée dans le dossier du patient.
– Critère 2 : la prescription est faite après l'appréciation du rapport bénéfice/risque pour le sujet âgé par l'équipe pluridisciplinaire.
– Critère 3 : une surveillance est programmée et retranscrite dans le dossier du patient. Elle prévient les risques liés à l'immobilisation et prévoit notamment les soins d'hygiène, la nutrition, l'hydratation et l'accompagnement psychologique.
– Critère 4 : la personne âgée et ses proches sont informés des raisons et buts de la contention. Leur consentement et leur participation sont recherchés.
– Critère 5 : le matériel de contention sélectionné est approprié aux besoins du patient. Il présente des garanties de sécurité et de confort pour la personne âgée. Dans les cas de contention au lit, le matériel est fixé sur les parties fixes, au sommier ou au cadre du lit, jamais au matelas ni aux barrières. Dans le cas d'un lit réglable, les contentions sont fixées aux parties du lit qui bougent avec le patient. En cas de contention en position allongée, les risques liés aux régurgitations et aux escarres sont prévenus.
– Critère 6 : l'installation de la personne âgée préserve son intimité et sa dignité.
– Critère 7 : selon son état de santé, la personne âgée est sollicitée pour effectuer des activités de la vie quotidienne et maintenir son état fonctionnel. La contention est levée aussi souvent que possible.
– Critère 8 : des activités selon son état lui sont proposées pour assurer son confort psychologique.
– Critère 9 : une évaluation de l'état de santé du sujet âgé et des conséquences de la contention est réalisée au moins toutes les 24 heures et retranscrite dans le dossier du patient.

– Critère 10 : la contention est reconduite, si nécessaire et après réévaluation, par une prescription médicale motivée toutes les 24 heures.

6. L'isolement ne peut être envisagé que dans un but thérapeutique. L'indication doit toujours être posée par un médecin. Cependant, en l'absence d'un médecin et s'il y a urgence, la décision peut être prise par l'équipe paramédicale pour des raisons tenant à la sécurité du patient, des autres patients ou du personnel. L'indication d'isolement doit être confirmée dans un délai d'une heure par une prescription médicale.
L'évolution favorable de l'état de santé du patient doit conduire à remettre en cause la décision de mise en isolement. Il est donc recommandé que l'isolement initial et chaque renouvellement éventuel soient prescrits pour une période maximale de 24 heures.
La décision de mettre fin à l'isolement du patient relève de la prescription médicale après réévaluation de la situation clinique.

7. a) Faux b) Vrai c) Faux d) Vrai

2 QCM

Sélectionner les propositions vraies. Il y a au moins une bonne réponse et au moins un leurre :

1. B et E.

2. A, C, D et E.

TRANSFÉRER À D'AUTRES SITUATIONS

3 CAS CLINIQUE

Sans influencer la jeune fille, l'infirmière doit lui présenter les options qui s'offrent à elle afin de l'informer des choix dont elle dispose. Elle doit lui présenter les possibilités dont elle pourra bénéficier si elle souhaite garder l'enfant qu'elle porte (aides financières, question relative à l'autorité parentale, filiation de l'enfant...) mais également les démarches à entreprendre si elle souhaite interrompre sa grossesse (délai légal, procédure, accord parental ou non...).

Organisation judiciaire et responsabilité juridique

5 Le système juridique français

COMPRENDRE

DROIT INTERNATIONAL, DROIT NATIONAL

Cette première division du droit procède de la division du monde en États. Le droit national ou interne est ainsi appelé parce qu'il désigne le droit en vigueur dans un État déterminé, ayant des sources, des organes et des sanctions propres à cet État, sans qu'un élément d'un autre État n'intervienne dans ces relations. Mais il y a aussi des relations sociales internationales soit entre les États, soit entre les individus : elles font l'objet du droit international.

DROIT PUBLIC, DROIT PRIVÉ, DROIT PÉNAL

D'après les conceptions classiques, le droit interne ou national se divise en deux branches, le droit public et le droit privé.

Le droit public

Il comprend l'ensemble des règles qui, dans un État donné, président à l'organisation même de cet État et des collectivités publiques et qui gouvernent leurs rapports avec les particuliers. Le droit public se subdivise en plusieurs branches.

- **Le droit constitutionnel**

Il détermine les règles relatives à la forme de l'état, à la constitution du gouvernement et des pouvoirs publics.

- **Le droit administratif**

Il réglemente l'organisation des collectivités publiques (État lui-même, régions, départements, communes...) et des services publics, ainsi que leurs rapports avec les particuliers.

- **Le droit financier**

Il comprend les règles relatives aux finances publiques.

Le droit privé

Il comprend l'ensemble des règles qui gouvernent les rapports des particuliers entre eux ou avec les collectivités privées, telles que les sociétés, les associations.

Le droit civil

C'est le droit civil qui constitue l'essentiel de ces règles. Le droit civil a pour objet la réglementation des rapports de droit privé, c'est-à-dire des droits que les particuliers peuvent exercer dans leurs rapports entre eux et des obligations réciproques pesant sur eux. Il détermine quelles sont les personnes qui peuvent être titulaires de ces droits ou sujets de ces obligations, quels sont les droits privés reconnus à ces personnes et les obligations corrélatives, comment ces personnes acquièrent, transmettent ou perdent leurs droits ou leurs obligations, comment sont sanctionnés ces rapports de droit privé.

À partir du droit civil, des branches du droit se sont plus ou moins éloignées de lui, pour acquérir ce qu'il est convenu d'appeler leur autonomie.

Le droit commercial

Il s'agit d'un démembrement du droit privé qui s'est manifesté lorsque, sur l'initiative de Colbert, furent codifiées, en 1673, les règles relatives au commerce.

Le droit du travail

Ce droit regroupe les règles relatives aux rapports (individuels ou collectifs) entre les chefs d'entreprise et leurs salariés. Né au siècle dernier, au fil des victoires remportées par les mouvements sociaux, le droit du travail a cessé de n'être que le droit d'un contrat civil, le contrat de travail. Il s'est rapproché d'un droit des relations de travail au sein des entreprises.

Le droit pénal

En ce qu'il institue et aménage, le droit de punir est par essence public. Seul l'État dispose, en effet, de la légitimité et du pouvoir de limiter la liberté d'une personne dans le cadre d'une sanction pénale. Mais à certains égards, le droit pénal a également des liens avec le droit privé : il protège les individus dans leur vie, leur honneur, leur propriété… et, en ce sens, peut être considéré comme la sanction ultime du droit privé.

Les deux branches du droit (public et privé) se disputent donc la propriété du droit pénal depuis toujours. Un compromis peut être néanmoins trouvé en le qualifiant de droit autonome, à la fois public et privé.

L'ORGANISATION JURIDICTIONNELLE

L'une des fonctions essentielles de l'État est de faire régner l'ordre dans la société : l'État se doit d'intervenir dans les différends qui séparent les individus. À cette fin, il organise la justice publique. Les différentes juridictions françaises s'inscrivent dans deux ordres juridictionnels : l'ordre administratif et l'ordre judiciaire.

L'ordre judiciaire

Les juridictions de l'ordre judiciaire remplissent deux sortes de fonctions : d'une part, elles sont chargées de juger les procès entre les particuliers, relatifs à l'application du droit privé ; d'autre part, elles frappent de peines ceux qui ont commis des infractions.

Certaines juridictions exercent en même temps les deux fonctions, ce qui réalise l'unité des juridictions civiles et pénales. Ainsi le tribunal d'instance connaît à la fois des litiges civils de moindre importance et, dans sa formation répressive, en tant que tribunal de police, des contraventions, c'est-à-dire des infractions mineures ; le tribunal de grande instance et la cour d'appel jugent, à la fois, les procès civils plus importants et respectivement comme tribunal correctionnel ou chambre correctionnelle, les délits correctionnels.

La cour d'assises, compétente pour juger les crimes, fait exception.

Les juridictions du premier degré

Parmi les juridictions du premier degré, auxquelles un plaideur doit s'adresser tout d'abord, on distingue les juridictions de droit commun et les juridictions d'exception. On appelle juridiction de droit commun celles qui ont compétence pour juger en première instance toutes les affaires de droit privé pour lesquelles la loi n'a pas donné expressément compétence à une autre juridiction. Les autres juridictions, dites d'exception, ne peuvent juger que les affaires pour lesquelles un texte leur donne expressément compétence.

Juridictions de droit commun : tribunaux de grande instance

Le TGI connaît, à charge d'appel, toutes les affaires pour lesquelles compétence n'est pas attribuée expressément à une autre juridiction, en raison de la nature de l'affaire ou du montant de la demande. Pour certaines matières, il dispose également d'une compétence exclusive.

Le tribunal de grande instance est donc à la fois juridiction de droit commun et tribunal d'exception dans certaines matières (double mission).

Le tribunal d'instance connaît des affaires personnelles et mobilières jusqu'à 10 000 euros en premier ressort seulement, au-delà de cette somme c'est devant le tribunal de grande instance que l'affaire doit être portée.

Les diverses juridictions d'exception

Parmi ces juridictions, il faut citer :

- les tribunaux de proximité. Ils ont été créés par la loi du 9 septembre 2002. L'objectif était de décongestionner durablement le fonctionnement des tribunaux ;
- les tribunaux d'instance. Le tribunal n'est compétent que dans les cas spécifiés par un texte, mais ces cas sont si nombreux qu'on peut considérer le TI comme le juge ordinaire des petits procès ;
- les tribunaux de commerce, prévus par le Code de commerce pour connaître des procès concernant les actes de commerce ou entre commerçants ;
- les conseils de prud'hommes ont été institués pour connaître des procès entre employeurs et salariés ;
- les tribunaux paritaires des baux ruraux institués pour statuer en matière de baux ruraux ;
- les tribunaux des affaires de sécurité sociale. Leur compétence porte sur le contentieux général relatif aux contestations opposant les organismes de sécurité sociale à leurs usagers.

Les Cours d'appel

L'appel est une voie de recours qui permet de déférer la décision rendue à une juridiction supérieure, qui juge à nouveau la cause, en fait et en droit, puis confirme ou infirme en la réformant, la sentence primitive.

Son existence manifeste le principe du double degré de juridiction.

L'appel est admis en principe contre tout jugement, celui-ci est pour cette raison rendu en premier ressort. Cependant l'appel n'est pas possible pour les affaires de petite importance : on dit que celles-ci sont jugées en premier et dernier ressort.

La Cour de cassation

L'appel ne suffit pas à assurer une bonne administration de la justice ; il faut encore éviter que les diverses juridictions ne statuent différemment sur un même point : il serait choquant que le gain d'un procès dépende de la juridiction compétente. Aussi une juridiction est-elle placée au-dessus de toutes les autres, la Cour de cassation et elle assure l'unité dans l'application de la règle de droit.

La Cour de cassation est saisie par un pourvoi, qui peut être formé contre toute décision rendue en dernier ressort. Elle n'est cependant pas un nouveau degré de juridiction et le pourvoi ne doit pas être confondu avec l'appel.

Elle ne rend pas elle-même des décisions concernant le fond et exécutoires pour les parties en cause. Elle apprécie la valeur des décisions qui lui sont déférées. Si elle estime que la décision a été bien rendue, elle rejette le pourvoi en cassation ; c'est la décision attaquée qui étant maintenue sera exécutée.

Si elle considère que la décision a été mal rendue, elle la casse ; mais la Cour de cassation ne juge pas l'affaire, elle la renvoie devant une juridiction du même degré et de même nature que celle dont émane la décision cassée.

Une juridiction d'appel connaît toute l'affaire, en fait et en droit. Il en va différemment de la Cour de cassation, elle doit tenir pour exacts les faits tels qu'ils sont relatés dans la décision attaquée ; elle ne peut apprécier les décisions qu'au point de vue de l'application de la loi.

L'ordre administratif

Ce sont les juridictions de l'ordre administratif qui sont chargées de régler les litiges qui impliquent l'administration (litiges entre les administrations ou entre un citoyen et l'État).

Les juridictions administratives de droit commun

Il convient de distinguer les deux degrés de ces juridictions du fond : au premier degré, les tribunaux administratifs, au deuxième degré, les cours administratives d'appel.

Les tribunaux administratifs

S'ils furent, dès leur création, considérés comme de véritables juridictions, les matières relevant de leur compétence étaient peu nombreuses. La suite des temps fut marquée par des améliorations successives : organisation d'une véritable procédure, extension des attributions contentieuses.

Puis opérant une réforme importante du contentieux administratif afin de porter remède à l'encombrement du conseil d'État, un décret du 30 septembre 1953 a remplacé les conseils de préfecture par des tribunaux administratifs, en faisant de ceux-ci, au premier degré, les juridictions de droit commun en matière administrative.

■ **Les cours administratives d'appel**

Afin de remédier, cette fois encore, à l'encombrement du conseil d'État, une loi du 31 décembre 1987 a institué des CAA. Juridictions de droit commun au deuxième degré, les CAA sont compétentes pour statuer sur les appels formés contre les jugements des tribunaux administratifs autres que ceux portant sur les litiges relatifs aux élections municipales et cantonales.

Le Conseil d'État

L'originalité du Conseil d'État résulte tout spécialement de la dualité de ses attributions, administratives et contentieuses.

■ **Les attributions administratives**

Comme l'appellation semble le dire, le Conseil d'État est en quelque sorte, un conseil de l'État ou plus exactement du gouvernement. Le Conseil d'État est appelé à donner des avis au gouvernement, soit en matière législative, soit en matière réglementaire. En matière législative, il doit être consulté sur tous les projets de loi, c'est-à-dire sur des textes d'origine gouvernementale.

En matière administrative, la mission du Conseil d'État est aussi très importante. S'agissant du domaine réglementaire, il est obligatoirement consulté sur les projets d'ordonnance, ainsi que sur de nombreux textes réglementaires, soit parce que la loi l'ordonne, soit parce que le gouvernement le désire.

■ **Les attributions judiciaires**

À la différence de la Cour de cassation, le Conseil d'État n'est pas seulement un juge de cassation ayant pour mission de se prononcer sur les recours formés contre des décisions rendues en dernier ressort. Il peut être aussi appelé à se prononcer en qualité de juge du fond, soit comme juge de première instance, soit comme juge d'appel.

Le Conseil d'État est compétent en premier et dernier ressort dans des cas exceptionnels. Il est compétent en appel pour connaître des appels formés contre les jugements des TA ayant statué sur les recours en appréciation de la légalité et sur les recours relatifs aux élections municipales et cantonales.

Le tribunal des conflits

L'existence de deux ordres de juridictions est de nature à susciter des conflits de compétence dès lors que des juridictions de l'un et de l'autre ordre n'interprètent pas de la même manière le principe de séparation des autorités administrative et judiciaire, que ce soit dans le sens de la compétence ou dans celui de l'incompétence.

En cas de désaccord, c'est le tribunal des conflits qui tranchera et qui déclarera quel ordre est en définitive compétent.

Les juridictions pénales

On distingue deux catégories de juridictions pénales : les juridictions d'instruction et les juridictions de jugement

La juridiction d'instruction

C'est une juridiction qui dispose de pouvoirs pour mener une enquête pénale et pour procéder ou faire procéder à différentes investigations : entendre des témoins, audition de partie civile, perquisitionner, placer sous scellés, commettre un expert, placer un suspect en détention provisoire ou sous contrôle judiciaire, et statuer sur différentes questions qui se posent au cours d'une enquête pénale (comme la restitution de scellés).

La juridiction de jugement

Elle dispose des mêmes pouvoirs, mais usuellement n'en fait qu'un usage limité, parce que sa fonction essentielle est de se prononcer sur la culpabilité d'un individu au regard de la loi pénale et, si l'individu a été déclaré coupable, de prononcer une peine.

Seules les juridictions pénales sont compétentes pour juger les infractions, mais elles sont également juges des conséquences civiles de la commission d'une infraction.

Le premier degré de juridiction

- Les juridictions de jugement du premier degré : le tribunal de police juge les contraventions. Le tribunal correctionnel juge les délits. La cour d'assises juge des crimes.
- Les juridictions d'application des peines du premier degré : le juge de l'application des peines et le tribunal de l'application des peines prennent les décisions concernant l'application des sanctions pénales, en particulier à l'égard des détenus.

Les juridictions pénales des mineurs : les infractions commises par des mineurs sont jugées, selon leur gravité mais aussi selon l'âge du mineur, par le juge des enfants, par le tribunal pour enfants ou par la cour d'assises des mineurs.

L'appel

- Les juridictions d'appel : la cour d'appel qui juge une seconde fois, sur le fond, les contentieux déjà jugés en première instance. Il y a, auprès de la cour d'appel une unification du contentieux : chaque cour juge des affaires civiles, mais aussi des affaires pénales, dans des chambres différentes. Au sein de ces cours d'appel, dans le cas d'un contentieux de droit pénal :
  - la chambre de l'instruction est la juridiction d'instruction d'appel,
  - la chambre des appels correctionnels est la juridiction de jugement d'appel, en ce qui concerne les délits et les contraventions,
  - la chambre de l'application des peines est une juridiction d'appel, en ce qui concerne l'application des peines, notamment de privation de liberté.
- Les juridictions criminelles d'appel : une forme spéciale d'appel est prévue contre les arrêts des Cours d'assises : l'appel est examiné par une autre juridiction criminelle comportant un nombre plus élevé de jurés.

La cassation

Comme pour les juridictions civiles, le troisième degré de juridiction est celui de la cour de cassation. C'est donc elle qui peut être amenée à examiner la juste application du droit par la cour d'appel ou la cour d'assise d'appel.

Cour de cassation
C'est la plus haute juridiction de l'ordre judiciaire.
Elle n'a pas pour fonction de juger à nouveau les litiges (du point de vue des faits).
Elle doit vérifier la bonne application de la loi. Il n'y a qu'une cour de cassation, elle siège à Paris

↑

Cour d'appel
Saisie par l'une des parties au procès, cette juridiction du second degré procède à un nouvel examen des affaires jugées, par les tribunaux du 1er degré.
Elle rejuge « sur le fond ». Il y a une trentaine de cours d'appel en France

↑ ↑ ↑

Juridictions spécialisées

Tribunal de commerce
Le TC tranche les conflits entre commerçants dans l'exercice de leur profession, conflits entre associés d'une société commerciale, conflits nés de la vente d'un fonds de commerce, les conflits liés aux liquidations judiciaires

Conseil des prud'hommes
Juge les litiges entre salarié et employeur

Juridictions civiles

Tribunal de proximité
La juridiction de proximité statue en premier et dernier ressort en matière civile : pour les litiges personnels et mobiliers n'excédant pas 4 000 euros

Tribunal d'instance
Il juge les litiges dont l'enjeu est inférieur à 10 000 euros

Tribunal de grande instance
Le TGI juge les conflits entre particuliers portant sur des sommes supérieures à 10 000 euros ainsi que les litiges concernant (quel que soit le montant de la demande) : la famille, les saisies immobilières, brevet d'invention, marques, dissolution des associations

Juridictions pénales

Cour d'assises
Elle juge les crimes, c'est-à-dire les infractions les plus graves

Tribunal correctionnel
Le tribunal correctionnel juge les délits

Tribunal de police
Il juge les contraventions de 5e classe et les contraventions dites de presse de 1re et 4e classe

Cour de cassation
Elle vérifie la bonne application de la loi

↑ ↑

Cours d'appel
Elle procède à un nouvel examen des affaires jugées, par les tribunaux du 1er degré

Cours d'assises d'appel
Elle est composée de 12 jurés

↑ ↑ ↑

Tribunal de police
Il juge des contraventions

Tribunal correctionnel
Il juge des délits

Cour d'assises
Elle juge des crimes. Elle est composée de 9 jurés

Figure 5.1. Les juridictions de l'ordre judiciaire

Conseil d'État
C'est la plus haute juridiction de l'ordre administratif. À la différence de la cour de cassation, il est habilité à rejuger les affaires sur le fond.
Par ailleurs, il a une mission de conseil de l'État, certains textes réglementaires ne peuvent être adoptés sans avis conforme de sa part. Il siège à Paris

↑

Cour administrative d'appel
Elle statue sur les recours formés contre les jugements des tribunaux administratifs

↑

Tribunal administratif
Il s'occupe des litiges entre les citoyens et l'état (et ses établissements)

Figure 5.2. Les juridictions de l'ordre administratif

LA HIÉRARCHIE DES TEXTES

Dans le système juridique français, les textes obéissent à un système d'organisation hiérarchique : en haut de la pyramide, les textes fondateurs, qui obligent les textes de rang inférieur, qui eux sont classés par leur degré de précision et de détails.

On parle de hiérarchie des textes dans la mesure où le texte de rang inférieur doit toujours respecter le texte de rang supérieur. Pour comprendre le droit, et acquérir un regard critique des textes que l'on côtoie dans le cadre de son activité professionnelle, suppose d'intégrer cette logique hiérarchique.

La constitution

Pour un pays, la constitution représente le texte fondateur, celui qui conditionne tous les autres. Même s'il peut évoluer (selon une procédure plus complexe que pour un texte de loi), le texte d'une constitution est marqué malgré tout d'une certaine permanence. Là où les lois peuvent évoluer très fréquemment, les évolutions constitutionnelles se font plus rares. Il en va d'ailleurs de la stabilité du fonctionnement de l'État.

La constitution actuelle de l'État français date du 4 octobre 1958. Le texte d'origine a fait l'objet de plusieurs modifications : élection du président de la République au suffrage universel, durée du mandat présidentiel (de 7 'ans à 5 ans)... Elle inclut par ailleurs deux textes fondamentaux : la Déclaration des droits de l'homme et du citoyen de 1789 et le préambule de la constitution de 1946. L'ensemble constitue ce que l'on appelle le « bloc constitutionnel » c'est-à-dire l'ensemble des principes et des valeurs qui président à l'organisation et au fonctionnement de l'État français. Les textes de loi ne sont légitimes que dans le respect de ces principes.

Les traités internationaux

Il s'agit d'engagements entre États. Lorsque l'État français signe un traité international, il s'engage à en respecter les dispositions, et par là même il peut être dans l'obligation de modifier ses propres textes internes pour les mettre en conformité avec le traité signé. C'est ce que l'on appelle la transposition d'un traité dans le droit interne. Bien souvent les traités signés prévoient le délai dans lequel ils doivent être transposés en droit interne. Ce délai a d'autant plus de valeur qu'une autorité juridictionnelle est chargée d'en contrôler le respect. C'est le cas des dispositions adoptées au niveau européen. La France en choisissant de rejoindre la communauté économique européenne (dénomination initiale de l'Union européenne d'aujourd'hui) a accepté de transposer par la suite l'ensemble des directives votées par le Parlement européen dans son droit interne. C'est la Cour de justice des Communautés européennes qui est la juridiction chargée du contrôle du respect de cette obligation. La France a déjà été sanctionnée pour ne pas avoir respecté ce délai de transposition (par le paiement d'amendes).

La loi

Il s'agit du texte le plus connu des citoyens. La loi est votée par le Parlement qui, en France, est bicaméral, c'est-à-dire composé de deux chambres : l'Assemblée nationale et le Sénat. Pour qu'une loi soit adoptée, il faut qu'elle soit votée dans les mêmes termes par les deux chambres. Pour ce faire, se met en place ce que l'on appelle la navette parlementaire : chaque chambre dispose du droit d'examiner le texte deux fois (en cas de désaccord sur l'ensemble des dispositions). Si à l'issue des deux lectures pour chaque chambre, il n'y a pas d'accord sur un texte unique, on réunit une commission mixte paritaire (composée de députés et de sénateurs) qui a pour mission d'aboutir au texte définitif. Une fois adoptée, la loi doit ensuite être signée par le président de la République, qui n'a pas la possibilité de ne pas le faire (la loi étant l'acte du Parlement, en tant que représentant du peuple souverain). Elle est ensuite publiée au Journal Officiel, ce qui donne le point de départ de son entrée en vigueur et donc de son opposabilité aux citoyens.

La loi doit être conforme aux textes de valeur supérieure, les traités internationaux et le bloc constitutionnel. C'est une juridiction qui en est garante : le conseil constitutionnel. Il n'intervient pas d'office mais sur saisine de personnes habilitées : président de l'Assemblée nationale, président du Sénat, président de la Cour des comptes, 60 députés ou sénateurs. Cette saisine peut aboutir à une décision de non-conformité d'une ou plusieurs dispositions du texte. Dans ce cas, ces dispositions sont soit supprimées, soit font l'objet d'une nouvelle écriture et d'un examen devant le Parlement.

On parle de projet de loi lorsque le texte soumis à l'étude du Parlement a été élaboré par le gouvernement; et de proposition de loi lorsque le texte a été élaboré par un ou plusieurs membres du Parlement.

Les ordonnances

Dans certaines circonstances, le Parlement peut autoriser le gouvernement à adopter des textes qui auront la même valeur que des textes de loi. Cette autorisation est doublement encadrée : la matière concernée est bien précisée, et le temps de validité de cette habilitation est posé. Le recours aux ordonnances répond à un souci d'efficacité. Le domaine de la santé a très souvent évolué du fait d'ordonnances adoptées : création de la Sécurité sociale, création des Centres hospitaliers universitaires, mise en place de l'accréditation des établissements de santé.

Les décrets et les arrêtés

Il s'agit de mesures d'exécution qui relèvent du pouvoir exécutif (président de la République, Premier ministre, ministre). La loi pose un cadre général qui bien souvent a besoin d'être affiné par des mesures plus précises. C'est ce que l'on appelle les textes d'application. Une loi ne peut s'analyser, ni se comprendre sans étudier en parallèle l'ensemble des textes d'application qui sont pris à la suite de son entrée en vigueur. Bien entendu les dispositions contenues dans les décrets et arrêtés doivent être conformes aux textes de loi, d'une valeur supérieure au plan de la hiérarchie des normes.

Les circulaires

Ce ne sont pas des textes qui sont pourvus d'une valeur juridique. Ils visent à interpréter, à éclairer une disposition légale, ou réglementaire. Mais en ce qu'elles font référence dans leur visa aux textes qu'elles interprètent, ou éclairent, ces circulaires font partie de l'ordonnancement juridique. Elles sont en général très appréciées par les professionnels, car écrites de manière claire et compréhensible. Malgré tout leur lecture n'est pas suffisante, elle ne fait que compléter la disposition légale ou réglementaire dont il faut prendre connaissance.

Et les codes dans tout ça ? Bien souvent lorsque l'on demande aux personnes de citer un texte juridique, elles disent les codes. Or il ne s'agit pas de textes mais de recueil de textes. Ce n'est pas le code qui dispose d'une valeur juridique, mais les textes qui le composent. Une loi n'a par ailleurs pas plus de valeur si elle s'insère dans un code que si elle ne s'y insère pas. La constitution des codes vise simplement à faciliter la connaissance du cadre juridique d'un sujet. Parmi les plus connus : le Code civil, crée en 1804 par Napoléon ou encore le Code pénal. Pour ce qui est du domaine de la santé, c'est avec le Code de la santé publique que l'on travaille. Les codes sont revus tous les ans. Les articles inclus dans un code qui résultent d'une loi sont précédés d'un L. Ceux qui résultent d'un décret ou d'un arrêté sont précédés d'un R.

Quelle place pour la jurisprudence ?

La jurisprudence désigne l'ensemble des décisions rendues par les juridictions nationales. En France, les décisions des cours et tribunaux n'ont pas de valeur juridique au sens normatif du terme. Cela signifie qu'une décision rendue par la Cour de cassation ne doit pas obligatoirement être reprise dans les mêmes termes par les juridictions inférieures (comme c'est le cas dans certains systèmes juridiques). La décision d'un juge ne règle pas une question de droit dans l'absolu mais s'applique uniquement à l'affaire soumise à examen.

Malgré tout, on s'aperçoit que les décisions des deux plus hautes juridictions françaises (Conseil d'État et Cour de cassation) sont souvent suivies par les tribunaux inférieurs. On a aujourd'hui tendance à dire qu'une décision va « faire jurisprudence », de manière abusive eu égard aux fondements du système juridique français, en oubliant qu'un revirement de jurisprudence, c'est-à-dire un changement dans l'interprétation d'un point de droit, est toujours possible.

Conseils pour faire des recherches juridiques sur Internet

Internet constitue une mine de renseignements juridiques à condition de respecter certaines règles de prudence quant à l'appréciation du contenu. Première règle fondamentale : regarder la date du texte. Les textes évoluent, il y a régulièrement des changements dans la réglementation, il faut donc tenir compte de la date du texte mis en ligne sur Internet pour en apprécier le contenu. Ainsi de nombreux articles antérieurs à la loi du 4 mars 2002 sont obsolètes et n'ont d'intérêt que dans une optique comparative.

Deuxième conseil, la qualité d'un article dépend pour une part importante de son auteur et notamment de ses compétences juridiques. À ce titre, mieux vaut se référer à des sites spécialisés où les textes sont rédigés par des juristes, afin d'avoir une interprétation rigoureuse de la législation.

Quelques adresses utiles :

www.assemblee-nationale.fr : petit lexique parlementaire.

www.legifrance.gouv.fr : site où l'on peut consulter l'ensemble des textes, les bulletins officiels, les différents Codes ou encore des décisions de jurisprudence.

S'ENTRAINER

VÉRIFIER SES CONNAISSANCES

1 QROC (Questions à réponses ouvertes courtes)

1. Complétez les cases par les noms des juridictions correspondantes. Quelles sont brièvement les missions de ces juridictions ?

Les juridictions de l'ordre judiciaire

....

↑

....

↑ ↑ ↑

Juridictions spécialisées	Juridictions civiles	Juridictions pénales
....	....	....
....	....	....
	....	....

Les juridictions de l'ordre administratif

....

↑

....

↑

....

2. Remettre ces textes par ordre hiérarchique du plus important au moins important :

A. Décret
B. Loi
C. Traité international ratifié par la France
D. Constitution
E. Arrêté
F. Circulaire

3. Vrai - faux

a) La loi peut ne pas respecter les principes de la Constitution.

b) Le décret assure l'application de la loi et l'arrêté précise le décret.

c) Les circulaires peuvent être invoquées devant les tribunaux

CORRIGÉS

VÉRIFIER SES CONNAISSANCES

1 QROC (Questions à réponses ouvertes courtes)

1.

Les juridictions de l'ordre judiciaire

Cour de cassation
C'est la plus haute juridiction de l'ordre judiciaire. Elle n'a pas pour fonction de juger à nouveau les litiges (du point de vue des faits). Elle doit vérifier la bonne application de la loi. Il n'y a qu'une cour de cassation, elle siège à Paris

↑

Cour d'appel
Saisie par l'une des parties au procès, cette juridiction du second degré procède à un nouvel examen des affaires jugées, par les tribunaux du 1er degré. Elle rejuge « sur le fond ». Il y a une trentaine de cours d'appel en France

↑ ↑ ↑

Juridictions spécialisées

Tribunal de commerce
Le TC tranche les conflits entre commerçants dans l'exercice de leur profession, conflits entre associés d'une société commerciale, conflits nés de la vente d'un fonds de commerce, les conflits liés aux liquidations judiciaires

Conseil des prud'hommes
Juge les litiges entre salarié et employeur

Juridictions civiles

Tribunal de proximité
La juridiction de proximité statue en premier et dernier ressort en matière civile : pour les litiges personnels et mobiliers n'excédant pas 4 000 euros

Tribunal d'instance
Il juge les litiges dont l'enjeu est inférieur à 10 000 euros

Tribunal de grande instance
Le TGI juge les conflits entre particuliers portant sur des sommes supérieures à 10 000 euros ainsi que les litiges concernant (quel que soit le montant de la demande) : la famille, les saisies immobilières, brevet d'invention, marques, dissolution des associations

Juridictions pénales

Cour d'assises
Elle juge les crimes, c'est-à-dire les infractions les plus graves

Tribunal correctionnel
Le tribunal correctionnel juge les délits

Tribunal de police
Il juge les contraventions de 5e classe et les contraventions dites de presse de 1re et 4e classe

Les juridictions de l'ordre administratif

Conseil d'État
C'est la plus haute juridiction de l'ordre administratif. À la différence de la cour de cassation, il est habilité à rejuger les affaires sur le fond.
Par ailleurs, il a une mission de conseil de l'État, certains textes réglementaires ne peuvent être adoptés sans avis conforme de sa part. Il siège à Paris

↑

Cour administrative d'appel
Elle statue sur les recours formés contre les jugements des tribunaux administratifs

↑

Tribunal administratif
Il s'occupe des litiges entre les citoyens et l'état (et ses établissements)

2. D, C, B, A, E et F.

3. a) Faux b) Vrai c) Faux

6 La responsabilité juridique en établissement de santé

COMPRENDRE

LA NOTION DE RESPONSABILITÉ JURIDIQUE

Assumer les conséquences de ses actes

En droit, être responsable signifie assumer les conséquences de ses actes. Lors de son activité professionnelle, le soignant prend des décisions, effectue des actes, administre des produits actifs ; or, il peut arriver qu'à la suite d'un acte ou d'une décision, des conséquences dommageables se produisent pour un patient. Dans ce cas, il sera demandé au professionnel de s'expliquer et il devra assumer les éventuelles erreurs commises. C'est ce que l'on appelle la responsabilité.

Le monde du soin ne diffère pas en cela de la vie de tous les jours. En effet, chaque citoyen est responsable de ses actes et de ceux des personnes ou objet dont il a la garde.

Articles 1382 et 1384 du Code civil

C'est ce que veulent dire deux articles majeurs du code civil, les articles 1382 et 1384.

Article 1382 : « Tout fait quelconque de l'homme, qui cause à autrui un dommage, oblige celui par la faute duquel il est arrivé à le réparer ».

Cette phrase en apparence compliquée pose un principe fondamental pour la vie en société : n'importe quel fait, quel acte d'une personne, qui a des conséquences néfastes pour une autre personne engendre une obligation pour celui qui a agi, dès lors que l'on considère que son comportement est fautif, est anormal. Cette obligation est celle de la réparation.

De nombreuses situations de vie quotidienne peuvent déboucher sur un engagement de responsabilité : une personne qui emprunte un objet à son voisin et le lui rend endommagé ou l'égare; une personne qui effectue une manœuvre en voiture et endommage une voiture stationnée; un skieur qui percute un autre skieur sur une piste et le blesse...

Grâce aux mécanismes d'assurance, les conséquences d'un acte fautif qui engendre un dommage sont souvent « indolores » pour le responsable, puisque c'est son assurance qui va indemniser celui qui subit le dommage, néanmoins, il s'agit bien d'un engagement de responsabilité de l'auteur de l'acte, qui à terme peut conduire à une hausse de la prime d'assurance.

Article 1384 : « On est responsables du dommage que l'on cause non seulement par son propre fait, mais encore de celui qui est causé par le fait des personnes dont on doit répondre, ou des choses que l'on a sous sa garde ».

La responsabilité principale est bien entendu associée aux actes que l'on fait, mais il est des situations où l'on sera responsable des actes d'autres personnes. C'est le cas des parents vis-à-vis de leurs enfants, ou encore des propriétaires d'animaux ou d'objets (voitures, maisons...)

Ainsi, lorsqu'un enfant en jouant au ballon casse la vitre de la maison voisine, il appartiendra à ses parents d'assumer et de réparer le dommage subi.

Si le chien d'une personne mord un passant lors d'une ballade, là encore, la responsabilité du propriétaire du chien sera engagée

Un pot de fleur qui tombe du balcon d'une personne et qui blesse une personne engagera la responsabilité du propriétaire de l'objet en question.

La responsabilité et le sentiment de responsabilité

Le cadre professionnel est bien entendu propice aux engagements de responsabilité : d'une part parce que l'on y passe un temps important et d'autre part parce que l'on est amené à agir pour d'autres et qu'il est donc plus fréquent d'engendrer des dommages que si l'on est chez soi.

Mais il est cependant essentiel de ne pas se croire responsable de tout ce qui pourrait se produire. En effet, il n'est pas rare que les soignants se « sentent responsables » du moindre événement qui survient dans un établissement de santé ; comme si leur présence devait suffire à empêcher que des événements dommageables se produisent.

Cette sensation, si elle se comprend aisément, ne doit pas être prise comme une réalité juridique. Ce n'est pas parce que l'on se sent responsable qu'on le sera sur un plan juridique. La perception morale de l'individu est souvent en décalage avec la qualification juridique de la situation.

Un engagement de responsabilité répond à des conditions précises, et ce justement pour ne pas qu'elle soit intempestive et génératrice d'un sentiment d'injustice. Lorsque la responsabilité juridique est engagée, c'est que le juge estime que l'acte commis n'aurait jamais du l'être et que par conséquent il appartient à son auteur de l'assumer.

Il existe donc différentes responsabilités juridiques qui peuvent être encourues et leurs conditions d'engagement sont définies de manière précise.

LES DIFFÉRENTES RESPONSABILITÉS JURIDIQUES ENCOURUES ET LEURS MODALITÉS D'ENGAGEMENT

Plusieurs responsabilités juridiques peuvent être engagées par celui qui a subi des conséquences dommageables suite à l'intervention de quelqu'un. Chacune de ces responsabilités poursuit un objectif particulier et fonctionne de manière autonome.

Il existe aujourd'hui quatre responsabilités encourues par l'infirmière : la responsabilité civile ou administrative, la responsabilité pénale, la responsabilité disciplinaire et la responsabilité déontologique.

La responsabilité civile ou administrative

On regroupe la responsabilité civile et la responsabilité administrative parce qu'elles fonctionnent de la même manière et obéissent au même objectif. On parle cependant de responsabilité civile pour les soignants exerçant dans le secteur privé, et de responsabilité administrative pour les soignants exerçant dans le secteur public.

L'objectif poursuivi par ces deux responsabilités est la réparation du préjudice subi par le patient. On parle donc de responsabilité réparatrice.

En cherchant à engager la responsabilité civile ou administrative de l'infirmier, le patient souhaite obtenir une compensation financière par rapport à un dommage qu'il estime avoir subi. Cette compensation se fera sous la forme de dommages intérêts.

L'évolution de la jurisprudence en matière de responsabilité « médicale[1] »

Le raisonnement suivi par les juges n'a pas toujours été le même en matière de responsabilité liée à un acte de soins.

On est ainsi passé d'une irresponsabilité générale des professionnels de santé et notamment du médecin, l'aléa de la pratique médicale justifiant l'exclusion de la faute, à une responsabilité pour faute lourde (c'est-à-dire une faute grave et inexcusable) en 1835, puis à une responsabilité pour faute simple (sans qu'un degré de gravité ne soit exigé) qui constitue le régime actuel.

Le véritable tournant historique de la responsabilité médicale a été réalisé avec l'arrêt Mercier, rendu par la chambre civile de la Cour de cassation le 20 mai 1936 qui pose un principe fondamental à l'exercice de la profession de soignant : celui de l'obligation de moyens. Le professionnel de santé doit tout mettre en œuvre, doit mobiliser tous les moyens nécessaires, au regard des données acquises de la science, pour tenter de guérir ou soulager la douleur du patient. En opposition à l'obligation de moyens, on trouve ce que l'on appelle l'obligation de résultat qui signifie l'obligation d'atteindre un objectif déterminé. En matière de soin, cela signifierait l'obligation de guérison quelles que soient les circonstances, ce qui au-delà du non-sens, constitue un objectif inatteignable.

Les conditions d'engagement de la responsabilité civile ou administrative

Pour que la responsabilité civile ou administrative de l'infirmière soit engagée, trois conditions sont nécessaires.

La **première condition** est l'existence d'une faute commise par l'infirmière. La faute peut se définir comme un comportement anormal. Une faute peut être volontaire ou involontaire, sachant que dans la majorité des cas on ne peut reprocher aux soignants que des fautes involontaires.

1 Le terme « médical » est ici employé sans qu'il ne faille y voir une distinction entre les professionnels médicaux et les professionnels paramédicaux. Il faut le lire dans un sens générique, lié aux soins. Les juges envisagent la responsabilité médicale sous l'angle de l'ensemble des soignants ayant participé à un acte de soins.

La **deuxième condition** est l'existence d'un préjudice subi par le patient. Ce préjudice peut être moral, physique, financier, d'agrément, sexuel...

La **troisième condition** est l'existence d'un lien de causalité, un lien de cause à effet entre la faute commise par l'infirmier et le préjudice subi par le patient. Pour que la responsabilité soit engagée, il faut en effet que ce soit la faute commise par l'infirmier qui soit bien à l'origine du préjudice subi par le patient.

Si les trois conditions (faute/préjudice/lien de causalité) sont réunies, la responsabilité civile ou administrative (selon le lieu d'exercice de l'infirmier) sera engagée.

Exemple : une infirmière fait une erreur dans la dose du traitement à injecter à un patient. La surdose entraîne un arrêt cardiaque et le décès du patient. Dans cette situation, il y a une faute (erreur dans le dosage), un préjudice (le décès) et un lien de causalité (le surdosage a entraîné l'arrêt cardiaque à l'origine du décès).

La responsabilité civile du professionnel de santé ne peut s'entendre que dans le cadre d'une obligation de moyens. En effet, on ne va reprocher à une infirmière de ne pas avoir obtenu la guérison d'un patient, mais de ne pas avoir tout mis en œuvre pour que cela puisse se produire. Si tout a été mis en œuvre et que malgré tout le patient ne guérit pas de sa pathologie, aucune responsabilité ne pourra être mise en cause car il n'y a pas de faute imputable à un professionnel.

Les tribunaux concernés

Ce ne sont pas les mêmes tribunaux qui sont amenés à juger de l'existence d'une responsabilité civile ou administrative.

Pour la responsabilité civile, ce sont les tribunaux d'instance ou de grande instance qui sont concernés. La répartition des litiges entre ces deux juridictions se fait selon le montant des dommages et intérêts demandés : pour des litiges de moins de 10 000 euros c'est le tribunal d'instance qui va être concerné, pour des litiges supérieurs à 10 000 euros, c'est le tribunal de grande instance qui devra être saisi.

Le paiement des dommages intérêts

Si la responsabilité civile ou administrative du soignant est engagée, des dommages et intérêts devront donc être versés à la victime du dommage dans le cadre de la réparation. La question qui dès lors se pose est la suivante : est-ce l'infirmier ayant commis la faute qui devra payer les dommages intérêts obtenus par le patient ? Si tel est le cas, faut-il souscrire une assurance en responsabilité professionnelle, comme celles qui nous couvrent dans la vie de tous les jours ?

Pour le secteur public, comme pour le secteur privé, la réponse sera la même pour l'infirmière : il est inutile de souscrire une assurance en responsabilité civile professionnelle pour la simple raison que c'est l'employeur qui assume les conséquences juridiques des actes de ses préposés ; l'employeur ou plus exactement son assureur.

En effet, il est à noter que depuis la loi du 4 mars 2002 relative aux droits des malades et à la qualité du système de santé, une obligation d'assurance a été instituée pour tous les établissements de santé publics comme privés. Cette assurance couvre les actes des salariés « agissant dans la limite de la fonction qui leur a été impartie » (article L.1142-2 du Code de la santé publique).

Si un patient demande en justice le versement de dommages intérêts pour un préjudice consécutif à une faute commise par une infirmière, dans la réalisation d'un soin par exemple, c'est l'assureur de l'employeur, de l'établissement de santé qui indemnisera le patient. Commettre une faute de soins ne fait pas sortir l'infirmière de la limite de sa fonction dès lors que l'acte pratiqué fait partie de ses compétences.

À noter : l'assureur n'a pas la possibilité de se retourner après coup contre l'infirmière pour se faire rembourser les dommages intérêts au nom d'un principe du droit des assurances.

Il existe cependant une exception à cette interdiction, celle de la malveillance, de l'acte volontaire. Si l'infirmière a volontairement causé le dommage au patient, si elle a été malveillante, il semble normal que l'assureur n'ait pas à supporter la charge de l'indemnisation et puisse se retourner contre l'infirmière.

Par exemple, en cas de maltraitance physique (coups et blessures), il est tout à fait normal que ce soit l'infirmière elle-même qui assume pécuniairement les conséquences de ses actes et non l'assurance de l'établissement.

Si l'infirmière n'assume pas en règle générale l'indemnisation financière des patients (sauf cas particulier de la malveillance), cela ne signifie pas pour autant qu'elle ne pourrait pas être sanctionnée pour une faute qu'elle aurait commise. En effet, au titre de la responsabilité disciplinaire, un employeur qui aurait eu à indemniser un patient pour une faute commise par une infirmière, a la possibilité de sanctionner celle-ci disciplinairement. La sanction peut être de plusieurs natures : avertissement, blâme, mise à pied, voire même licenciement en cas de faute professionnelle grave.

Dans le cas d'une infirmière exerçant à titre libéral, les choses sont différentes. Une infirmière libérale n'exerce pas sous couvert d'un employeur, dans la mesure où elle est son propre employeur. À ce titre, la loi du 4 mars 2002 fait obligation à tous les professionnels libéraux, incluant les infirmières libérales, à souscrire une assurance en responsabilité civile professionnelle.

Si une infirmière venait à effectuer des soins bénévoles à l'extérieur de son établissement employeur, on ne pourrait également que la conseiller de souscrire une assurance la couvrant pour les conséquences juridiques de ces actes.

La responsabilité pénale

L'objectif de la responsabilité pénale n'est plus la réparation d'un préjudice subi mais la punition, la sanction de celui ayant commis le dommage. On parle donc ici de responsabilité punitive.

Le patient ne demandera pas de réparation financière, de dommages intérêts, mais la sanction de l'infirmier.

Les conditions d'engagement de la responsabilité pénale

Pour que cette responsabilité soit engagée, il faut que l'infirmier ait commis une infraction. C'est l'équivalant de la faute à la différence que l'infraction est un comportement décrit et puni par le Code pénal.

Il existe de multiples infractions comme le meurtre, l'homicide involontaire, les blessures involontaires, la violation du secret professionnel, la non-assistance à personne en danger...

Pour qu'un acte soit qualifié d'infraction, trois éléments sont nécessaires :

– un élément légal : il faut un texte de loi qui interdise l'accomplissement d'un acte et le punisse. C'est ainsi que l'homicide involontaire est passible d'une sanction conformément à l'article 221-6 du Code pénal ;

– un élément matériel : il faut des éléments matériels, des faits qui permettent de dire qu'un acte interdit a été accompli par un infirmier ou qu'elle y a participé ;

– un élément moral : il faut que l'on puisse imputer l'acte à son auteur. Pour les actes volontaires tels que le meurtre, l'élément moral est l'intention de nuire.

Pour les actes involontaires (comme l'homicide involontaire), il ne peut y avoir par définition d'intention de nuire, le législateur a donc prévu cinq critères permettant de caractériser l'élément moral pour ce type d'infractions : l'imprudence, la négligence, la maladresse, l'inattention et le manquement à une obligation de sécurité et de prudence imposée par la loi ou les règlements.

Les tribunaux concernés

Les infractions pénales sont réparties dans trois catégories liées à un degré de gravité. Chaque catégorie d'infractions est examinée par une juridiction différente :

- la première catégorie concerne les contraventions, jugées par le tribunal de police ;
- la seconde catégorie concerne les délits, jugés par le tribunal correctionnel ;
- la troisième catégorie concerne les crimes, jugés par la cour d'assises.

> Il existe une différence majeure entre les délits et les crimes : les crimes sont toujours des infractions volontaires alors que les délits pas nécessairement. Ainsi, dans la mesure où la majorité des infractions pouvant être commises par des soignants sont involontaires, il est peu probable qu'ils se retrouvent un jour jugé par une cour d'assises. Parmi les infractions appartenant à la catégorie des délits et pouvant être commises dans le cadre d'une activité professionnelle de soignant, on peut mentionner : la violation du secret professionnel, la non-assistance à personne en danger, les blessures involontaires ou l'homicide involontaire.

Le principe de la responsabilité personnelle

La responsabilité pénale est une responsabilité personnelle. C'est celui qui a commis l'infraction qui sera personnellement sanctionné. Cela semble logique au regard de l'objectif poursuivi par cette responsabilité : la punition.

Quand on parle de responsabilité pénale, personnelle et punitive, cela a une conséquence : nul n'assumera à la place de l'infirmier les conséquences de ses actes.

S'il est condamné à une peine privative de liberté pour avoir commis une infraction grave, nul n'effectuera cette peine à sa place.

De la même manière, s'il est condamné au versement d'une amende (qui est à différencier des dommages intérêts), nul ne paiera l'amende à sa place. À ce titre, la souscription d'une assurance ne serait d'aucune utilité puisque le risque pénal ne s'assure pas. Par contre, les frais d'avocat engendrés par l'action pourraient être pris en charge par l'assurance professionnelle, ce qui peut constituer une raison de souscrire une telle assurance.

Pour illustrer le propos, il suffit de faire référence aux infractions au Code de la route : lorsqu'une amende est infligée à un conducteur parce qu'il a commis une infraction, un excès de vitesse, c'est lui qui paie cette amende alors même que tout conducteur est dans l'obligation de souscrire une assurance.

À noter : le principe de la responsabilité personnelle ne signifie pas qu'une seule personne sera condamnée pour une infraction. En effet, plusieurs personnes peuvent avoir concouru à la réalisation de l'infraction, chacun peut avoir commis un acte qui a permis la réalisation de cette infraction. Si l'on prend l'exemple de l'homicide involontaire, plusieurs soignants peuvent commettre des erreurs, de manière consécutive ou concomitante, qui causent le décès du patient. Dans ce cas, chacun devra répondre de l'acte qu'il a commis à hauteur de l'impact sur la survenance du dommage. Un acte peut avoir plus d'impact qu'un autre, être prédominant; mais chaque acte qui a un impact (c'est-à-dire pour lequel on peut dire que sans lui peut-être que le décès n'aurait pas eu lieu) engagera la responsabilité pénale de son auteur.

La responsabilité disciplinaire

La responsabilité disciplinaire est la seule qui ne soit pas engagée par un juge. En effet, elle appartient à l'employeur. Un employeur, public ou privé, dispose du pouvoir disciplinaire pour sanctionner les actes des salariés jugés fautifs.

En cas d'indemnisation d'un patient consécutivement à une faute commise par un soignant, son employeur peut décider de le sanctionner disciplinairement, à défaut de pouvoir lui faire supporter le paiement des dommages intérêts.

L'employeur a à sa disposition une large palette de sanctions applicables selon la gravité de l'acte : du simple avertissement jusqu'au licenciement, en passant par le blâme ou la mise à pied.

La responsabilité déontologique

Depuis la loi n° 2006-1668, la profession d'infirmier fait partie des professions paramédicales disposant d'un ordre professionnel.

Parmi les missions d'un ordre professionnel, on trouve une mission juridictionnelle, et ce, dans le cadre du respect du Code de déontologie applicable.

À ce titre, l'une des missions de l'ordre professionnel infirmier est de veiller « au maintien des principes d'éthique, de moralité, de probité et de compétence indispensables à l'exercice de la profession d'infirmier et à l'observation, par tous ses membres, des devoirs professionnels ainsi que des règles édictées par le Code de déontologie de la profession d'infirmier ».

En cas de violation d'un principe du code, l'ordre est ainsi habilité à sanctionner l'infirmier en cause.

L'ordre infirmier se décompose en trois instances : les conseils départementaux, les conseils régionaux et le conseil national.

- Les conseils départementaux assurent les fonctions de représentations de la profession au sein de leur département respectif. Ils sont également investis d'une mission de conciliation en cas de litige entre un patient et un professionnel ou entre professionnels.
- Les conseils régionaux assurent eux aussi les fonctions de représentation de la profession mais au niveau des régions. Ils étudient les projets, propositions ou demandes d'avis soumis par les instances compétences en matière de santé au niveau régional.
- Les conseils régionaux peuvent décider de la suspension temporaire du droit d'exercer en cas d'infirmité du professionnel ou d'état pathologique rendant dangereux l'exercice de la profession. Ils comprennent par ailleurs, une chambre disciplinaire de première instance.
- Quant au conseil national, il est chargé d'élaborer le Code de déontologie et de veiller à l'observation, par tous les membres de l'ordre, des devoirs professionnels et des règles édictées par ce code. Il étudie les questions ou projets qui lui sont soumis par le ministre chargé de la santé.

Il peut, devant toutes les juridictions, exercer tous les droits réservés à la partie civile relativement aux faits portant un préjudice direct ou indirect à l'intérêt collectif de la profession d'infirmier, y compris en cas de menaces ou de violences commises en raison de l'appartenance à cette profession.

Le conseil national fixe le montant unique de la cotisation versée à l'ordre par toute personne inscrite au tableau et en répartit le produit, entre les conseils en fonction de leur charge, en précisant la part consacrée au fonctionnement des chambres disciplinaires.

Le conseil national gère les biens de l'ordre et peut créer ou subventionner des œuvres intéressant la profession d'infirmier ainsi que des œuvres d'entraide.

Il contrôle la gestion des conseils régionaux ainsi que départementaux.

Le conseil national comprend en son sein une chambre disciplinaire nationale qui connaît en appel des décisions rendues par les chambres disciplinaires de première instance.

La sanction déontologique prise par le Conseil de l'ordre peut aller du simple blâme à l'interdiction définitive d'exercer. À côté du juge pénal, l'ordre professionnel est donc le seul à pouvoir interdire l'exercice de la profession à un infirmier.

Une sanction de l'ordre n'est pas anodine car c'est une sanction qui est donnée au nom de la profession tout entière, ce qui confère à cette sanction, au-delà de sa valeur juridique, une valeur symbolique.

Législation

Le Code de déontologie des infirmiers

▶ Le Code de déontologie des infirmiers n'est pas encore paru. Néanmoins, les infirmiers disposent de règles professionnelles figurant aux articles R.4311 et suivants du Code de la santé publique, sur lesquelles l'ordre professionnel peut s'appuyer pour prononcer une sanction à l'encontre d'un infirmier..

▶ Depuis son élection, le conseil national de l'ordre travaille donc à l'élaboration de ce code de déontologie, document fondamental pour une profession ordinale. Le projet de code a été rendu public en janvier 2010, il est actuellement à l'étude devant le Conseil d'État.

▶ Les futures dispositions du Code de déontologie s'appliqueront à tous les infirmiers inscrits au tableau de l'ordre, à tout infirmier effectuant un acte professionnel dans les conditions de l'article L.4311-1 du CSP ainsi qu'aux étudiants en soins infirmiers.

▶ **Principes et valeurs attachés à l'exercice de la profession d'infirmier : é**laborer un Code de déontologie est une occasion pour un ordre professionnel d'y faire figurer les valeurs fondamentales de la profession en question. Le projet de code de déontologie des infirmiers ne déroge pas à cette règle et fait figurer dans les principes généraux : respect de la vie humaine et de la personne, principe de neutralité et de non-discrimination, moralité professionnelle, secret professionnel, indépendance professionnelle.

▶ **Les rapports avec les patients :** même si de nombreux textes sont relatifs aux droits du patient, il est toujours utile de rappeler certains principes au sein des codes de déontologie, et notamment pour permettre à l'ordre professionnel de se saisir de manquements qui lui seraient rapportés. Le projet de Code de déontologie des infirmiers rappelle à ce titre le principe de continuité des soins, le droit à l'information du patient et celui de la famille, l'obligation de recueillir le consentement du patient et de respecter sa volonté, droit au soulagement de la douleur.

▶ **Règles relatives à l'exercice professionnel :** s'il a un temps été envisagé de faire des sous-distinctions selon les spécialités des infirmiers (puéricultrice, IBODE, IADE...), le projet de Code de déontologie reprend finalement la même structuration que le Code de la santé publique et décline les principes en fonction du degré décroissant d'autonomie (rôle propre, rôle sur prescription...). Parmi les principes, il est ainsi précisé que dans le cadre du rôle propre, l'infirmier est libre de ses choix qui seront ceux qu'ils estiment le plus approprié ; qu'il est responsable des actes qu'il assure avec la collaboration des professionnels qu'il encadre ; qu'il a le devoir d'actualiser et de perfectionner ses compétences..

▶ **Déontologie et préservation de l'image de la profession :** un ordre professionnel cherche toujours à mettre avant la profession qu'il représente et lutte contre les actes ou comportements qui auraient pour conséquence de la déconsidérer. À ce titre, le Code de déontologie est l'occasion d'édicter une obligation pour les professionnels : celle de préservation de l'image de la profession. Ainsi, l'infirmier doit s'abstenir, même en dehors de l'exercice de sa profession « de tout acte de nature à déconsidérer celle-ci ». Nombre de critiques sont souvent émises à l'encontre de ce type d'obligation, portant atteinte pour certains à la liberté individuelle, chacun étant libre en dehors de sa profession d'avoir les comportements qu'il souhaite. Or, à la lecture de ce principe du code, même lorsqu'il n'est pas en exercice, l'infirmier continue à représenter une profession attachée à certaines valeurs, et doit donc ne pas avoir de comportement susceptible de la déconsidérer aux yeux du public.

Le cumul des responsabilités

Qu'il existe différentes responsabilités juridiques ne signifie pas qu'une seule responsabilité ne sera engagée en cas de faute. Au contraire, pour un même acte, l'ensemble des responsabilités peut être engagé à l'encontre de l'infirmier. Ainsi, un patient peut engager une action en responsabilité pénale et une action en responsabilité civile (il peut le faire dans le même temps devant le juge pénal en se constituant partie civile).

Cela s'explique par les objectifs différents poursuivis par ces responsabilités, ne faisant pas obstacle à leur engagement simultané.

Il n'est ainsi pas rare qu'en cas de faute commise par un soignant, les différentes responsabilités encourues soient engagées.

LES APPORTS DE LA LOI DU 4 MARS 2002 EN MATIÈRE DE RESPONSABILITÉ DES PROFESSIONNELS DE SANTÉ

Si la loi n° 2002-303 du 4 mars 2002 a aménagé les droits du patient afin de les rendre plus effectifs, son apport essentiel reste la modification substantielle du régime d'indemnisation des risques sanitaires. Avant l'adoption de la loi, la situation était insatisfaisante tant pour les professionnels de santé que pour les patients victimes, l'indemnisation obéissant à des règles différentes entre le public et le privé.

Les professionnels avaient, de plus, le sentiment de voir leur responsabilité augmenter parfois sans aucune raison, les juges essayant de trouver une faute pour pouvoir justifier de l'indemnisation.

Si les professionnels ne contestaient pas l'indemnisation du patient en cas de faute avérée de leur part, ils comprenaient en revanche mal les décisions de justice accordant une indemnisation au patient alors que rien ne pouvait concrètement leur être reproché.

L'enjeu de la loi était donc d'uniformiser les règles d'indemnisation entre les établissements de santé publics et privés et d'apporter une plus grande sérénité pour les professionnels de santé en définissant précisément les conditions de mise en cause de leur responsabilité.

	Responsabilité civile	Responsabilité administrative	Responsabilité pénale	Responsabilité disciplinaire	Responsabilité Déontologique
Objectif	Réparation	Réparation	Sanction	Sanction	Sanction
Conditions	Faute Préjudice Lien de causalité	Faute Préjudice Lien de causalité	Élément légal Élément matériel Élément moral	Manquement professionnel Non-respect d'un principe du règlement intérieur	Violation d'un principe déontologique
Juridictions de premier degré	Tribunal d'instance Tribunal de grande instance	Tribunal administratif	Tribunal de police Tribunal correctionnel Cour d'assises	Si contestation d'une sanction de l'employeur : conseil des prud'hommes ou tribunal administratif *Selon le lieu d'exercice*	Chambres disciplinaires de première instance des Conseils régionaux de l'ordre des infirmiers
Juridictions d'appel	Cour d'appel	Cour administrative d'appel	Chambre des appels correctionnels Cour d'assises d'appel	Cour administrative d'appel Cour d'appel *Selon le lieu d'exercice*	Chambre disciplinaire nationale du conseil de l'ordre des infirmiers
Juridiction de cassation	Cour de cassation	Conseil d'état	Chambre criminelle de la cour de cassation	Cour de cassation Conseil d'État *Selon le lieu d'exercice*	Conseil d'État
Conséquences	Paiement de dommages et intérêts	Paiement de dommages et intérêts	Paiement d'une amende Peine d'emprisonnement (ferme ou avec sursis)	Avertissement Blâme Mise à pied Licenciement Rétrogradation du tableau d'avancement Radiation...	Avertissement Blâme Interdiction d'exercer (temporaire ou définitive) Radiation
Code/texte de référence	Code civil Loi du 4 mars 2002	Loi du 4 mars 2002	Code pénal	Statut général du fonctionnaire Code du travail	Code de déontologie infirmier (en cours d'élaboration)
Lieu d'exercice	Établissement privé	Établissement. public	Établissement privé et public	Établissement privé et public	Établissement privé et public

Tableau 6.I. Récapitulatif des différentes responsabilités

Dans ce cadre, l'une des difficultés était de mettre en place un régime d'indemnisation de l'aléa thérapeutique qui soit à la fois juste pour les professionnels et pour les patients.

Par ailleurs, afin d'apporter une solution au problème de l'engorgement des tribunaux et de la longueur de résolution des litiges, la loi du 4 mars 2002 a mis en place une nouvelle procédure d'indemnisation des litiges.

La responsabilité médicale et hospitalière fondée sur la faute

Le principe

Dans un premier temps, la loi réaffirme le principe général d'une responsabilité médicale et hospitalière fondée sur la faute prouvée. À ce titre, l'article L.1142-1 I du Code de la santé publique dispose que « hors le cas où leur responsabilité est encourue en raison d'un défaut d'un produit de santé, les professionnels de santé, ainsi que tout établissement, service ou organisme dans lesquels sont réalisés des actes individuels de prévention, de diagnostic ou de soins ne sont responsables de conséquences dommageables d'actes de prévention, de diagnostic ou de soins qu'en cas de faute ». Dit plus simplement, cette phrase signifie que la responsabilité du soignant n'est engagée qu'en cas de faute commise par lui. Une seule exception est ici mentionnée, celle du défaut d'un produit de santé, situation dans laquelle aucune faute ne sera recherchée avant d'engager la responsabilité du professionnel.

En matière de faute, il est coutume de distinguer deux catégories : les fautes de soins (c'est-à-dire les fautes commises par les professionnels de santé à l'occasion de l'exercice de leur activité professionnelle) et les fautes dans l'organisation et le fonctionnement du service.

La faute de soins est souvent le fait d'une personne : administration du mauvais produit, mauvais calcul de dose, erreur de diagnostic…

La faute dans l'organisation et le fonctionnement n'est pas le fait d'une personne, mais plutôt le fait de l'environnement, des conditions dans lesquelles s'exercent les soins. Ainsi, un manque de personnel, une insuffisance de compétences constituent des fautes dans l'organisation et le fonctionnement qui représentent un risque pour le patient, et qui par ailleurs peuvent conduire à la commission de fautes de soins par les professionnels.

Les exceptions

Si le principe est celui d'une responsabilité pour faute, il est tempéré par deux exceptions. D'une part, une responsabilité de plein droit est instituée en cas de défaut d'un produit de santé.

Exemple : un patient se trouve sur une table d'examen qui se renverse en raison d'un défaut de fabrication. Le patient est blessé. Le défaut de la table (produit de santé) engagera la responsabilité de l'établissement, alors même qu'aucune faute ne peut leur être reprochée. On estime ainsi qu'ils sont responsables, quelles que soient la situation et les circonstances de l'événement dommageable, du matériel qu'ils utilisent. Il leur appartient par la suite de se retourner contre le fabricant de la table pour qu'il les indemnise à son tour.

D'autre part, la loi précise que les établissements sont responsables des dommages résultant d'infections nosocomiales, sauf s'ils rapportent la preuve d'une cause étrangère. Ici, aucune faute n'a à être prouvée, le seul moyen pour l'établissement d'échapper à sa responsabilité est d'apporter la preuve d'une cause étrangère, qui peut être soit le fait d'un tiers, une faute de la victime ou enfin une force majeure.

Exemple : un patient contracte une infection, qui n'est pas consécutive à un soin mais à une visite d'un proche porteur d'un germe qui l'a infecté.

L'intervention de la solidarité nationale

L'une des avancées les plus significatives de la loi est de régler le sort des dommages qui ne peuvent être rattachés à aucune faute (en dehors du défaut d'un produit de santé ou d'une infection nosocomiale sans cause étrangère). Dans une telle hypothèse, le droit prévoit désormais que la réparation des préjudices d'un patient consécutifs à un accident médical, une affection iatrogène ou une infection nosocomiale (lorsque l'établissement a apporté la preuve d'une cause étrangère et qu'il s'est ainsi exonéré de sa responsabilité) relève de la solidarité nationale.

L'article L.1142-1 II précise à ce titre qu'« un accident médical, une affection iatrogène ou une infection nosocomiale ouvre droit à la réparation des préjudices du patient au titre de la solidarité nationale, lorsqu'ils sont directement imputables à des actes de prévention, de diagnostic ou de soins et qu'ils eurent pour le patient des conséquences anormales au regard de son état de santé comme de l'évolution prévisible de celui-ci et présentent un caractère de gravité, fixé par décret, apprécié au regard de la perte de capacité fonctionnelle et des conséquences sur sa vie privée et professionnelle mesurées en tenant compte notamment du taux d'incapacité permanente ou de la durée de l'incapacité temporaire de travail. Ouvre droit à réparation des préjudices, au titre de la solidarité nationale, un taux d'incapacité permanente supérieure à un pourcentage d'un barème spécifique fixé par décret ; ce pourcentage, au plus égal à 25 %, est déterminé par ledit décret ».

Ce pourcentage a été fixé à 24 % par le décret n° 2003-314 du 4 avril 2003. Ce taux de 24 % constitue donc un seuil d'accès à l'indemnisation pour le patient au titre de la solidarité nationale.

Cette solidarité nationale, c'est-à-dire le recours au financement public, permet donc de concilier les intérêts des patients qui seront indemnisés en cas d'accident médical, infection nosocomiale ou affection iatrogène (sous réserve évidemment du seuil de 24 %) et les intérêts des professionnels qui ne verront plus leur responsabilité engagée pour un accident contre lequel ils ne pouvaient rien. Elle s'exerce par l'intermédiaire d'un nouvel acteur l'Office national d'indemnisation des accidents médicaux.

Le délai de prescription

La loi uniformise également le délai de prescription des actions de mise en cause de la responsabilité des professionnels. Avant l'adoption de la loi il existait un écart très important entre la prescription des actions à l'encontre d'un établissement public : 4 ans ; et la prescription des actions à l'encontre d'un établissement privé : 30 ans. Désormais le délai est unique, la prescription des actions est de 10 ans à compter de la consolidation du dommage (c'est-à-dire à compter du moment où sa gravité cesse d'évoluer).

La procédure extrajudiciaire de règlement des litiges

La loi du 4 mars 2002 a créé une procédure extrajudiciaire de règlement des litiges, par l'intermédiaire des Commissions régionales de conciliation et d'indemnisation (CRCI). Cette procédure, dite amiable, poursuit un double objectif : désengorger les tribunaux et accélérer l'indemnisation des victimes d'accidents médicaux.

La phase d'information préalable

Avant tout recours, la loi a institué, dans un but de transparence, une obligation d'informer toute personne victime ou s'estimant victime d'un dommage en relation avec une activité de prévention, de diagnostic ou de soins sur les circonstances et les causes de ce dommage.

L'intervention de la CRCI

En cas de saisine de la CRCI, celle-ci émettra, dans un délai de 6 mois, un avis sur les circonstances, les causes, la nature et l'étendue des dommages à condition qu'ils présentent le caractère de gravité prévu pour l'indemnisation des accidents médicaux (24 %). Elle se prononcera également sur le régime d'indemnisation applicable et, pour ce faire, pourra diligenter une expertise.

Cet avis permettra au patient de savoir si son dommage est consécutif à une faute, auquel cas c'est l'assureur du professionnel ou de l'établissement qui lui fera une proposition d'indemnisation ; ou s'il relève de la solidarité nationale auquel cas c'est l'Office national d'indemnisation des accidents médicaux (ONIAM) qui lui fera une proposition. L'objectif affiché est que le patient obtienne une indemnisation dans un délai maximal d'un an.

Si la CRCI estime que le dommage subi par le patient n'atteint pas le seuil de gravité de 24 %, le patient n'aura d'autre choix que de saisir les tribunaux afin de solliciter la réparation de ses préjudices. Cette procédure amiable n'exclut donc pas le recours à la procédure judiciaire classique. Le patient a le choix entre les deux et s'il le souhaite il peut saisir à la fois le juge et la commission à condition de les informer de cette démarche.

S'ENTRAINER

VÉRIFIER SES CONNAISSANCES

1 QROC (Questions à réponses ouvertes courtes)

1. Définir la responsabilité juridique.

2. Citer les différentes responsabilités juridiques encourues par l'infirmière et expliquer les.

3. Énoncer les deux catégories de faute que l'on distingue en matière de responsabilité dans le domaine de la santé ? Donner un exemple pour chaque catégorie.

4. Quels sont les apports de la loi du 4 mars 2002 en matière de responsabilité des professionnels de santé ?

5. Compléter le tableau suivant :

	Responsabilité Civile	**Responsabilité Administrative**	**Responsabilité Pénale**	**Responsabilité Disciplinaire**	**Responsabilité Déontologique**
Objectif					
Conditions					
Juridictions de premier degré					
Juridictions d'appel					
Juridiction de cassation					
Conséquences					
Code/texte de référence					
Lieu d'exercice					

6. Vrai - Faux

a) L'infirmier est responsable de tous les événements qui se produisent lors de sa garde.

b) L'infirmier est dans l'obligation de souscrire une assurance en responsabilité professionnelle quel que soit son établissement d'exercice.

c) L'infirmière est dans l'obligation de souscrire une assurance en responsabilité professionnelle uniquement si elle exerce en établissement de santé privé.

d) L'infirmière est dans l'obligation de souscrire une assurance en responsabilité professionnelle uniquement si elle exerce en établissement de santé public.

e) En cas de dommage subi par un patient, le juge peut engager plusieurs responsabilités à l'encontre d'un même soignant.

f) La responsabilité civile concerne les soignants qui exercent leur activité en établissement de santé public.

g) La responsabilité administrative concerne les soignants qui exercent leur activité en établissement de santé privé.

h) Les délits sont jugés par le tribunal correctionnel.

i) Les infirmiers n'encourent pas de responsabilité déontologique.

VÉRIFIER SES CONNAISSANCES

1 QROC (Questions à réponses ouvertes courtes)

1. En droit, être responsable signifie assumer les conséquences de ses actes. Si à la suite d'un acte ou d'une décision, des conséquences dommageables se produisent pour un patient, il sera demandé au professionnel de s'expliquer (le cas échéant devant une juridiction) et il devra assumer les éventuelles erreurs commises.

2. La responsabilité civile (établissement privé) ou administrative (établissement public), la responsabilité pénale, la responsabilité disciplinaire et la responsabilité déontologique.
Les responsabilités civile et administrative ont pour objectif la réparation du dommage subi par le patient. La responsabilité pénale vise à punir la commission d'une infraction. La responsabilité disciplinaire relève de l'employeur qui peut sanctionner un manquement professionnel ou le non-respect d'un principe du règlement intérieur de l'établissement. La responsabilité déontologique vise à sanctionner la violation d'un principe du Code de déontologie concerné.

3. Faute de soins, exemple : mauvais calcul de dose lors de l'administration d'un traitement.
Faute dans l'organisation et le fonctionnement du service : glissement de tâche entre un infirmier et une aide-soignante.

4. Réaffirmation du principe de la responsabilité pour faute, mise en place du mécanisme de solidarité nationale en cas d'aléa thérapeutique ou d'infection nosocomiale, unification du délai de prescription entre établissements publics et établissements privés.

5.

	Responsabilité Civile	Responsabilité Administrative	Responsabilité Pénale	Responsabilité Disciplinaire	Responsabilité Déontologique
Objectif	Réparation	Réparation	Sanction	Sanction	Sanction
Conditions	Faute Préjudice Lien de causalité	Faute Préjudice Lien de causalité	Élément légal Élément matériel Élément moral	Manquement professionnel Non-respect d'un principe du règlement intérieur	Violation d'un principe déontologique
Juridictions de premier degré	Tribunal d'instance Tribunal de grande instance	Tribunal administratif	Tribunal de police Tribunal correctionnel Cour d'assises	Si contestation d'une sanction de l'employeur : conseil des prud' hommes ou tribunal administratif *Selon le lieu d'exercice*	Chambres disciplinaires de première instance des Conseils régionaux de l'ordre des infirmiers
Juridictions d'appel	Cour d'appel	Cour administrative dappel	Chambre des appels correctionnels Cour d'assises d'appel	Cour administrative d'appel Cour d'appel *Selon le lieu d'exercice*	Chambre disciplinaire nationale du conseil de l'ordre des infirmiers
Juridiction de cassation	Cour de cassation	Conseil d'état	Chambre criminelle de la cour de cassation	Cour de cassation Conseil d'État *Selon le lieu d'exercice*	Conseil d'État
Conséquences	Paiement de dommages et intérêts	Paiement de dommages et intérêts	Paiement d'une amende Peine d'emprisonnement (ferme ou avec sursis)	Avertissement Blâme Mise à pied Licenciement Rétrogradation du tableau d'avancement Radiation...	Avertissement Blâme Interdiction d'exercer (temporaire ou définitive) Radiation
Code/texte de référence	Code civil Loi du 4 mars 2002	Loi du 4 mars 2002	Code pénal	Statut général du fonctionnaire Code du travail	Code de déontologie infirmier (en cours d'élaboration)
Lieu d'exercice	Établissement privé	Établissement. public	Établissement privé et public	Établissement privé et public	Établissement privé et public

6. a) Faux b) Faux c) Faux d) Faux e) Vrai f) Faux g) Faux h) Vrai i) Faux.

7 La responsabilité juridique de l'infirmier

COMPRENDRE

LE CADRE D'EXERCICE DE LA FONCTION D'INFIRMIER

Définition de l'exercice de la profession d'infirmier

L'article R.4311-1 du Code de la santé publique présente une définition de l'exercice de la profession d'infirmier. Il dispose en effet que « l'exercice de la profession d'infirmier ou d'infirmière comporte l'analyse, l'organisation, la réalisation de soins infirmiers et leur évaluation, la contribution au recueil de données cliniques et épidémiologiques et la participation à des actions de prévention, de dépistage, de formation et d'éducation à la santé. »

L'article R.4311-2 précise quant à lui que « les soins infirmiers, préventifs, curatifs ou palliatifs, intègrent qualité technique et qualité des relations avec le malade. Ils sont réalisés en tenant compte de l'évolution des sciences et des techniques. Ils ont pour objet, dans le respect des droits de la personne, dans le souci de son éducation à la santé et en tenant compte de la personnalité de celle-ci dans ses composantes physiologique, psychologique, économique, sociale et culturelle :

- 1° de protéger, maintenir, restaurer et promouvoir la santé physique et mentale des personnes ou l'autonomie de leurs fonctions vitales physiques et psychiques en vue de favoriser leur maintien, leur insertion ou leur réinsertion dans leur cadre de vie familial ou social ;
- 2° de concourir à la mise en place de méthodes et au recueil des informations utiles aux autres professionnels, et notamment aux médecins pour poser leur diagnostic et évaluer l'effet de leurs prescriptions ;
- 3° de participer à l'évaluation du degré de dépendance des personnes ;
- 4° de contribuer à la mise en œuvre des traitements en participant à la surveillance clinique et à l'application des prescriptions médicales contenues, le cas échéant, dans des protocoles établis à l'initiative du ou des médecins prescripteurs ;
- 5° de participer à la prévention, à l'évaluation et au soulagement de la douleur et de la détresse physique et psychique des personnes, particulièrement en fin de vie au moyen des soins palliatifs, et d'accompagner, en tant que de besoin, leur entourage. »

Les catégories d'actes professionnels

Cet exercice de la profession d'infirmier se décompose en plusieurs catégories selon l'autonomie de l'infirmier. En effet, l'infirmier n'est pas autonome pour l'ensemble des actes qu'il réalise, pour certains actes il dispose d'une autonomie pleine et entière, et pour d'autres il n'est que l'auxiliaire du médecin.

On distingue quatre catégories d'actes :

- les actes relevant du rôle propre de l'IDE ;
- les actes nécessitant une prescription médicale ou un protocole ;
- les actes nécessitant une prescription et réalisables à condition qu'un médecin puisse intervenir à tout moment ;
- les actes réalisés par le médecin auxquels participe l'infirmier.

Plus on descend dans les catégories d'actes moins l'autonomie de l'IDE est grande. L'autonomie est complète pour les actes relevant de la 1re catégorie (rôle propre) et nulle pour les actes de la dernière catégorie.

Par ailleurs, dans des situations bien encadrées, l'infirmier s'est vu reconnaître depuis 2007 un droit de prescription en appui d'une prescription médicale préexistante : dispositifs médicaux (2007), renouvellement pilule contraceptive (2009).

Le rôle propre de l'IDE

C'est l'article R.4311-3 du Code de la santé publique qui précise les contours du rôle propre de l'infirmier : « relèvent du rôle propre de l'infirmier ou de l'infirmière les soins liés aux fonctions d'entretien et de continuité de la vie et visant à compenser partiellement ou totalement un manque ou une diminution d'autonomie d'une personne ou d'un groupe de personnes.

Dans ce cadre, l'infirmier ou l'infirmière a compétence pour prendre les initiatives et accomplir les soins qu'il juge nécessaires conformément aux dispositions des articles R.4311-5 et R.4311-6. Il identifie les besoins de la personne, pose un diagnostic infirmier, formule des objectifs de soins, met en œuvre les actions appropriées et les évalue. Il peut élaborer, avec la participation de l'équipe soignante, des protocoles de soins infirmiers relevant de son initiative. Il est chargé de la conception, de l'utilisation et de la gestion du dossier de soins infirmiers ».

L'article R.4311-5 du CSP complète ce cadre général en mentionnant toute une série d'actes qui entrent dans le champ du rôle propre.

« Dans le cadre de son rôle propre, l'infirmier ou l'infirmière accomplit les actes ou dispense les soins visant à identifier les risques et à assurer le confort et la sécurité de la personne et de son environnement et comprenant son information et celle de son entourage :

1° Soins et procédés visant à assurer l'hygiène de la personne et de son environnement.

2° Surveillance de l'hygiène et de l'équilibre alimentaire.

3° Dépistage et évaluation des risques de maltraitance.

4° Aide à la prise des médicaments présentés sous forme non injectable.

5° Vérification de leur prise.

6° Surveillance de leurs effets et éducation du patient.

7° Administration de l'alimentation par sonde gastrique, sous réserve des dispositions prévues à l'article R. 4311-7 et changement de sonde d'alimentation gastrique.

8° Soins et surveillance de patients en assistance nutritive entérale ou parentérale.

9° Surveillance de l'élimination intestinale et urinaire et changement de sondes vésicales.

10° Soins et surveillance des patients sous dialyse rénale ou péritonéale.

11° Soins et surveillance des patients placés en milieu stérile.

12° Installation du patient dans une position en rapport avec sa pathologie ou son handicap.

13° Préparation et surveillance du repos et du sommeil.

14° Lever du patient et aide à la marche ne faisant pas appel aux techniques de rééducation.

15° Aspirations des sécrétions d'un patient qu'il soit ou non intubé ou trachéotomisé.

16° Ventilation manuelle instrumentale par masque.

17° Utilisation d'un défibrillateur semi-automatique et surveillance de la personne placée sous cet appareil.

18° Administration en aérosols de produits non médicamenteux.

19° Recueil des observations de toute nature susceptibles de concourir à la connaissance de l'état de santé de la personne et appréciation des principaux paramètres servant à sa surveillance : température, pulsations, pression artérielle, rythme respiratoire, volume de la diurèse, poids, mensurations, réflexes pupillaires, réflexes de défense cutanée, observations des manifestations de l'état de conscience, évaluation de la douleur.

20° Réalisation, surveillance et renouvellement des pansements non médicamenteux.

21° Réalisation et surveillance des pansements et des bandages autres que ceux mentionnés à l'article R. 4311-7.

22° Prévention et soins d'escarres.

23° Prévention non médicamenteuse des thromboses veineuses.

24° Soins et surveillance d'ulcères cutanés chroniques.

25° Toilette périnéale.

26° Préparation du patient en vue d'une intervention, notamment soins cutanés préopératoires.

27° Recherche des signes de complications pouvant survenir chez un patient porteur d'un dispositif d'immobilisation ou de contention.

28° Soins de bouche avec application de produits non médicamenteux.

29° Irrigation de l'œil et instillation de collyres.

30° Participation à la réalisation des tests à la sueur et recueil des sécrétions lacrymales.

31° Surveillance de scarifications, injections et perfusions mentionnées aux articles R. 4311-7 et R. 4311-9.

32° Surveillance de patients ayant fait l'objet de ponction à visée diagnostique ou thérapeutique.

33° Pose de timbres tuberculiniques et lecture.

34° Détection de parasitoses externes et soins aux personnes atteintes de celles-ci.

35° Surveillance des fonctions vitales et maintien de ces fonctions par des moyens non invasifs et n'impliquant pas le recours à des médicaments.

36° Surveillance des cathéters, sondes et drains.

37° Participation à la réalisation d'explorations fonctionnelles, à l'exception de celles mentionnées à l'article R. 4311-10, et pratique d'examens non vulnérants de dépistage de troubles sensoriels.

38° Participation à la procédure de désinfection et de stérilisation des dispositifs médicaux réutilisables.

39° Recueil des données biologiques obtenues par des techniques à lecture instantanée suivantes.

a) Urines : glycosurie acétonurie, protéinurie, recherche de sang, potentiels en ions hydrogène, pH.

b) Sang : glycémie, acétonémie.

40° Entretien d'accueil privilégiant l'écoute de la personne avec orientation si nécessaire.

41° Aide et soutien psychologique.

42° Observation et surveillance des troubles du comportement. »

Un article spécifique est consacré à l'infirmier qui exerce son activité dans un établissement de santé mentale. Dans ce cadre l'article R.4311-6 du CSP dispose que « dans le domaine de la santé mentale, outre les actes et soins mentionnés à l'article R.4311-5, l'infirmier ou l'infirmière accomplit les actes et soins suivants :

1° Entretien d'accueil du patient et de son entourage.

2° Activités à visée sociothérapeutique individuelle ou de groupe.

3° Surveillance des personnes en chambre d'isolement.

4° Surveillance et évaluation des engagements thérapeutiques qui associent le médecin, l'infirmier ou l'infirmière et le patient. »

Un article a été ajouté en août 2008 concernant la vaccination antigrippale, il s'agit de l'article R.4311-5-1 qui dispose que « l'infirmier ou l'infirmière est habilité à pratiquer l'injection du vaccin antigrippal, à l'exception de la première injection, dans les conditions définies à l'article R.4311-3 et conformément au résumé des caractéristiques du produit annexé à l'autorisation de mise sur le marché du vaccin injecté, sur certaines personnes dont les conditions d'âge et les pathologies dont elles peuvent souffrir sont précisées par arrêté du ministre chargé de la Santé.

L'infirmier ou l'infirmière indique dans le dossier de soins infirmiers l'identité du patient, la date de réalisation du vaccin ainsi que le numéro de lot du vaccin lors de l'injection. Il ou elle déclare au centre de pharmacovigilance les effets indésirables portés à sa connaissance susceptibles d'être dus au vaccin. »

À noter : on aurait pu se contenter du cadre général définissant le rôle propre, à charge pour les professionnels de déterminer si tel ou tel acte entre dans le cadre. Mais cette technique juridique si elle a des avantages (celui notamment d'être évolutif sans besoin d'une modification réglementaire) présente l'inconvénient de l'insécurité juridique. En effet, le cadre général seul engendre un risque d'interprétation à géométrie variable et que certains infirmiers se voient confier des actes sous l'argument qu'ils ...

...
entrent dans le champ du rôle propre, alors même que d'autres ne partageraient pas cette interprétation. C'est pourquoi, le choix du « listing » a été fait. Certes, cela oblige le pouvoir réglementaire à régulièrement se repencher sur les actes listés afin de les adapter à l'évolution des pratiques, mais cela a le mérite d'être clair et non soumis à interprétation : ce qui est dans la liste fait partie du rôle propre, ce qui n'est pas dans la liste n'en fait pas partie.

Les actes sur prescription

L'article R.4311-7 CSP dispose que « L'infirmier ou l'infirmière est habilité à pratiquer les actes suivants soit en application d'une prescription médicale qui, sauf urgence, est écrite, qualitative et quantitative, datée et signée, soit en application d'un protocole écrit, qualitatif et quantitatif, préalablement établi, daté et signé par un médecin :

1° Scarifications, injections et perfusions autres que celles mentionnées au deuxième alinéa de l'article R. 4311-9, instillations et pulvérisations.

2° Scarifications et injections destinées aux vaccinations ou aux tests tuberculiniques.

3° Mise en place et ablation d'un cathéter court ou d'une aiguille pour perfusion dans une veine superficielle des membres ou dans une veine épicrânienne.

4° Surveillance de cathéters veineux centraux et de montages d'accès vasculaires implantables mis en place par un médecin.

5° Injections et perfusions, à l'exclusion de la première, dans ces cathéters ainsi que dans les cathéters veineux centraux et ces montages :

a) De produits autres que ceux mentionnés au deuxième alinéa de l'article R.4311-9.

b) De produits ne contribuant pas aux techniques d'anesthésie générale ou locorégionale mentionnées à l'article R.4311-12.

Ces injections et perfusions font l'objet d'un compte rendu d'exécution écrit, daté et signé par l'infirmier ou l'infirmière et transcrit dans le dossier de soins infirmiers.

6° Administration des médicaments sans préjudice des dispositions prévues à l'article R.4311-5.

7° Pose de dispositifs transcutanés et surveillance de leurs effets.

8° Renouvellement du matériel de pansements médicamenteux.

9° Réalisation et surveillance de pansements spécifiques.

10° Ablation du matériel de réparation cutanée.

11° Pose de bandages de contention.

12° Ablation des dispositifs d'immobilisation et de contention.

13° Renouvellement et ablation des pansements médicamenteux, des systèmes de tamponnement et de drainage, à l'exception des drains pleuraux et médiastinaux.

14° Pose de sondes gastriques en vue de tubage, d'aspiration, de lavage ou d'alimentation gastrique.

15° Pose de sondes vésicales en vue de prélèvement d'urines, de lavage, d'instillation, d'irrigation ou de drainage de la vessie, sous réserve des dispositions du troisième alinéa de l'article R.4311-10.

16° Instillation intra-urétrale.

17° Injection vaginale.

18° Pose de sondes rectales, lavements, extractions de fécalomes, pose et surveillance de goutte-à-goutte rectal.

19° Appareillage, irrigation et surveillance d'une plaie, d'une fistule ou d'une stomie.

20° Soins et surveillance d'une plastie.

21° Participation aux techniques de dilatation de cicatrices ou de stomies.

22° Soins et surveillance d'un patient intubé ou trachéotomisé, le premier changement de canule de trachéotomie étant effectué par un médecin.

23° Participation à l'hyperthermie et à l'hypothermie.

24° Administration en aérosols et pulvérisations de produits médicamenteux.

25° Soins de bouche avec application de produits médicamenteux et, en tant que de besoin, aide instrumentale.

26° Lavage de sinus par l'intermédiaire de cathéters fixés par le médecin.

27° Bains d'oreilles et instillations médicamenteuses.

28° Enregistrements simples d'électrocardiogrammes, d'électro-encéphalogrammes et de potentiels évoqués sous réserve des dispositions prévues à l'article R.4311-10.

29° Mesure de la pression veineuse centrale.

30° Vérification du fonctionnement des appareils de ventilation assistée ou du monitorage, contrôle des différents paramètres et surveillance des patients placés sous ces appareils.

31° Pose d'une sonde à oxygène.

32° Installation et surveillance des personnes placées sous oxygénothérapie normobare et à l'intérieur d'un caisson hyperbare.

33° Branchement, surveillance et débranchement d'une dialyse rénale, péritonéale ou d'un circuit d'échanges plasmatique.

34° Saignées.

35° Prélèvements de sang par ponction veineuse ou capillaire ou par cathéter veineux.

36° Prélèvements de sang par ponction artérielle pour gazométrie.

37° Prélèvements non sanglants effectués au niveau des téguments ou des muqueuses directement accessibles.

38° Prélèvements et collecte de sécrétions et d'excrétions.

39° Recueil aseptique des urines.

40° Transmission des indications techniques se rapportant aux prélèvements en vue d'analyses de biologie médicale.

41° Soins et surveillance des personnes lors des transports sanitaires programmés entre établissements de soins.

42° Entretien individuel et utilisation au sein d'une équipe pluridisciplinaire de techniques de médiation à visée thérapeutique ou psychothérapique.

43° Mise en œuvre des engagements thérapeutiques qui associent le médecin, l'infirmier ou l'infirmière et le patient, et des protocoles d'isolement ».

Par ailleurs, l'article R.4311-8 du CSP mentionne que « l'infirmier ou l'infirmière est habilité à entreprendre et à adapter les traitements antalgiques dans le cadre des protocoles préétablis, écrits, datés et signés par un médecin. Le protocole est intégré dans le dossier de soins infirmiers ».

Les actes sur prescription à condition qu'un médecin intervienne à tout moment

L'article R.4311-9 CSP dispose que « l'infirmier ou l'infirmière est habilité à accomplir sur prescription médicale écrite, qualitative et quantitative, datée et signée, les actes et soins suivants, à condition qu'un médecin puisse intervenir à tout moment :

1° Injections et perfusions de produits d'origine humaine nécessitant, préalablement à leur réalisation, lorsque le produit l'exige, un contrôle d'identité et de compatibilité obligatoire effectué par l'infirmier ou l'infirmière.

2° Injections de médicaments à des fins analgésiques dans des cathéters péridurаux et intrathécaux ou placés à proximité d'un tronc ou d'un plexus nerveux, mis en place par un médecin et après que celui-ci a effectué la première injection.

3° Préparation, utilisation et surveillance des appareils de circulation extracorporelle.

4° Ablation de cathéters centraux et intrathécaux.

5° Application d'un garrot pneumatique d'usage chirurgical.

6° Pose de dispositifs d'immobilisation.

7° Utilisation d'un défibrillateur manuel.

8° Soins et surveillance des personnes, en postopératoire, sous réserve des dispositions prévues à l'article R.4311-12.

9° Techniques de régulation thermique, y compris en milieu psychiatrique.

10° Cures de sevrage et de sommeil. »

Les actes réalisés par un médecin auxquels participe l'infirmier

Enfin, l'article R.4311-10 du CSP dispose que « L'infirmier ou l'infirmière participe à la mise en œuvre par le médecin des techniques suivantes :

1° Première injection d'une série d'allergènes.

2° Premier sondage vésical chez l'homme en cas de rétention.

3° Enregistrement d'électrocardiogrammes et d'électroencéphalogrammes avec épreuves d'effort ou emploi de médicaments modificateurs.

4° Prise et recueil de pression hémodynamique faisant appel à des techniques à caractère vulnérant autres que celles mentionnées à l'article R.4311-7.

5° Actions mises en œuvre en vue de faire face à des situations d'urgence vitale.

6° Explorations fonctionnelles comportant des épreuves pharmacodynamiques, d'effort, de stimulation ou des tests de provocation.

7° Pose de systèmes d'immobilisation après réduction.

8° Activités, en équipe pluridisciplinaire, de transplantation d'organes et de greffe de tissus.

9° Transports sanitaires :

– transports sanitaires urgents entre établissements de soins effectués dans le cadre d'un service mobile d'urgence et de réanimation ;

– transports sanitaires médicalisés du lieu de la détresse vers un établissement de santé effectués dans le cadre d'un service mobile d'urgence et de réanimation.

10° Sismothérapie et insulinothérapie à visée psychiatrique. »

La prescription infirmière

La prescription infirmière est très variable d'un pays à l'autre. Dans certains elle n'existe pas : Allemagne, Belgique, Finlande, Italie, Luxembourg, Pays-Bas, Suisse.

Dans d'autres pays comme le Québec, Royaume-Uni, Suède et États-Unis, elle existe mais est toujours très encadrée. En France, la possibilité pour une infirmière d'effectuer une prescription est apparue avec l'arrêté du 13 avril 2007 qui fixe la liste des dispositifs médicaux que les infirmiers sont autorisés à prescrire.

Le texte précise qu'« à l'exclusion du petit matériel nécessaire à la réalisation de l'acte facturé, les infirmiers sont autorisés, lorsqu'ils agissent pendant la durée d'une prescription médicale d'une série d'actes infirmiers et dans le cadre de l'exercice de leur compétence, à prescrire aux patients, sauf en cas d'indication contraire du médecin, les dispositifs médicaux suivants :

1. Articles pour pansement : compresses stériles ou non ; filet tubulaire de maintien des pansements élastique ou non ; jersey tubulaire de maintien des pansements élastique ou non : bandes de crêpe et de maintien : coton, laine, extensible ; coton hydrophile, gaze et ouate, sparadraps élastique et non élastique.

2. Cerceaux pour lit de malade.

3. Dispositifs médicaux pour le traitement de l'incontinence et pour l'appareil urogénital : étui pénien, joint et raccord ; plat bassin et urinal ; dispositifs médicaux et accessoires communs pour incontinents urinaires, fécaux et stomisés : poches, raccord, filtre, tampon, supports avec ou sans anneau de gomme, ceinture, clamp, pâte pour protection péristomiale, ceinture, tampon absorbant, bouchon de matières fécales, ceinture, collecteur d'urines ; dispositifs pour colostomisés pratiquant l'irrigation ; nécessaire pour irrigation colique ; sondes vésicales pour autosondage et hétérosondage.

4. Dispositifs médicaux pour perfusion à domicile :

a) Appareils et accessoires pour perfusion à domicile : appareil à perfusion stérile non réutilisable ; panier de perfusion ; perfuseur de précision ; accessoires à usage unique de remplissage du perfuseur ou du diffuseur portable ; accessoires à usage unique pour pose de la perfusion au bras du malade en l'absence de cathéter implantable : aiguille épicrânienne, cathéter périphérique, prolongateur, robinet à trois voies, bouchon *Luer Lock*, adhésif transparent.

b) Accessoires nécessaires à l'utilisation d'une chambre à cathéter implantable ou d'un cathéter central tunnelisé : aiguilles nécessaires à l'utilisation de la chambre à cathéter implantable, aiguille, adhésif transparent, prolongateur, robinet à trois voies.

c) Accessoires stériles, non réutilisables, pour hépariner : seringues ou aiguilles adaptées, prolongateur, robinet à 3 voies.

d) Pieds et potences à sérum à roulettes.

[II.] Par ailleurs, peuvent également être prescrits dans les mêmes conditions qu'au I., et sous réserve d'une information du médecin traitant désigné par leur patient, les dispositifs médicaux suivants :

1. Matelas ou surmatelas d'aide à la prévention des escarres en mousse de haute résilience type gaufrier.

2. Coussin d'aide à la prévention des escarres en fibres siliconées ou en mousse monobloc.

3. Pansements hydrocolloïde, hydrocellulaire, en polyuréthane, hydrofibre, hydrogel, siliconés.

4. Pansements d'alginate, à base de charbon actif, vaselinés, à base d'acide hyaluronique.

5. Sonde naso-gastrique ou naso-entérale pour nutrition entérale à domicile.

6. Dans le cadre d'un renouvellement à l'identique, bas de contention.

7. Dans le cadre d'un renouvellement à l'identique, accessoires pour lecteur de glycémie et autopiqueurs : aiguilles, bandelettes, lancettes, aiguille adaptable au stylo injecteur non réutilisable et stérile. »

La loi du 21 juillet 2009, dite loi HPST, a complété la palette en permettant à l'infirmier de prescrire la pilule contraceptive. L'article L.4311-1 du Code de la santé publique dispose à ce titre que « l'infirmière ou l'infirmier est autorisé à renouveler les prescriptions, datant de moins d'un an, de médicaments contraceptifs oraux dont la liste est fixée par arrêté du ministre chargé de la Santé, après avis de l'Agence française de sécurité sanitaire des produits de santé, pour une durée maximale de six mois, non renouvelable. »

Cette disposition est également applicable aux infirmières et infirmiers exerçant dans un service de protection maternelle et infantile et dans un centre de planification ou d'éducation familiale.

Les conséquences de la classification des actes sur l'autonomie et la responsabilité de l'infirmier

L'appartenance d'un acte à l'une ou l'autre des catégories a des conséquences sur ce que l'on attend de l'infirmier et son degré d'autonomie. Pour les actes qui relèvent du rôle propre, l'autonomie de l'infirmier est complète. Il n'a pas besoin d'autorisation pour agir (sous forme de prescription) mais surtout il se doit d'agir sans en attendre, c'est à lui de savoir quels soins (appartenant au rôle propre) sont à entreprendre, de quelle manière et à quel moment. Un préjudice causé à un patient par un soin non pratiqué ou une surveillance non correctement réalisée engagera la responsabilité de l'infirmier. Il ne pourra pas s'en exonérer en argumentant sur l'absence de demande de la part du médecin ou l'absence de prescription.

Plus on descend dans les catégories d'actes moins on attend de l'infirmier qu'il soit à l'initiative des soins entrepris, il va intervenir en appui d'une prescription médicale. Dans ces situations, l'infirmier, bien qu'il soit plus « exécutant » que dans le cadre des actes appartenant au rôle propre, se doit malgré tout de réfléchir avant d'appliquer la prescription et de demander des renseignements complémentaires en cas de besoin.

Un infirmier ne pourrait en effet pas se désengager de sa responsabilité sous prétexte qu'il n'a fait qu'appliquer la prescription du médecin. Si celle-ci est manifestement erronée et que l'infirmier l'applique, alors qu'eu égard à ses connaissances et compétences il avait le devoir de s'en apercevoir, sa responsabilité sera engagée. On considérera dans cette situation que l'infirmier a commis une faute en ne repérant pas l'erreur, et que ce faisant, il est en partie responsable (avec le médecin ayant commis l'erreur dans la prescription) du préjudice subi par le patient.

Il est donc essentiel pour un infirmier de bien connaître son cadre de compétences et les conséquences sur ce que l'on attend de lui, ce qu'il doit faire, ce qu'il peut faire et ce qu'il ne peut pas faire (pratiquer un acte sans prescription alors qu'il en faudrait une par exemple).

Les cas particuliers des infirmiers anesthésistes diplômés d'État (IADE), des infirmières puéricultrices et infirmiers de bloc opératoire diplômés d'État

L'infirmier peut se spécialiser dans sa fonction. Le Code de la santé publique distingue trois spécialités, avec une distinction quant à la protection de leur exercice.

Le cas de l'IADE

C'est l'article R.4311-12 qui précise le champ d'intervention spécifique de l'IADE. Il dispose que « l'infirmier ou l'infirmière, anesthésiste diplômé d'État, est seul habilité, à condition qu'un médecin anesthésiste-réanimateur puisse intervenir à tout moment, et après qu'un médecin anesthésiste-réanimateur a examiné le patient et établi le protocole, à appliquer les techniques suivantes :

1° Anesthésie générale.

2° Anesthésie locorégionale et réinjections dans le cas où un dispositif a été mis en place par un médecin anesthésiste-réanimateur.

3° Réanimation peropératoire.

Il accomplit les soins et peut, à l'initiative exclusive du médecin anesthésiste-réanimateur, réaliser les gestes techniques qui concourent à l'application du protocole.

En salle de surveillance postinterventionnelle, il assure les actes relevant des techniques d'anesthésie citées aux 1°, 2° et 3° et est habilité à la prise en charge de la douleur postopératoire relevant des mêmes techniques.

Les transports sanitaires mentionnés à l'article R.4311-10 sont réalisés en priorité par l'infirmier ou l'infirmière anesthésiste diplômé d'État.

L'infirmier ou l'infirmière, en cours de formation préparant à ce diplôme, peut participer à ces activités en présence d'un infirmier anesthésiste diplômé d'État. »

Dans ce cas, il est bien précisé que l'IADE est « seul habilité », ce qui signifie que l'exercice professionnel de l'IADE est protégé, il n'est pas possible d'effectuer les actes appartenant à l'IADE sans en avoir le diplôme. Il ne peut donc y avoir de faisant fonction d'IADE.

Le cas de l'IBODE

L'article R.4311-11 du CSP dispose que « l'infirmier ou l'infirmière titulaire du diplôme d'État de bloc opératoire ou en cours de formation préparant à ce diplôme, exerce en priorité les activités suivantes :

1° Gestion des risques liés à l'activité et à l'environnement opératoire.

2° Élaboration et mise en œuvre d'une démarche de soins individualisée en bloc opératoire et secteurs associés.

3° Organisation et coordination des soins infirmiers en salle d'intervention.

4° Traçabilité des activités au bloc opératoire et en secteurs associés.

5° Participation à l'élaboration, à l'application et au contrôle des procédures de désinfection et de stérilisation des dispositifs médicaux réutilisables visant à la prévention des infections nosocomiales au bloc opératoire et en secteurs associés.

En peropératoire, l'infirmier ou l'infirmière titulaire du diplôme d'État de bloc opératoire ou l'infirmier ou l'infirmière en cours de formation préparant à ce diplôme exerce les activités de circulant, d'instrumentiste et d'aide opératoire en présence de l'opérateur.

Il est habilité à exercer dans tous les secteurs où sont pratiqués des actes invasifs à visée diagnostique, thérapeutique, ou diagnostique et thérapeutique dans les secteurs de stérilisation du matériel médico-chirurgical et dans les services d'hygiène hospitalière. »

La différence avec l'IADE se trouve dans la formulation « exerce en priorité les activités suivantes ». Il faut ici comprendre que l'exercice n'est pas protégé comme celui de l'IADE qui est « seul habilité » à pratiquer les actes qui relèvent de sa spécificité.

Pour l'IBODE, il n'y a donc pas de monopole. En priorité les actes doivent être pratiqués par un infirmier IBODE ou en cours de formation, mais ce n'est pas une obligation. Il peut donc y avoir des faisant fonction, c'est-à-dire des IDE qui n'ont pas effectué la formation complémentaire d'IBODE mais qui néanmoins peuvent exercer cette fonction en toute légalité.

Le cas de l'infirmière puéricultrice

La spécificité de l'infirmière puéricultrice fait l'objet de l'article R.4311-13 du CSP qui dispose que « les actes concernant les enfants de la naissance à l'adolescence, et en particulier ceux ci-dessous énumérés, sont dispensés en priorité par une infirmière titulaire du diplôme d'État de puéricultrice et l'infirmier ou l'infirmière en cours de formation préparant à ce diplôme :

1° Suivi de l'enfant dans son développement et son milieu de vie.

2° Surveillance du régime alimentaire du nourrisson.

3° Prévention et dépistage précoce des inadaptations et des handicaps.

4° Soins du nouveau-né en réanimation.

5° Installation, surveillance et sortie du nouveau-né placé en incubateur ou sous photothérapie. »

Comme pour l'IBODE, l'infirmière puéricultrice ne bénéficie pas d'un monopole, mais dispose simplement d'une priorité par rapport à une IDE.

La collaboration avec l'aide-soignant

Le cadre de référence

L'article R.4311-4 du Code de la santé publique dispose que « lorsque les actes accomplis et les soins dispensés relevant de son rôle propre sont dispensés dans un établissement ou un service à domicile à caractère sanitaire, social ou médico-social, l'infirmier ou l'infirmière peut, sous sa responsabilité, les assurer avec la collaboration d'aides-soignants, d'auxiliaires de puériculture, d'aides médico-psychologique qu'il encadre et dans les limites de la qualification reconnue à ces derniers du fait de leur formation. Cette collaboration peut s'inscrire dans le cadre des protocoles de soins infirmiers mentionnés à l'article R.4311-3 ».

Les conditions de la collaboration

Pour qu'une collaboration soit possible, deux conditions sont nécessaires :

- la première est que l'on se situe dans le cadre du rôle propre de l'infirmier. Aucun acte appartenant aux autres catégories d'actes (prescription, prescription à condition qu'un médecin puisse intervenir, acte réalisé par le médecin avec la participation de l'IDE) ne peut donc faire l'objet d'une collaboration ;
- la seconde que l'aide-soignant dispose de la compétence pour effectuer l'acte. Tous les actes ne peuvent pas faire l'objet d'une collaboration, encore faut-il que l'aide-soignant dispose de cette compétence au sens juridique du terme (c'est-à-dire qu'il ait le droit de faire et non pas qu'il sache faire).

Un acte qui n'entre pas dans le champ de compétence de l'aide-soignant (c'est-à-dire inscrit dans les textes organisant la profession) ne peut donc pas faire l'objet d'une collaboration, quand bien même l'aide-soignant sait l'exécuter, notamment parce qu'il a bénéficié d'une formation au sein de son établissement. Il n'est donc pas possible de compenser une incompétence juridique (au sens de ne pas avoir le droit de faire) par une compétence de terrain (au sens de savoir pratiquer l'acte).

La collaboration donne-t-elle lieu à délégation ?

Le terme de délégation est juridiquement impropre. La notion de délégation ne peut permettre de donner une justification juridique à une situation de « glissement de tâche » répréhensible et susceptible d'engager la responsabilité pénale de leurs auteurs.

Dans le domaine de la santé, chacun doit posséder les compétences légales et réglementaires nécessaires à l'exercice de sa profession. De ce fait, il ne peut y avoir de transfert de compétences par le seul fait de la volonté de celui qui est titulaire du droit d'exercice.

LE POSITIONNEMENT DE L'ÉTUDIANT INFIRMIER EN STAGE

L'encadrement des étudiants fait partie de la mission des soignants diplômés. Parce que comme son nom l'indique l'étudiant est encore en phase d'apprentissage, il doit être encadré par une personne diplômée et ce dans un souci de sécurité et de qualité des soins pour les patients.

Il appartient ainsi aux soignants diplômés d'être vigilants par rapport aux actes qu'ils confient aux étudiants, et de tenir compte en cela du niveau d'étude de l'étudiant, de sa connaissance ou non de l'acte à pratiquer et de la dangerosité ou complexité de l'acte en question.

La responsabilité de l'encadrant

Si l'on se réfère à l'article 1382 du Code civil « Tout fait quelconque de l'homme, qui cause à autrui un dommage, oblige celui par la faute duquel il est arrivé à le réparer », lorsque je commets une faute, que cette faute cause un dommage à autrui, je dois le réparer. C'est ce que l'on appelle la responsabilité directe.

Mais peut-on être tenu pour responsable d'un acte que l'on n'a pas directement commis ? Peut-on retenir notre responsabilité pour un acte que l'on n'a certes pas directement réalisé mais auquel on a indirectement participé ? Un étudiant infirmier commet une erreur, l'infirmier diplômé, de service ce jour-là, pourra-t-il être tenu pour responsable de cette erreur ?

L'encadrement des étudiants, un exemple de responsabilité indirecte

C'est à l'article 121-3 du Code pénal qu'il faut se référer : « Il n'y a point de crime ou de délit sans intention de le commettre.

Toutefois, lorsque la loi le prévoit, il y a délit en cas de mise en danger délibérée de la personne d'autrui.

Il y a également délit, lorsque la loi le prévoit, en cas de faute d'imprudence, de négligence ou de manquement à une obligation de prudence ou de sécurité prévue par la loi ou le règlement, s'il est établi que l'auteur des faits n'a pas accompli les diligences normales compte tenu, le cas échéant, de la nature de ses missions ou de ses fonctions, de ses compétences ainsi que du pouvoir et des moyens dont il disposait.

Dans le cas prévu par l'alinéa qui précède, les personnes physiques qui n'ont pas causé directement le dommage, mais qui ont créé ou contribué à créer la situation qui a permis la réalisation du dommage ou qui n'ont pas pris les mesures permettant de l'éviter, sont responsables pénalement s'il est établi qu'elles ont, soit violé de façon manifestement délibérée une obligation particulière de prudence ou de sécurité prévue par la loi ou le règlement, soit commis une faute caractérisée et qui exposait autrui à un risque d'une particulière gravité qu'elles ne pouvaient ignorer.

Il n'y a point de contravention en cas de force majeure. »

Exemple : c'est cet article qui sera appliqué en cas de glissement de tâche. En effet l'infirmier lorsqu'il confie la pratique d'un soin à un aide-soignant, alors que ce soin ne peut faire l'objet d'une collaboration (conformément au cadre légal de la collaboration), sera responsable des conséquences dommageables qui pourraient survenir pour le patient (en cas de faute dans la pratique du soin).

On estimera dans cette situation qu'il a violé une obligation de sécurité en confiant la pratique d'un soin à une personne incompétente (sur un plan juridique), et ce quand bien même ce n'est pas lui qui a pratiqué le soin et causé directement le dommage. Mais en confiant le soin à l'aide-soignant, il y a aura indirectement contribué.

Les responsabilités juridiques encourues en cas de faute commise par un étudiant

Le discours qui est souvent tenu aux étudiants est celui d'une irresponsabilité en raison de leur statut d'étudiant. Ce discours est à proscrire. Si l'étudiant commet une faute, il aura à en répondre. Certes une atténuation de responsabilité pourra être retenue en fonction des circonstances mais en aucun cas une irresponsabilité d'office ne sera retenue. On pourra reprocher à l'étudiant de ne pas s'être suffisamment renseigné par rapport à l'acte à effectuer, ou encore de ne pas avoir alerté de sa méconnaissance de l'acte.

La sévérité sera fonction du niveau d'étude de l'étudiant, et du caractère courant ou exceptionnel de l'acte à pratiquer.

En ce qui concerne le soignant qui encadre, sa responsabilité sera également recherchée sous l'angle de l'article 121-3 du Code pénal qui pose le principe d'une responsabilité indirecte en cas de manquement à une obligation de prudence ou de faute caractérisée.

En raison de sa mission d'encadrement, il lui appartient de surveiller les actes pratiqués par l'étudiant ou de s'assurer que celui-ci dispose bien de tous les éléments et de toutes les connaissances nécessaires à la pratique d'un acte. S'il ne le fait pas, elle commet une faute : son absence de diligence ayant contribué à la commission de la faute par l'étudiant.

Là aussi, l'examen de la responsabilité sera fonction de l'acte demandé à l'étudiant : était-ce un acte complexe ? Auquel cas le soignant diplômé se devait d'encadrer le stagiaire dans sa pratique. Le soignant a-t-il vérifié les connaissances de l'étudiant par rapport à l'acte, notamment si cet acte est potentiellement dangereux pour le patient ? L'acte présentait-il un caractère d'urgence incompatible avec la charge de travail du soignant diplômé ou était-ce un acte non urgent qui pouvait attendre que le soignant se libère ?

À l'issue de ce raisonnement, s'il apparaît que la faute de l'étudiant n'est pas excusable et que l'absence d'encadrement du soignant diplômé constitue une faute caractérisée, la responsabilité juridique des deux personnes pourra être retenue. Cette responsabilité peut être de plusieurs natures en fonction du dommage et des demandes du patient : civile, pénale, disciplinaire ou déontologique.

À noter : il appartient aux établissements de santé de faire en sorte que les étudiants soient accueillis dans de bonnes conditions du point de vue de l'encadrement de leur stage. À ce titre, un étudiant ne doit pas suppléer un soignant diplômé absent, faute de pouvoir alors être encadré. Par extension, la responsabilité du cadre pourrait être recherchée en raison du caractère dangereux d'une telle organisation de service qu'il ne peut ignorer, dès lors qu'il est démontré qu'il n'a rien fait pour y remédier.

Un exemple de jurisprudence

Afin de mieux comprendre le mécanisme de responsabilité juridique dans l'encadrement des étudiants, il est intéressant d'étudier un cas de jurisprudence relatif à un étudiant infirmier. L'exemple en question concerne un arrêt rendu par la cour de cassation le 26 juin 2001[103]. Dans cette affaire, une étudiante infirmière de 3e année avait injecté du chlorure de potassium à un patient par voie intraveineuse (alors que la prescription prévoyait une injection en perfusion lente), entraînant son décès.

La Cour retient ici qu'il appartenait à l'étudiante de solliciter toutes informations utiles si elle ignorait le mode d'administration du chlorure de potassium, mais également de lire les inscriptions présentes sur les ampoules de chlorure de potassium.

Compte tenu de la compétence d'une étudiante de 3e année, des moyens dont elle disposait et des possibilités qu'elle avait de s'informer, la Cour estime qu'elle n'a pas accompli toutes les diligences normales et a ainsi causé la mort du patient, en conséquence elle prononce une peine de trois mois d'emprisonnement avec sursis.

En ce qui concerne l'infirmière diplômée de service au moment de la faute, la Cour retient qu'il lui incombait de surveiller les actes accomplis par l'étudiante; que l'administration du produit ne présentant aucun caractère d'urgence, pouvait être différée jusqu'à ce que l'infirmière soit disponible pour agir elle-même ou surveiller le travail de l'étudiante.

...

1 Cour de cassation, Chambre criminelle, 26 juin 2001, n° 00-87816.

…
Il lui est également reproché de ne pas s'être assurée de la connaissance par l'étudiante du mode d'administration du produit ce qui constitue une faute caractérisée et engage sa responsabilité. Pour cette faute caractérisée, c'est une peine de 8 mois d'emprisonnement avec sursis qui est prononcée.

OLIVIER, 2 ANS[2]

Olivier, un petit garçon de 2 ans, après avoir connu des épisodes de bronchiolite, tous traités à domicile, présente de nouveau quelques mois plus tard un nouvel épisode de bronchiolite accompagné d'une crise d'asthme. Sur l'initiative de son pédiatre, l'enfant est hospitalisé quelques jours en urgence dans le service de pneumologie du centre hospitalier le plus proche.

De retour à domicile, son état de santé se dégrade, sa mère appelle donc SOS Médecin. Le praticien diagnostique une gastro-entérite aiguë et prescrit un traitement dont l'efficacité apparemment toute relative amène sa mère, en présence de nombreux vomissements, à appeler le SAMU qui transfère Olivier à 22 h 28 aux urgences du centre hospitalier. Son admission est justifiée alors par une intolérance alimentaire totale et une déshydratation importante.

Le lendemain, Olivier est dirigé vers le service de pneumologie, faute de place disponible en service de gastro-entérologie. Au sein de ce service, il existe une répartition de la charge de travail par secteur de 6 lits : deux sont gérés chacun par une infirmière et le dernier par une aide-soignante. Olivier est installé dans une chambre relevant du secteur de l'aide soignante.

Lors d'un change, vers 12 h-12 h 30, une aide-soignante constate l'arrêt accidentel de la perfusion, et le signale d'abord à l'externe puis à une infirmière qui demande des instructions au médecin. Celui-ci prescrit par téléphone l'arrêt de la perfusion sans avoir revu l'enfant qui se trouvait alors au service de radiologie, puis quitte le service peu après sans donner d'instruction de surveillance particulière.

La mère reste avec Olivier toute l'après-midi et jusqu'à 23 heures. Elle s'occupe des soins immédiats de l'enfant. Elle constate que les selles sont à nouveau abondantes, que l'enfant présente des tremblements et des marbrures mais Olivier n'est vu ni par l'interne de garde ni par le chef de clinique. La mère manifeste ses inquiétudes auprès des infirmières du service, ainsi qu'à l'aide-soignante. La mère quitte le service vers 23 h 30.

À 5 h 30, l'aide-soignante constate que l'état de l'enfant se dégrade et alerte à ce moment-là les infirmières. L'interne de garde appelé alors auprès de l'enfant, constate que celui-ci se trouve en état de choc. Il est pris en charge par le service de réanimation, alors qu'il est en arrêt cardiaque depuis plusieurs minutes. Il présente dès ce moment des signes d'anoxie cérébrale gravissimes et décède 5 jours plus tard.

Une autopsie est réalisée, elle conclut que la cause immédiate de l'arrêt cardiaque est vraisemblablement une inhalation massive ayant entraîné un bronchospasme.

2 Cette situation est un résumé d'une affaire réelle.

1 IDENTIFIER LES DONNÉES SIGNIFICATIVES

Quelles données relève-t-on ?	Pourquoi sont-elles significatives ?
Olivier est un enfant de 2 ans	Il s'agit d'une période de vie dite vulnérable
De multiples épisodes de pathologie pulmonaire et présence d'un épisode de gastro-entérite	Cela révèle un état de santé fragile sur lequel intervient un épisode aigu
À domicile, état clinique évoluant vers une aggravation : intolérance alimentaire totale et déshydratation importante	Il s'agit d'un contexte de soins avec notion d'évolution défavorable
Hébergement dans un service de pneumologie, et non de gastro-entérologie	L'enfant n'est pas admis dans le service en lien avec sa pathologie
Sectorisation des lits dont 1 secteur géré de manière autonome par une aide-soignante Le médecin prescrit par téléphone sans revoir l'enfant puis quitte le service sans assurer la contre-visite ni donner d'instructions	Cela établit le cadre légal de l'exercice professionnel
Signes cliniques en faveur d'une aggravation : selles abondantes, tremblements, marbrures	Il s'agit d'un contexte de soin avec pronostic de soin défavorable. Cela montre le degré d'urgence par rapport à l'évolution défavorable de l'état clinique de l'enfant
La mère s'occupe seule de son fils Elle manifeste des inquiétudes, non suivies d'effet, par rapport aux éléments qu'elle a repéré.	Cela établit le contexte de la prise en charge, dont le comportement de l'équipe et le manque d'outils utilisés pour la traçabilité du suivi de l'enfant
Entre 23 h 30 et 5 h 30, l'enfant n'est pas suivi ni surveillé	Aucun élément sur l'évolution de l'enfant pendant 6 heures
À 5 h 30, interne de garde appelé pour état de choc. Il constate que l'enfant est en arrêt cardiaque depuis plusieurs minutes L'enfant décède. L'autopsie révèle une inhalation massive responsable d'un bronchospasme	Il s'agit des causes du décès qui seront à mettre en lien avec le déroulement de la prise en soin.

2 COMPRENDRE ET ÉVALUER LA SITUATION

Que faut-il comprendre ?	Évaluation
L'enfant est âgé de 2 ans. Il n'est donc pas en mesure d'expliquer ce qui lui arrive, ni d'alerter l'équipe SAVOIRS FONDAMENTAUX Raisonnement clinique, psychologie, sociologie et anthropologie	Incapacité de l'enfant à exprimer ses besoins
Son état de santé est fragile du fait des antécédents et la symptomatologie majore le risque de complications. SAVOIRS FONDAMENTAUX Raisonnement clinique, processus obstructifs, processus inflammatoires et infectieux	Contexte de soin nécessitant une vigilance accrue, car le pronostic peut rapidement être défavorable avec une rapide dégradation de l'état général
Mauvaise orientation en service de pneumologie de l'enfant SAVOIRS FONDAMENTAUX Législation	
La sectorisation des lits mise en place au sein du service amène l'enfant à être suivi de manière autonome par une aide-soignante uniquement. SAVOIRS FONDAMENTAUX Législation, rôles infirmiers, organisation du travail et interprofessionnalité, encadrement des professionnels de soins	Organisation des soins qui constitue un non-respect du cadre légal d'exercice professionnel (aide-soignant et infirmière)
Le médecin prescrit par téléphone un arrêt de perfusion alors qu'il n'est pas venu dans le service réexaminer l'enfant. Il ne dispose donc pas de l'ensemble des éléments observation clinique. Par ailleurs, il quitte le service sans donner d'instruction précise de surveillance ou de suivi à l'équipe. Celle-ci n'en demande pas. SAVOIRS FONDAMENTAUX Législation, raisonnement clinique	Non respect du cadre légal en matière de prescription médicale Non respect des obligations professionnelles du médecin et de l'équipe

Que faut-il comprendre ?	Évaluation
Dégradation rapide de l'état de l'enfant mal appréciée car le soignant n'a pas la compétence nécessaire. Par ailleurs, elle ne fait pas la démarche de transmettre la situation à l'IDE. Celle-ci manque de clairvoyance en ne renforçant pas la surveillance pour pallier le manque de réactivité d'une équipe de soins peu au fait de la pathologie digestive de l'enfant	Défaut de soins et de surveillance
Les inquiétudes de la mère pour alerter l'équipe infirmière, qui de son côté ne s'enquiert pas de l'état clinique de l'enfant, ne sont pas prises en considération La mère n'est pas accompagnée : aucune relation d'aide ne lui est proposée pour la gestion de ses émotions SAVOIRS FONDAMENTAUX Législation, raisonnement clinique, rôles infirmiers, organisation du travail et interprofessionnalité, encadrement des professionnels de soins, soins relationnels	Absence d'écoute et mauvaise qualité d'accompagnement
L'enfant décède d'une inhalation massive ayant provoqué un bronchospasme. Cette cause est directement liée à une installation inappropriée, au défaut de surveillance et à un enchaînement de fautes professionnelles et aurait donc pu être évitée SAVOIRS FONDAMENTAUX Législation	Engagement de la responsabilité de l'aide-soignante, des infirmières et du médecin, de l'encadrement

Synthèse de l'évaluation : il s'agit d'une situation où un petit garçon de 2 ans est hospitalisé dans un service de pneumologie pour une gastro-entérite. L'organisation du service met en évidence des manquements aux règles professionnelles.

L'état clinique de l'enfant évolue défavorablement avec des signes visibles de défaillance organique. L'équipe est peu réactive, malgré les alertes répétées de la mère.

L'enfant reste sans surveillance pendant 6 heures avant que l'état de choc ne soit constaté et ne donne lieu à une alerte. L'enfant décède d'une inhalation massive provoquant un bronchospasme, en raison d'une accumulation de fautes professionnelles.

3 METTRE EN ŒUVRE LES ACTIONS

Quelles actions aurait-on dû mettre en œuvre ?	Pourquoi ?
Actions IDE : • Surveillance de l'état clinique : thérapeutique, température, TA, FR • Quantification de pertes digestives • Installation proclive Actions en collaboration avec l'AS : • Soins de confort et de bien-être • Contrôle régulier des pertes	L'évaluation initiale et la surveillance de l'enfant est du ressort de l'IDE, en collaboration avec l'AS. Les résultats des données nécessitent de mettre en œuvre une stratégie thérapeutique adaptée et d'alerter el médecin
Transmissions orales AS/IDE	Données signalées
Transmissions IDE/médecin	Prise en charge effectuée
Entretien avec la mère	Evaluation des ressources de la mère pour l'impliquer dans les soins
L'organisation des soins ne devrait pas conduire à la gestion autonome de 6 lits par une aide-soignante	Cette organisation conduit une personne incompétente au sens juridique à agir en toute autonomie. C'est cette organisation qui est en grande partie responsable du décès de l'enfant puisque l'aggravation de son état de santé n'a pas été détectée, en raison de l'insuffisance professionnelle de l'aide-soignante

4 NOTER ET ANALYSER LES RÉSULTATS OBTENUS

Résultats d'une prise en charge optimale	Évaluation des résultats d'une prise en charge optimale
• Traitements administrés • Surveillance des constantes : TA, FR, coloration des téguments, pertes digestives • Information et implication de la mère • Prescription médicale écrite	Stratégie thérapeutique adaptée Le décès de l'enfant est évité. S'il survient toutefois, il est consécutif à la pathologie et à son état de santé et non à des fautes professionnelles ou à une mauvaise organisation du service

S'ENTRAINER

VÉRIFIER SES CONNAISSANCES

1 QROC (Questions à réponses ouvertes courtes)

1. Quelles sont les différentes catégories d'actes professionnels relatives à l'exercice de la profession d'infirmier ?

2. Citez 5 actes appartenant au rôle propre, et 5 actes appartenant au rôle sur prescription ?

3. L'infirmier dispose-t-il d'un droit de prescription ? Si oui, dans quel cadre ? Si non, pourquoi ?

4. Quelles sont les conditions de la collaboration entre un infirmier et un aide-soignant ?

5. Quelles sont les 5 missions des soins infirmiers ?

6. Citez 5 actes que peut réaliser l'infirmier s'il dispose d'une prescription médicale à condition qu'un médecin puisse intervenir à tout moment.

7. Quelles sont les conditions de validité d'une prescription médicale ?

8. Citez la catégorie de chaque soin cité ci-dessous :

a) Prévention et soins d'escarres.

b) Aspirations des sécrétions d'un patient qu'il soit ou non intubé ou trachéotomisé.

c) Injections et perfusions de produits d'origine humaine nécessitant, préalablement à leur réalisation, lorsque le produit l'exige, un contrôle d'identité et de compatibilité obligatoire effectué par l'infirmier ou l'infirmière.

d) Soins et surveillance des patients sous dialyse rénale ou péritonéale.

e) Premier sondage vésical chez l'homme en cas de rétention.

f) Mise en place et ablation d'un cathéter court ou d'une aiguille pour perfusion dans une veine superficielle des membres ou dans une veine épicrânienne.

g) Installation du patient dans une position en rapport avec sa pathologie ou son handicap.

h) Renouvellement du matériel de pansements médicamenteux.

i) Ablation de cathéters centraux et intrathécaux.

j) Administration en aérosols et pulvérisations de produits médicamenteux.

k) Utilisation d'un défibrillateur semi-automatique et surveillance de la personne placée sous cet appareil.

l) Enregistrement d'électrocardiogrammes et d'électroencéphalogrammes avec épreuves d'effort ou emploi de médicaments modificateurs.

m) Pose de bandages de contention.

n) Pose de sondes gastriques en vue de tubage, d'aspiration, de lavage ou d'alimentation gastrique.

o) Réalisation, surveillance et renouvellement des pansements non médicamenteux.

p) Pose de dispositifs d'immobilisation.

q) Préparation du patient en vue d'une intervention, notamment soins cutanés préopératoires.

r) Pose d'une sonde à oxygène.

s) Irrigation de l'œil et instillation de collyres.

t) Utilisation d'un défibrillateur manuel.

u) Pose de systèmes d'immobilisation après réduction.

v) Surveillance des cathéters, sondes et drains.

w) Prélèvements de sang par ponction veineuse ou capillaire ou par cathéter veineux.

x) Observation et surveillance des troubles du comportement.

y) Prélèvements de sang par ponction artérielle pour gazométrie.

9. Compléter les pointillés :

– Article R.4311-1 du CSP : « L'exercice de la profession d'infirmier ou d'infirmière comporte ...., ..., ... et leur .... , la contribution au recueil de données cliniques et épidémiologiques et la participation à des actions de ...., de ...., de .... et................. »

– Article R.4311-3 du CSP : « Relèvent du rôle propre de l'infirmier ou de l'infirmière les soins liés aux .... et de .... et visant à .... partiellement ou totalement un .... ou une .... d'une personne ou d'un groupe de personnes. Dans ce cadre, l'infirmier ou l'infirmière a compétence pour .... et .... les soins qu'il juge .... conformément aux dispositions des articles R.4311-5 et R.4311-6. Il identifie .... de la personne, pose un ...., formule des ...., met en œuvre .... et les .... Il peut élaborer, avec la participation de l'équipe soignante, des .... relevant de son initiative. Il est chargé de la ...., de .... et de la .... du dossier de soins infirmiers ».

– Article R.4311-7 du CSP : « L'infirmier ou l'infirmière est habilité à pratiquer les actes suivants soit en application .... qui, sauf ...., est ...., ... et ...., ... et ...., soit en application d'un ...., ... et ...., préalablement établi, ... et .... par un médecin. »

CORRIGÉS

VÉRIFIER SES CONNAISSANCES

1 QROC (Questions à réponses ouvertes courtes)

1. On distingue 4 catégories d'actes :
– les actes relevant du rôle propre de l'IDE ;
– les actes nécessitant une prescription médicale ou un protocole ;
– les actes nécessitant une prescription et réalisables à condition qu'un médecin puisse intervenir à tout moment ;
– les actes réalisés par le médecin auxquels participe l'infirmier.

2. Rôle propre : dépistage et évaluation des risques de maltraitance ; aide à la prise des médicaments présentés sous forme non injectable ; vérification de leur prise ; surveillance de leurs effets et éducation du patient ; administration de l'alimentation par sonde gastrique, sous réserve des dispositions prévues à l'article R. 4311-7 et changement de sonde d'alimentation gastrique.
Rôle sur prescription : pose de sondes rectales, lavements, extractions de fécalomes, pose et surveillance de goutte-à-goutte rectal ; appareillage, irrigation et surveillance d'une plaie, d'une fistule ou d'une stomie ; soins et surveillance d'une plastie ; participation aux techniques de dilatation de cicatrices ou de stomies ; soins et surveillance d'un patient intubé ou trachéotomisé, le premier changement de canule de trachéotomie étant effectué par un médecin.

3. Oui l'infirmier dispose d'un droit de prescription même si celui-ci est limité à des activités bien précises. Depuis 2007, l'infirmier peut en effet prescrire certains dispositifs médicaux (pendant la durée d'une prescription médicale d'actes infirmiers). Depuis 2009, l'infirmier est également habilité à renouveler la prescription de contraception datant de moins d'un an pour 6 mois non renouvelable.

4. Pour qu'une collaboration soit possible, deux conditions sont nécessaires :
– la première est que l'on se situe dans le cadre du rôle propre de l'infirmier ;
– la seconde que l'aide-soignant dispose de la compétence pour effectuer l'acte au sens juridique du terme.

5.
– Protéger, maintenir, restaurer et promouvoir la santé physique et mentale des personnes ou l'autonomie de leurs fonctions vitales physiques et psychiques en vue de favoriser leur maintien, leur insertion ou leur réinsertion dans leur cadre de vie familial ou social.
– Concourir à la mise en place de méthodes et au recueil des informations utiles aux autres professionnels, et notamment aux médecins pour poser leur diagnostic et évaluer l'effet de leurs prescriptions.
– Participer à l'évaluation du degré de dépendance des personnes.
– Contribuer à la mise en œuvre des traitements en participant à la surveillance clinique et à l'application des prescriptions médicales contenues, le cas échéant, dans des protocoles établis à l'initiative du ou des médecins prescripteurs.
– Participer à la prévention, à l'évaluation et au soulagement de la douleur et de la détresse physique et psychique des personnes, particulièrement en fin de vie au moyen des soins palliatifs, et d'accompagner, en tant que de besoin, leur entourage.

6. Injections et perfusions de produits d'origine humaine nécessitant, préalablement à leur réalisation, lorsque le produit l'exige, un contrôle d'identité et de compatibilité obligatoire effectué par l'infirmier ou l'infirmière ; injections de médicaments à des fins analgésiques dans des cathéters périduraux et intrathécaux ou placés à proximité d'un tronc ou d'un plexus nerveux, mis en place par un médecin et après que celui-ci ait effectué la première injection ; ablation de cathéters centraux et intrathécaux ; Pose de dispositifs d'immobilisation ; utilisation d'un défibrillateur manuel.

7. La prescription pour être valable doit, sauf urgence, être écrite, qualitative et quantitative, datée et signée et comporter le nom du signataire en caractère lisible.

8. a) b) d) g) k) o) q) s) v) x) : rôle propre.
f) h) j) m) n) r) w) y) : rôle sur prescription.
c) i) p) t) : rôle sur prescription à condition qu'un médecin puisse intervenir à tout moment.
e) l) u) : actes réalisés par le médecin auxquels participe l'infirmier.

9.
– Article R.4311-1 du CSP : « L'exercice de la profession d'infirmier ou d'infirmière comporte l'analyse, l'organisation, la réalisation de soins infirmiers et leur évaluation, la contribution au recueil de données cliniques et épidémiologiques et la participation à des actions de prévention, de dépistage, de formation et d'éducation à la santé. »

ticle R.4311-3 du CSP : « Relèvent du rôle propre de l'infirmier ou de l'infirmière les soins liés aux fonctions d'entretien et de continuité de la vie et visant à compenser partiellement ou totalement un manque ou une diminution d'autonomie d'une personne ou d'un groupe de personnes. Dans ce cadre, l'infirmier ou l'infirmière a compétence pour prendre les initiatives et accomplir les soins qu'il juge nécessaires conformément aux dispositions des articles R.4311-5 et R.4311-6. Il identifie les besoins de la personne, pose un diagnostic infirmier, formule des objectifs de soins, met en œuvre les actions appropriées et les évalue. Il peut élaborer, avec la participation de l'équipe soignante, des protocoles de soins infirmiers relevant de son initiative. Il est chargé de la conception, de l'utilisation et de la gestion du dossier de soins infirmiers ».

– Article R.4311-7 du CSP : « L'infirmier ou l'infirmière est habilité à pratiquer les actes suivants soit en application d'une prescription médicale qui, sauf urgence, est écrite, qualitative et quantitative, datée et signée, soit en application d'un protocole écrit, qualitatif et quantitatif, préalablement établi, daté et signé par un médecin. »

Éthique clinique

8 La démarche en éthique clinique

COMPRENDRE

Le soignant est au cœur de la réflexion éthique puisque chaque situation de soin peut amener à se poser de telles questions. En voici quelques exemples quotidiens : question éthique posée par l'organisation des soins de prises de sang avec les toilettes de la journée, question éthique liée à la façon dont on prépare le malade pour l'amener à un examen, par la façon dont on respecte le garçon de la chambre mortuaire qui vient chercher une personne décédée, par la façon dont on arrive à se parler entre collègues etc.. Il y a aussi les enjeux plus dramatiques quand il y a des choix thérapeutiques mis en difficultés par le malade, par la famille ou face aux questions de vie ou de mort posées par l'un d'entre eux.

Si le soignant n'a pas toujours la responsabilité ultime d'une décision, il doit se sentir responsable des actes réalisés et agir en accord avec ses valeurs et ses convictions. Pour éviter l'épuisement professionnel, le soignant a besoin de comprendre ce qu'il fait (ce n'est pas un simple exécutant) et a besoin de participer à l'élaboration du projet de soin. La problématique vient du fait que tous les soignants n'auront pas forcément la même vision du projet imposé ou centré par la personne malade.

Soigner une personne, c'est toujours s'ouvrir sur une nouvelle situation et parfois de nombreux dilemmes. La démarche éthique c'est savoir se mettre à l'écoute de l'autre, des autres mais aussi de soi. Être fier de soi en rentrant le soir, c'est pouvoir faire la concordance entre un travail bien exécuté et une impression d'avoir grandi en humanité au cours de la journée.

Nous proposons ici deux chapitres. Le premier reprend quelques éléments sur les enjeux de la communication et de la discussion. Le second montre les différentes étapes de la démarche en éthique clinique afin d'arriver à pouvoir donner du sens à l'action à faire (changer les horaires de toilette ; accompagner une personne que le médecin vient de débrancher de son ventilateur artificiel ou demande d'un arrêt de perfusion par une personne âgée). Ainsi l'agir sera fidèle à sa pensée et le soignant pourra se regarder dans la glace au retour à son domicile.

ÉLÉMENTS DE COMMUNICATION

La communication interpersonnelle est toujours risquée puisque chacun peut aussi bien gagner de l'information qu'être troublé par celles qu'impose autrui.

Elle est risquée parce que l'un peut déstabiliser l'autre, lui faire du mal, voire lui émettre un sentiment de mépris voire lui renvoyer un sentiment de culpabilisation ou d'exclusion. Mieux vaudrait alors rester seul dans sa décision, se dit tout soignant ! Pourtant, le soin est le lieu même de la nécessité de partages des convictions dans le respect le plus total de l'autre et des autres.

Diverses aides pour comprendre la relation interindividuelle

Plusieurs techniques de communication ont été développées depuis les années 1970. Nous citerons seulement la programmation neurolinguistique et l'analyse transactionnelle.

La programmation neurolinguistique

La programmation neurolinguistique est fondée par J. Grinder et R. Bandler[1] à partir des techniques de thérapie comportementale. Ces auteurs rappellent que chacun parle avec ce qu'il est, à partir de sa représentation du monde et de ses implicites sur la notion de pouvoir. Il émettra aussi ses émotions et son avis à travers son canal sensoriel préférentiel : visuel, auditif, kinesthésique, olfactif, gustatif. À chaque discussion sur une question éthique, le soignant tout comme le malade va mobiliser ses structures de base. Et le soignant doit tenter de les comprendre pour l'aider à prendre une décision.

Le malade va expliquer ses implicites sur le monde, sur sa responsabilité à partir de son canal préférentiel ; par exemple visuel. Il voit ce qu'il vit, il imagine ce qu'il va ressentir. Son langage sera imagé, métaphorique. L'aider à parler sur ce canal c'est l'aider à mieux exprimer son angoisse et ses questions. Un soignant qui aurait le canal kinesthésique comme canal sensoriel préférentiel par exemple, qui préfère toucher du doigt l'idée et toucher et masser la main de celui qui souffre, peut être totalement inadapté si le malade vit mal ce canal kinesthésique.

L'analyse transactionnelle

L'analyse transactionnelle[2] est une théorie fondée par E. Berne. Il postule que chaque relation interpersonnelle se construit sur des échanges entre plusieurs niveaux de perception de son Moi.

Le Moi est un système complexe à trois structures : moi-parent, moi-adulte, moi-enfant. Chaque niveau est cohérent par ses pensées, ses émotions et ses comportements associés. Quand la personne se présente à l'autre avec des pensées, des émotions et des comportements d'une personne qui a intériorisé et assumé les stratégies des figures parentales ou éducatives marquantes, E Berne parle d'une personne parlant à partir de son *moi- parent*. Ce niveau *moi-parent* peut être sur le versant nourricier quand la personne prend ses responsabilités en matière d'accompagnement. Il peut être sur le versant normatif lorsqu'il émet des jugements de valeurs ou suit des normes sociales.

La personne se présente avec son *moi-adulte* quand elle a une réponse en lien avec la réalité rationnelle en traitant les informations, les faits et les idées. On peut considérer cet état comme une sorte de stratégie froide, neutre, désaffectivée.

1 Grinder J., Bandler R. *Les secrets de la communication*, la PNL, trad. J.B. Lalanne, Le jour éditeur (1982), 2002.
2 de Lassus R., *L'analyse transactionnelle*, Marabout, Savoir pratique, Paris, 2007, 3516.

La personne se présente avec son *moi-enfant* quand elle prend des attitudes d'enfant. Le moi-enfant est dit créatif quand la personne parle surtout de manière intuitive, est dit spontané quand la personne a des réponses impulsives de ses sensations ou émotions, est dit rebelle ou soumis avec des réponses réactionnelles conditionnées.

Chaque personne va interagir à partir de ces états du moi qui vont interagir avec les états du moi de son interlocuteur tentant de s'adapter avec bonheur ou non l'un à l'autre. Il est parfois facile de constater pourquoi la communication entre deux protagonistes dérive en conflit ouvert. Les transactions directes ou croisées entre eux, la recherche de reconnaissance, les positionnements inconscients que chacun prend, et l'envie indirecte de dépasser le dilemme, amènent à rendre impossible le discernement d'une solution adaptée aux yeux de chacun.

Pour E. Berne l'important est que chacun se dirige vers son autonomie, c'est-à-dire avoir conscience de son état, être capable de ne pas réagir par réflexe à la stimulation d'autrui, et se sentir authentique dans sa réponse excluant toute envie de manipulation de l'autre.

Le malade peut se mettre dans une position d'enfant afin d'obtenir une réponse du soignant. Si le soignant ne s'en aperçoit pas, il peut répondre alors avec une attitude d'un moi-parent nourricier empêchant alors le malade de revenir à une situation plus adulte.

La communication est risquée parce qu'elle invite chacun à changer de registre, de vision du monde. Le malade ou le soignant n'ont pas forcément envie de changer cela, ne voulant pas risquer de devoir modifier leur compréhension de la question posée et de se sentir obligé d'accepter une demande à laquelle il ne s'attendait pas.

Et ce travail d'élaboration va amener chacun à devoir perdre un peu de sa toute-puissance, comprise ici du point de vue psychanalytique. L'humain a toujours des attraits pour communiquer, mais aussi des peurs de perdre plus qu'il ne pourrait gagner et aussi des tentations de se servir de l'autre à son profit. En fait, dans toute relation, chaque interlocuteur passe aussi d'un niveau d'attrait, de peurs et de tentations très rapidement s'il ne fait pas attention. C'est-à-dire qu'une bonne intention peut facilement dériver en phrase qui fera mal à celui qui l'entend. La communication demande donc beaucoup d'humilité et une perception de la relation nouvelle. Si on donne une information à autrui, il faut aussi pardonner à autrui la phrase qui est parfois douloureuse. Le pardon est la capacité de reconnaître qu'autrui est toujours plus que ce qu'il a fait de mal.

Tout soignant expérimente aussi le fait de devoir pardonner au malade, c'est-à-dire lui reconnaître le droit que ses phrases ne sont pas toujours très positives ni humanisantes. Le malade vindicatif, le malade râleur, le malade énervé, ils sont nombreux particulièrement à critiquer le service devant les infirmières et à ne rien dire devant le médecin !

La notion d'équipe

La notion d'équipe prend de plus en plus sens aujourd'hui puisque tous les soignants comprennent qu'ils ont tous un rôle à jouer dans la prise en charge d'un patient. L'équipe est de plus ouverte sur des métiers différents (équipe pluri-, multi- ou transdisciplinaire) afin que chacun puisse apporter sa compréhension à partir de ses prismes du dilemme. La prise en soin d'une personne malade dépend donc de cette alchimie humaine entre valeurs des uns, représentations de la « tâche » à réaliser en fonction des compétences techniques, relationnelles et capacité à être vrai pour soi-même et aux yeux d'autrui. L'équipe est un lieu de projections, de transferts, d'influences, de stratégies et de contagion parfois difficiles à comprendre, à analyser et donc à canaliser.

Pour A. Jacquard, « Ensemble, c'est ajouter » mais cela engendre parfois de la complexité dans un fonctionnement que l'institution voudrait optimal (rentabilité, sécurité...). C'est un objectif ambitieux car l'équipe est toujours en mouvance, éphémère car elle est en perpétuelle construction et déconstruction ou reconstruction en fonction des épreuves qu'elle traverse. L'équipe vit chaque situation comme singulière mais l'inscrit dans l'histoire communautaire à partir de laquelle toute autre situation future un peu difficile ou conflictuelle va s'édifier. Le dialogue en équipe est donc indispensable et l'expression « donner du sens » lors de la décision prise en cas de situation difficile par chaque membre de l'équipe par l'équipe est fondamentale.

Nous reprenons ici quelques éléments seulement rendant compte de la complexité de travailler ensemble, à relire avec les propos du premier chapitre et qui impliquent de se mettre dans une démarche éthique de la discussion.

Il faut accepter la diversité, la richesse de l'expérience de vie de chacun, les différences. Elles permettent de construire mais imposent aussi des contraintes et des limites : « où ma liberté s'arrête-t-elle ? Où commence celle de mon collègue ? À quoi sert de discuter puisque je ne prends pas la décision ? » se demande chacun.

L'accès à un code de langage reconnu et commun entre les différents partenaires de cette équipe suppose de se donner des codes en dehors des situations difficiles. Et est-on certain de toujours se faire bien comprendre ?

Les représentations mentales et sociales que chacun entretient vis-à-vis d'autrui (personne soignée ou collègue...), de son idéal de soin, sa philosophie de soin... viennent parfois s'ajouter aux *a priori* et jugements de valeurs difficiles à canaliser sans travail personnel préliminaire.

Le temps disponible se réduit pour produire les soins techniques au détriment des temps d'échanges et de réflexion. Quelle organisation du service est mise en place pour sauvegarder ces temps si importants, seuls garants pour éviter la fatigue corporelle et l'envahissement des émotions et des affects ? Quelle équipe accepte facilement des temps de supervision, temps pour prendre soin de soi, pour comprendre et intégrer des expériences de vie, pour les digérer, les accepter ou les refuser ?

Dans la pratique soignante, l'infirmier est souvent tiraillé entre toutes ces difficultés, puisque s'il est directement impliqué dans les gestes à faire ou à ne pas faire, il se sent souvent mal écouté par le médecin. La démarche en éthique clinique doit amener chacun à ne pas vivre ces moments comme des temps de frustrations mais au contraire comme des moments de renforcement de l'estime de soi, car cette démarche doit conduire à ce que chacun, du malade et son environnement jusqu'au membre de l'équipe soignante, puisse dire ses convictions et se sente impliqué dans la décision. Il est possible malgré tout que même si tous lui donnent du sens certains ne puissent adhérer au projet décidé ensemble. Dans ces cas, lorsque le désaccord est fondamental, il est nécessaire de reprendre la discussion et de réanalyser les issues possibles. Il est parfois « urgent d'attendre » avant de prendre une décision qui entraînerait une fracture entre tous les membres impliqués. Dans notre expérience, ce temps de maturation en équipe est toujours positif.

LA DÉMARCHE EN ÉTHIQUE

Les questions éthiques sont innombrables car pluriquotidiennes. Beaucoup sont résolues avec discernement et posément grâce à la discussion en équipe. Encore faut-il avoir une organisation pour se parler sur ces enjeux, plutôt que d'attendre les drames de l'implosion ou l'explosion des équipes !

Face aux discussions des questions qui sont plus graves, leur résolution suppose de mettre en place une démarche appelée démarche en éthique clinique qui va se dérouler en plusieurs étapes. De nombreuses propositions de démarches en éthique clinique ont pu être faites. Une réponse très pragmatique a été donnée par certains praticiens anglo-saxons en résumant la résolution de dilemme à l'utilisation de principes procéduraux réunis sous le vocable de *principlism* (non-malfaisance, bienfaisance, *autonomy*, justice, proportionnalité). La plupart des équipes ne peuvent se satisfaire d'une telle réduction de la réflexion et ont voulu rendre compte de la complexité de la résolution de telles questions. Il existe désormais une sorte de squelette d'une démarche en éthique clinique que nous présentons ici.

Toutes les questions présentées ici et posées sur ce squelette ne seront pas forcément à poser pour chaque dilemme. La démarche aide ici chacun à se construire une pensée et lui permet de discerner les enjeux principaux du dilemme parfois masqués par la question que pose le malade et qui n'apparaîtra pas pourtant à la fin de la mise en perspective du problème comme la question majeure du dilemme.

La démarche est un processus actif, vivant et mobilisateur de toutes les parties en présence. Une décision peut être prise et être secondairement modulée quelques heures, jours ou semaines après du fait de la modification du contexte ou de la façon dont le malade s'approprie son souci.

On peut lire d'ailleurs dans les lois du 4 mars 2002 et du 22 avril 2005 que la désignation de la personne de confiance ou la rédaction d'une directive anticipée sont révocables et sont à réécrire à chaque hospitalisation ou au-delà d'un certain délai, montrant combien la personne peut changer de perspective au fil de sa vie.

Cela renvoie donc clairement au fait qu'il n'y a jamais deux histoires identiques. Si deux personnes souffrent par exemple d'un diabète, leur vécu de la maladie et la façon dont ils vont vivre une aggravation ne peuvent pas être identiques pour le malade qui a 75 ans et pour l'autre qui a 15 ans.

L'équipe soignante a pour mission d'aider un individu à vivre sa dignité d'humain malgré les différentes formes de souffrances traversées. Il est donc de son rôle de tout mettre en œuvre pour s'organiser en équipe pour résoudre les dilemmes que l'état du malade ne manquera pas de poser. Chaque membre de l'équipe va par sa compétence et son expertise (une aide-soignante a une expertise, différente de celle de l'infirmière, différente de l'assistante sociale, de l'interne ou du praticien plus ancien etc.) donner les informations sur le patient qui est toujours au centre de la décision. Du fait de la dynamique de la maladie, chaque décision prise un jour donné doit pouvoir être revalidée au fil des jours ou semaines suivantes pour respecter au mieux le patient.

Prendre une décision de soin convoque chaque protagoniste de la triade « patient – environnement – soignants » à reconnaître en l'autre une personne vivante avec ses convictions les plus profondes (qui structurent son éthique personnelle de conviction) et capable de décision (principe de dignité de toute personne). Toutes ces personnes avec leurs réflexions vont alors se confronter pour tenter d'aboutir à la prise de décisions de soins choisies au sein d'un panel de solutions possibles qui sont souvent non concordantes voire contradictoires. « Argumenter, réfléchir, s'écouter, reformuler les demandes, travailler les grands principes moraux » sont les verbes d'actions que doit décliner chaque membre impliqué dans ces conflits éthiques pour que chaque décision prise (éthique de responsabilité) puisse permettre de vivre pleinement toute cette période de fin de vie. Ne pouvant pas tout seul saisir tous les enjeux inhérents à la situation, il va de soi qu'une démarche en éthique clinique ne peut s'envisager de façon isolée mais invite à travailler en « équipe » où le soigné, la famille et les soignants deviennent de véritables partenaires.

On voit ici que chaque membre de l'équipe va réfléchir à partir de ses prérequis, c'est-à-dire ses valeurs humaines et ses principes philosophiques. Nous avons vu dans la première partie combien il est important de connaître à partir de quels prérequis chacun fonctionne s'il veut aider autrui à réfléchir et délibérer pour qu'il puisse lui dire comment il pourra mettre du sens à sa vie.

Les quatre temps de la démarche

Si la démarche en éthique clinique ne peut pas être normalisée car chaque situation est différente, il est bon de suivre une démarche qui aide au contraire à d'une part mieux identifier les dilemmes, puis d'autre part aide à les hiérarchiser en donnant une signification particulière à chaque question soulevée.

Il est possible d'envisager analytiquement quatre étapes fondamentales :

- la première est l'étape dite « analyse contextuelle ». Elle est longue mais fondamentale pour discerner quels sont les dilemmes réels. C'est par l'analyse du contexte humain du soigné dans sa dynamique médico-sociale et relationnelle avec ses questions spécifiques qu'on parvient à comprendre ses questions ;
- la seconde étape est le temps de « l'analyse rationnelle » de chaque dilemme recensé et particulièrement du dilemme principal à partir de différents prismes de lecture d'une question (prismes scientifique, juridique, économique, sociologique, philosophique, anthropologique et théologique) ;
- la troisième étape est « l'étape décisionnelle » ;
- la quatrième étape est celle de « l'évaluation ». Trop souvent oubliée ou évincée, elle est pourtant au cœur du métier du soignant. Car il faut oser regarder comment la situation a pu se finaliser pour que l'histoire et l'expérience de l'équipe grandissent. Non pas pour recopier à chaque fois la même décision, mais pour être conforté par le fait d'avoir pu mener au mieux une décision qui n'allait pas de soi au départ quand la question s'est posée.

Premier temps – Analyse contextuelle

Devant toute difficulté (arrêter ou non une perfusion, poser ou ne pas poser une gastrostomie chez un patient en fin de vie, transfuser ou non quelques jours avant un décès probable, accepter qu'un malade refuse un traitement comme une dialyse) il est précieux de s'arrêter pour comprendre « où, quand et comment se pose la question difficile ? »

Pour mieux comprendre l'enjeu de la question posée, il est bon de réunir toutes les informations en se posant les questions suivantes à partir de « qui, quand, comment et où la question est posée ? ».

■ **« Qui et à Qui » renvoient à la dynamique de la relation interhumaine**

– Qui s'interroge de telle ou telle pratique, s'étonne de tel ou tel geste, qui pose une question ?

Est-ce le malade, une aide-soignante, la famille… ? Est-ce l'infirmière qui dit ne pas comprendre pourquoi elle doit poser une perfusion à une personne en fin de vie ou est-ce la famille ? La question a-t-elle le même poids si c'est l'infirmière ou un membre de la famille ?

– À qui cette personne pose-t-elle la question ?

Si c'est le malade qui dit ne plus vouloir prendre son médicament, le dit-il au médecin spécialiste, à une infirmière, à un psychologue ou à un bénévole de passage dans sa chambre ? Il n'est pas identique qu'un malade dise qu'il ne veut plus prendre ses médicaments antirejet de greffe à l'infirmière, à l'étudiant en médecine ou à son médecin référent. Même si chacun a une responsabilité dans l'écoute et dans le partage avec le reste de l'équipe, le malade sait pertinemment que la réponse thérapeutique ne peut pas être identique s'il pose la question à une infirmière qu'il ne connaît pas ou à « son infirmière référente ». Et que se passe t-il s'il vous demande de ne pas en parler au reste de l'équipe, comment réagir ?

■ **« Quand et Comment »**

– La personne qui dit cela est-elle soumise à des enjeux de pouvoirs ?

Une analyse de la communication est souvent nécessaire pour comprendre les enjeux cachés d'une relation entre soigné-soignant, mais aussi des enjeux de pouvoirs en intrafamilial. Exemple : la personne âgée qui se sent obligée d'être institutionnalisée parce que sa fille lui a dit qu'elle ne viendrait plus le voir chez elle !

■ **« Où » renvoie aux aspects spatio-temporels (diachronie et synchronie)**

Où et à qui le patient qui ne veut plus se faire hémodialyser l'a t-il dit ? L'a-t-il émise à l'hôpital, au moment d'un acte comme lors d'une séance de dialyse ou après celle-ci, à domicile devant des amis, dans un centre de séjour en vacances, etc. ?

L'infirmière qui a entendu cette phrase doit-elle exposer ses craintes lors d'une réunion de service ou à la dérobée à la fin d'une transmission ?

Chaque mot prend une signification différente selon le contexte et selon les personnes. « Arrêter mon traitement antirejet de greffe » peut avoir tellement de sous-entendus ! Cela peut être entendu comme « ce type de médicament m'est insupportable et je veux changer ! » ou comme « je n'ai plus envie de faire ces prélèvements régulièrement ». La première attitude du soignant est de se mettre dans les dispositions (physique et psychique) de pouvoir entendre chaque phrase, chaque question, chaque colère du soigné pour mieux l'aider à la reformuler afin que la signification principale puisse être reconnue. Toute question doit être explicitée afin de séparer le signifiant (sous-entendu) de ce qui est signifié (ce qui est dit).

Enfin, comme tout malade est inséré dans son tissu social, a un environnement qui lui permet de vivre au quotidien et qui est sa raison de vivre, aucune question ne peut faire l'économie d'une analyse de tous les liens généalogiques, sociaux et affectifs que le malade a construit depuis des années.

Il est fréquent d'apprendre que sa décision face à une grave maladie dépend souvent très fortement de ce que pourra dire, a déjà dit ou des non-dits de son entourage. Il est possible de retracer l'histoire du malade en réalisant un arbre généalogique, un génogramme (arbre généalogique sur lequel sont inscrits tous les liens affectifs tissés avec toutes personnes de sa famille ou non). Cette seconde attitude qui réinsère le soigné dans son système social et affectif souligne qu'il est l'acteur central au cœur des délibérations.

Toute cette première partie de la démarche ne peut prendre de sens que si le mensonge est banni de toute la dialectique entre les différents acteurs. Cependant, l'annonce d'une maladie inexorablement fatale ne peut être dite sans le ménagement nécessaire à chacun. Il est donc important de prendre tout le temps nécessaire sur plusieurs jours si besoin, pour aider chacun à entrer dans la connaissance (savoir) et ensuite de pouvoir s'approprier, adhérer à celle-ci (croire[3]). La difficulté réside dans le fait que bien souvent persistera une différence de compréhension entre le soigné, sa famille et souvent même au sein du personnel de l'équipe soignante.

Il faut répéter que la vie est d'abord un processus temporel et spatial, et qu'il est « *toujours urgent de se donner du temps* ». Il faut alors donner du temps au temps et savoir s'asseoir autour d'une table, une fois ou plusieurs fois sur quelques jours si l'équipe veut avancer sans violer la conscience des uns ou des autres.

Deuxième temps - Analyse rationnelle des dilemmes

Comment réagir, par exemple, face à la question d'un patient qui dit ne plus vouloir se faire dialyser ? Quels sont les dilemmes réels sous-jacents ? Comment lui apporter des réponses et au mieux des solutions ?

La première étape a déjà permis grâce au respect réciproque entre soigné et soignants, de distinguer les dilemmes liés au contexte et de les dissocier de ceux qui sont liés à d'autres perspectives. La deuxième étape de la démarche éthique va donc permettre d'analyser et de tenter de trouver une réponse à chaque dilemme à partir des différents prismes. Chaque question peut être comprise différemment selon l'angle avec laquelle on l'observe. Ces différents angles appelés ici prismes de compréhension vont aider à la réponse tout en montrant souvent que la réponse qui apparaît facile et immédiate à partir d'un prisme ne l'est plus du tout si on regarde le problème d'un autre point de vue. Cette étape est une étape dite rationnelle, car toute la raison est mise en tension et qu'il est demandé à chacun d'apporter son expertise sans totalitarisme hiérarchique ni intellectuel.

La question qui prévaut en ce temps de la démarche est « que peut m'apprendre l'autre de ce problème ! »

L'étude de la demande du malade selon les différents prismes susceptibles ouvre sur une connaissance plus globale de la situation. Ce temps est celui de l'étude du dilemme à partir de toutes les perspectives que nous permettent la raison et les connaissances actuelles. Les différents prismes d'analyse sont le prisme scientifique, le prisme juridique, le prisme économique, le prisme sociologique, le prisme philosophique, le prisme anthropologique et le prisme théologique.

Le **prisme scientifique** nous invite à réfléchir sur ce qu'on connaît de la maladie du patient dans tous ses aspects, avec l'évolution « naturelle » de la maladie, les moyens thérapeutiques potentiels actuellement disponibles, avec leurs avantages et inconvénients, leurs résultats, et leurs alternatives. C'est celui qui vient le plus vite à la pensée des soignants mais n'est pas le seul.

3 de Broca A., « Tension entre le savoir et le croire lors de l'annonce d'une maladie », *Éthique & Santé*, Elsevier-Masson, Paris, 2004, 1 : 42-44.

Les aspects scientifiques concernent aussi la connaissance en matière psychologique du malade notamment. Que sait-on de la compréhension du patient sur sa maladie, quelles sont ses défenses psychiques, ne présente-t-il pas *a minima* un syndrome dépressif ? Que savons-nous des difficultés psychologiques de personnes présentant des maladies identiques ? Peut-il avoir un consentement libre et éclairé ? Sont les questions les plus importantes pour qu'ensuite son avis puisse être pris en konomie.

Le **prisme juridique** nous renvoie à une relecture des textes déontologiques (textes écrits par ses pairs qui permettent de guider le praticien) mais aussi aux dispositions du Code de la santé publique, du Code civil et du Code pénal, etc. Il faut tenir compte des arguments juridiques. Connaître les dernières lois relatives à son secteur d'activité est un travail que doit faire tout soignant. Cependant, il n'a jamais été interdit de penser même si une loi semble donner une réponse claire à la question posée.

Le **prisme économique** ne peut pas être délaissé car il est bien souvent au cœur des enjeux éthiques de façon inconsciente.

La famille a par exemple des frais pour conduire le soigné à son centre de traitement qu'elle ne peut plus supporter. Le traitement entraîne des frais non remboursés. Le soignant a-t-il proposé cette technique pour des raisons exclusivement médicales ou aussi économiques (mise en tension d'une pratique thérapeutique en lien avec la rentabilité financière prévue selon la tarification à l'activité ? La personne connaît-elle tous ses droits pour être aidée (aide personnalisée à l'autonomie – APA etc.) ? Comment la société prend en compte sa pathologie, immédiatement mais aussi à long terme ? Une personne polyhandicapée trachéotomisée ne peut que difficilement rentrer chez elle et ne trouvera pas d'institution pour l'accueillir. Proposer une trachéotomie est-il donc judicieux si la personne ne peut plus rentrer à la maison ?

Le **prisme sociologique** nous invite à écouter comment le soigné se sent regardé par la société proche et lointaine. Le soigné ne se sent-il pas de trop dans la société et si oui, qui lui aurait fait comprendre cela et pourquoi ? Exemple d'une personne âgée qui ne veut plus se faire soigner puisqu'elle se sent une trop lourde charge sociale ; situation d'une famille qui préfère demander une interruption médicale de grossesse car l'enfant est malformé et que toute la société les incite à cela par toutes sortes de déclarations.

Le **prisme anthropologique** nous renvoie à penser ensemble ce qu'est l'homme et quelle est sa place depuis les siècles. La notion de l'humain est-elle si différente des siècles précédents ? En quoi les progrès technologiques ont-ils amené des progrès en humanité, c'est-à-dire dans la perception que tout homme est digne de vivre parce qu'il est homme ou qu'un homme ne doit vivre que s'il a une raison humaine ? Nous avons déjà dit combien la recherche d'un humain amortel amenait la personne malade à exiger des traitements qui sembleraient outranciers dans d'autres circonstances.

Le **prisme théologique** et l'importance du lien que certaines personnes ont avec un transcendant ne peuvent pas être refoulés quand la mort est proche. Comment le soigné et sa famille entrent-ils dans la relation à un dieu, à leur Dieu ou au contraire comment s'en détachent-ils ? Quelle importance *Lui* donnent-ils ? Quels préceptes se sentent-ils obligés de suivre ? Quelle force cela leur donne-t-il ?

Ne pas vouloir y réfléchir amène souvent à ne pas comprendre certaines réactions de mauvaise adhérence à des décisions qui paraissaient parfois pourtant aller de sens.

Enfin, le **prisme philosophique** nous renvoie à tous les grands principes moraux (moral = éthique au sens philosophique du terme) qui aident à mieux rendre compte de notre vision du soigné vulnérable et défaillant demandant l'aide du soignant. Comment soigner celui dont le simple regard impose l'aide du soignant si ce n'est en travaillant ensemble les principes moraux fondamentaux déjà amplement détaillés dans la première partie du livre et repris en quelques mots ci-dessous ?

Le principe d'humanité est-il mis à mal par la question et les réponses qu'on pourrait leur donner ? La première question est celle de la véritable place du malade dans la société, sa famille et dans l'unité de soins, et quelle place il a dans la représentation mentale de chaque soignant de cette unité. Le principe d'humanité, souligné dans les temps modernes dans le Code Nuremberg (1947) et qui donne à voir en toute personne un « autrui », est parfois bien malmené ou oublié.

Le principe de dignité, principe inaliénable qui dit qu'aucun acte ne peut ni ne doit bafouer cette identité riche de son histoire passée, présente et à venir (même si son avenir semble raccourci) est-il remis en cause lors de la résolution du dilemme ?

Le principe d'hospitalité est la capacité de tout homme et de toute équipe à entrer en compassion avec un être démuni et souffrant et qui impose de tout faire pour l'accueillir dans les conditions les plus dignes et honorables, en particulier dans les moments les plus ultimes de sa vie est-il ici sauvegardé ?

Le principe de justice souligne que toute personne doit avoir accès à une qualité de soins optimale et que celle-ci n'est pas réservée à une catégorie de personnes. Est-ce vrai dans la situation actuelle de la tarification à l'activité ?

Il faut reprendre tous les autres principes développés dans la première partie avec cette même démarche avant de pouvoir passer à la troisième étape.

Troisième temps – Étape décisionnelle

Lorsque le débat a pu déterminer au mieux tous les dilemmes et les arguments pour les éclaircir, il faudra prendre une décision : décision de soins ou décision d'arrêt de soins thérapeutiques par exemple mais aussi modification de l'organisation horaire des soins et des toilettes dans une unité.

La recherche de la finalité d'un soin va alors permettre de pondérer certaines réponses l'une par rapport à l'autre.

Si apporter du réconfort semble au cœur de la mission du soignant, certains soins peuvent n'avoir comme finalité qu'une prolongation de la vie parfois même au détriment de la qualité de la vie à l'instant présent. Dans certains cas, la demande d'un patient aussi légitime soit-elle peut être en conflit avec la dynamique d'un soin, ou avec une loi qui s'impose à tous, ou même en conflit avec des personnes de son entourage. On peut citer à ce sujet l'exemple d'une procédure de surveillance d'un enfant malade dont les parents « témoins de Jéhovah » lui refusent une transfusion sanguine nécessaire. Toute la démarche éthique requiert de la part des soignants une attention particulière à toutes ces contradictions afin de donner les meilleurs outils pour que le patient puisse donner son avis et puisse dire « *Je* ».

Comment proposer l'attitude la plus adaptée et qui prendra la direction de l'action sont les ultimes éléments de cette partie. Devant de telles situations cliniques, il y a souvent plusieurs décisions à prendre, plusieurs gestes à faire plus ou moins importants, plus ou moins avec un risque de mise en jeu du pronostic vital. Il est possible que chaque décision soit gérée par différentes personnes. Il est donc nécessaire de bien considérer leurs agencements pour que chacune d'elle prenne du sens dans la globalité de l'accompagnement de ce soigné. Il est donc nécessaire de bien situer deux phases : celle de l'analyse des principes procéduraux pour chaque dilemme à élucider et ensuite celle de savoir qui est la personne (le sujet soigné, le soignant, la famille, la personne de confiance) qui peut et va prendre une décision et pour quel dilemme, à quel moment et avec quelle(s) conséquence(s) ?

Les principes dits « procéduraux » aident à envisager la meilleure décision

Toute décision sera prise avec en mémoire la visée ou l'objectif du malade face à sa maladie. Puisque le malade a désormais le droit de demander aux soignants de suivre son avis, encore faut-il que son avis soit éclairé. Les deux premières phases de la démarche éthique ont été centrées sur la recherche de propositions au vu des connaissances scientifiques de soins pour donner au patient toute capacité à prendre sa responsabilité.

Quelques principes sont au cœur de cette troisième étape, démarche décisionnelle, regroupés sous le vocable de *principlism* par les Anglo-Saxons. On retrouve les principes de non-malfaisance et de bienfaisance, d'autonomie, de justice et de bénéfices-risques.

Les deux principes de **non-malfaisance** (ne pas nuire) et de **bienfaisance** doivent s'appliquer à toute pratique. Le soignant doit pouvoir analyser sa pratique sur les quatre niveaux graduels différents suivant. Dans sa pratique de soin envisagée le soignant doit se demander : « En agissant ainsi, suis-je sûr de ne pas nuire ? Puis-je agir pour prévenir un effet nocif de la maladie ou de mon action ? Ai-je la possibilité de supprimer un effet nocif ? Mon action apporte telle une réelle action bénéfique ? »

S'ils paraissent simples et connus depuis longtemps (Hippocrate), il n'est pas facile de les appliquer sans faire face à des dilemmes complexes. Comment faire le bien quand deux stratégies contradictoires peuvent apparaître bonnes pour le malade (acte à double effet) : faut-il aider un malade à manger par la bouche malgré sa souffrance ou lui poser une sonde gastrique ? Comment choisir entre celles-ci ? Comment réfléchir à augmenter les avantages en qualité et à réduire les torts potentiels ?

Comment ne pas nuire quand on aide une femme atteinte d'une maladie grave à avoir un enfant, sachant que la maladie de la mère peut s'aggraver pendant la grossesse et que l'enfant pourrait avoir des séquelles dues aux traitements de sa mère ?

La possibilité de dire ce qu'il pense, c'est-à-dire de dire « Je », c'est-à-dire l'**autonomie-konomie** du patient, pourra donner la dynamique générale de l'action à mettre en place. Si rendre responsable le soigné face à sa maladie est au cœur de la relation clinique, l'aider à prendre une décision ne veut pas dire se désinvestir ni devenir indifférent au geste qu'il voudrait poser. La démarche en éthique clinique vise à vérifier en permanence qu'autrui (le sujet) ne soit pas devenu tellement indifférent aux yeux des soignants qu'il ne serait plus considéré que comme un simple objet, c'est-à-dire un simple objet de soin. Mais la personne ne peut pas revendiquer se croire être seul au monde et tel comme par caprice exiger que le soignant exécute ses ordres. En revanche, elle se sentira digne en soi quand elle pensera sa parole en fonction de tous les liens qu'elle a ce qui lui permettra de donner du sens à sa vie puisqu'elle aura dit « Je » en relation interhumaine, c'est-à-dire en pleine konomie.

Parler d'autonomie du patient c'est aussi reconnaître que certains ne peuvent pas ou plus rationnellement donner leur avis : les enfants mais aussi les personnes dans le coma, en réanimation, ou présentant une maladie neurologique. Rappelons ici que la personne de confiance est désormais la personne qui a pour mission de représenter le malade pour toute décision importante, c'est-à-dire d'être son porte-parole (ni plus ni moins) ou que les directives anticipées peuvent apporter un éclairage sur l'avis du patient alors qu'il était encore en état de le dire.

Disséquer tous ces éléments permet de placer autrui comme sujet de son soin en lien avec tous ceux qui peuvent l'aider (famille-soignants), en lien avec son histoire, et en lien avec le monde environnant (dont l'équipe soignante fait partie).

Le principe de **justice** est de montrer que tout n'est pas possible puisque la répartition des richesses n'est pas égale. Trouver une stratégie de prise en charge qui permette de donner à tous, le mieux possible, ce n'est pas réserver un traitement à l'un au détriment d'un autre. Encore faut-il oser le dire et l'expliquer.

Il faut enfin soulever la question de la justesse d'un traitement face à l'évolution de la maladie en se demandant si les **bénéfices** semblent plus importants dans cette situation et ce contexte que les **risques**. Il faut éviter les médicaments ou les interventions disproportionnées aux résultats escomptés pour ne pas tomber dans une dynamique de toute-puissance médicale renvoyant le malade à se croire instrumentalisé par la médecine avec un sentiment d'acharnement thérapeutique appelé dans la loi du 22 avril 2005 obstination déraisonnable. Faut-il par exemple proposer une ventilation artificielle (au bénéfice d'un équilibre des constantes physiologiques) chez une personne en état végétatif dépassé ? On utilise l'expression de proportionnalité des risques ou de balance bénéfices/risques pour tenter de mettre en rapport les avantages envisagés par un soin *versus* ses désagréments et ses inconvénients.

La prise de la décision

Qui prend en définitive les décisions ? Quelles sont-elles ? Quelles sont leurs conséquences ? Désormais, l'acteur principal de la décision est le malade. Mais, comme toutes les décisions n'ont pas la même importance (la pose d'une sonde gastrique ou son absence de pose n'est pas du même ordre que d'arrêter ou non une ventilation artificielle), comme une décision peut être irrémédiable et sans retour quand une autre peut se travailler sur le temps, le malade doit pouvoir se sentir épaulé par l'équipe soignante. Le malade ne pourra véritablement accepter un soin et s'y engager que s'il se sent accompagné en confiance par l'équipe soignante et que s'il peut donner du sens à sa vie actuelle et future. Le soignant ne peut pas se cacher derrière une feuille de contrat où il aurait tout écrit (sur la maladie et les traitements avec leurs complications, leurs risques). Ce texte ne fera d'ailleurs pas force de loi devant les tribunaux.

Les conflits peuvent survenir de demandes particulières (notamment les demandes illégales comme la demande d'euthanasie) ou singulières (un malade qui n'accepterait de ne prendre que la moitié des traitements proposés sans explication rationnelle). Il est important de ce fait de ne jamais laisser un soin sans la phase d'évaluation.

Et si l'acteur principal de la décision est le soigné en autonomie ou plutôt en konomie quand il est conscient, l'acte est parfois porté encore par le médecin qui doit assumer sa responsabilité jusqu'au bout même si le malade se met en situation extrême de risque voire de décès. La loi du 22 avril 2005 renvoie sur le médecin cette ultime responsabilité quand le malade n'est plus conscient, à savoir de mettre en place une décision qui sera celle de la concertation et qui prendra du sens d'abord pour le malade, pour son environnement et pour l'équipe médicale dans le cadre légal. Un malade peut toujours cependant ne pas venir à une séance d'hémodialyse, et peut ne plus prendre son traitement antiviral, voire peut attenter à sa vie plus directement. Espérons que ces attitudes ne sont pas des attitudes profondes de souffrances, de se sentir délaissé ou dénigré dans sa dignité par l'environnement, ce qui montrerait alors que tout ce qui a été proposé ci-dessus n'a pas pu être mis en place ou compris. Si l'évaluation est importante en tous les cas, même quand la situation semble avoir été éthiquement menée, elle l'est encore plus quand il y a eu un ressenti de dérapage ou d'incompréhension entre soigné et soignant.

Quatrième temps – Évaluation de l'action

Ce temps est indispensable même si malheureusement l'emploi du temps quotidien du soignant l'empêche bien souvent de prendre ce temps de respiration après la résolution d'un dilemme difficile.

Cette dernière partie permet de reprendre tout ce qui a pu être dit ou fait au décours des événements passés avec l'équipe et parfois avec la famille. L'équipe soignante doit pouvoir trouver le temps nécessaire pour faire cette évaluation avant d'être placée dans une autre situation différente mais souvent aussi tragique si elle veut éviter que certains membres ne se mettent peu à peu en «*burn-out*».

Nous reprenons ici les deux temps de l'évaluation. Le premier temps est l'évaluation de l'aspect technique de l'action et le second est l'analyse de ce que les personnes ont pu ressentir en participant à cette action, c'est-à-dire l'analyse du coefficient de confiance résultante après l'action.

L'aspect technique revient à faire l'analyse des attitudes prises, des conflits dépassés ou non et voir si ce qui avait été prévu a pu être réalisé dans toutes ses prévisions. Une reprise des questionnements doit se mettre en place avec des pairs ou avec un tiers médiateur tel(le) un(e) psychologue pour que chaque membre de l'équipe soignante puisse mettre des mots sur des gestes parfois brutalisant, des gestes qui n'auraient pas pris de sens lors de leur réalisation ou face à l'absence de gestes qui auraient été suivis du décès, comme dans le cas d'arrêt de soins thérapeutiques demandés par le malade en fin de vie. Avons-nous été optimaux dans l'élaboration de la démarche éthique? Comment améliorer la mise en place d'une telle démarche en équipe la prochaine fois? Cette phase est primordiale pour que l'équipe puisse faire bénéficier les autres malades d'une expérience riche de ses dilemmes passés.

Le second temps est plus difficile à appréhender mais est bien plus important. Il permet de savoir en quoi chacun a pu se sentir *fier*, a pu donner du sens pour lui-même au moment et lors de la réalisation de l'action. Si on veut éviter que le soignant, qui aurait eu le sentiment d'avoir été indigne face au malade, ne refoule cette pensée dans le désert de l'angoisse, il faut que chacun puisse le soir en rentrant chez soi, se «regarder dans la glace». Le sentiment d'avoir bien fait son travail au niveau technique ne suffit pas. Il faut aussi se sentir fier de pouvoir l'assumer. La confiance en soi vient de ce sentiment d'être plus humain après cette action qu'avant et d'avoir partagé cette humanité avec celles et ceux qui ont y participé, notamment avec le malade et sa famille.

La démarche est arrivée à son terme. Il est alors possible d'envisager plus la prise en compte d'autres situations difficiles. Certes, l'équipe poursuit souvent plusieurs situations difficiles en même temps et on ne peut pas tout dissocier. Cela renforce encore plus l'importance de faire bien chaque étape de chaque dilemme au risque de tout mélanger, de tout falsifier et de n'être plus fier de rien. Le burn-out est alors proche.

AGIR

Madame Anthony est âgée de 90 ans. Elle mesure 1 m 64 pour 95 kg et souffre de mobilité très réduite (coxarthrose bilatérale). En outre, nous notons dans ses antécédents : une cholécystectomie datant de 12 ans, une HTA traitée par *Loxen LP* 50 mg 2 fois par jour.

Elle est entrée en maison de retraite médicalisée EHPAD il y a six mois avec son époux où ils partagent une chambre. Le couple n'a pas d'enfant et ne participe pas aux activités proposées.

Monsieur Anthony est décédé il y a un mois.

Depuis Madame Anthony pleure, refuse de manger, de boire et refuse d'assurer ses soins d'hygiène et de confort. Elle ne veut plus se lever. « Je veux rejoindre mon mari, laissez moi tranquille... Je n'ai plus de raison de vivre ! »

Le médecin prescrit une perfusion d'hydratation et une alimentation parentérale. L'accès veineux est arraché à chaque fois. Le médecin prescrit alors la pose d'une sonde nasogastrique, qui est elle aussi arrachée. Madame Anthony devient confuse car elle est très déshydratée.

Le médecin prescrit une pose de contention pour que l'alimentation et les apports hydriques soient donnés par une nouvelle sonde nasogastrique. Elle se débat et crie « Je ne veux pas, laissez moi, pitié ! ».

L'infirmière arrive à 6 h 30.

Comment peut-elle et comment doit-elle réagir à cette situation ? Que met-elle en place pour tenter de résoudre le drame actuel ?

Il faut dissocier la réaction immédiate de l'infirmière qui est seule face à cette femme et celle de l'équipe qui doit se mettre en place secondairement.

L'infirmière, à son arrivée à 6 h 30 va se sentir bien seule face à ces pleurs, ces cris et cette souffrance. Il lui faut identifier le problème, tenter de comprendre la situation et proposer d'y remédier.

La seconde partie est la mise en place en équipe de la démarche en éthique clinique qui est en fait la décision des membres de l'équipe pour sortir de l'impasse qui semble être observée.

1 IDENTIFIER LES DONNÉES SIGNIFICATIVES

Madame Anthony pleure, refuse de manger, de boire et refuse d'assurer ses soins d'hygiène et de confort. Elle ne veut plus se lever. « Je veux rejoindre mon mari, laissez moi tranquille... Je n'ai plus de raison de vivre ! » Ces données sont significatives puisqu'elles traduisent le refus de soin de la part de la patiente.

Le médecin avait pourtant prescrit une perfusion d'hydratation, une alimentation parentérale, une sonde nasogastrique... Le médecin avait aussi prescrit une pose de contention pour que l'alimentation et les apports hydriques soient donnés par une nouvelle sonde nasogastrique.

Ces données traduisent l'obstination du médecin dans le domaine de la prescription et le pourquoi de celles-ci. À quel moment cette obstination devient ou paraît déraisonnable et pour qui paraît-elle déraisonnable ?

Actions de l'infirmière, seule à son arrivée dans le service

L'infirmière, à son arrivée à 6 h 30 se retrouve à devoir gérer seule une situation émotionnellement difficile : elle entend des pleurs, des cris et elle voit la souffrance d'une personne âgée qui refuse les soins alors que le médecin persiste dans ses prescriptions.

Comment ne pas réagir face à une femme qui pleure et qui se débat ? Avant même toute question technique, la situation paraît inhumaine, déshumanisante.

Que comprendre quand on arrive un matin au moment où la gravité de la situation semble à son paroxysme ? Que faire ?

2 COMPRENDRE ET ÉVALUER LA SITUATION

Compréhension

La situation est significative d'une dérive technique du soin, où le *Cure* envahit le champ de notre pratique et où le *Care* semble mis aux oubliettes.

C'est le signe qu'une discussion n'a pas pu être mise en œuvre entre la patiente et les soignants. « Pourquoi cela n'a t-il pas pu se mettre en place ? » est la question qu'il faudra dans un second temps tenter de résoudre en équipe.

Les questions éthiques que doit se poser l'infirmière pour mieux analyser la situation sont nombreuses (et ici non exhaustives) :

- N'y a t-il pas perte de la dignité humaine quand une femme pleure et crie contre un soin ?
- Quelle est l'autonomie de cette personne ici ? Pourquoi ne la respecte t-on pas ?
- Pourquoi le soignant et ici le médecin doit ou ne doit pas suivre les demandes de cette femme âgée ?
- Comment vivre en équipe les prescriptions du médecin qui semblent peut-être à certains membres de l'équipe paramédicale inadéquates ?
- À quel moment peut-on parler d'obstination déraisonnable ?
- Pourquoi l'équipe soignante en est arrivée à cette situation de conflit avec cette femme âgée ?

Ces questions permettent de guider le questionnement.

Vouloir comprendre et évaluer la situation amène à reprendre tous les enjeux à travers les prismes de la démarche éthique.

La démarche nécessite d'abord de travailler la situation clinique. Il faut donc reprendre d'une part ce qu'on sait de la situation décrite ici (âge, statut marital et endeuillement, troubles physiologiques, état mental et psychologique, histoire médicale depuis les dernières années). Il faut aussi reprendre les éléments des derniers jours et tenter de comprendre pourquoi il y a conflit. Comment en sommes-nous arrivés à cette extrémité ?

Évaluation

Le conflit semble venir de l'inadéquation de la démarche médicale et de la demande de la patiente.

S'il est éthique de ne pas vouloir laisser mourir une personne quel que soit son âge, peut-être faut-il comprendre que cette situation est bien particulière.

L'âge de Mme Anthony, le fait qu'elle est endeuillée depuis quelques semaines à peine et son histoire dans la maison de retraite sont autant d'éléments pour aider à comprendre que sa demande n'est pas dénuée de sens.

3 METTRE EN ŒUVRE LES ACTIONS : LA DÉMARCHE DE L'INFIRMIÈRE

Prendre en charge la patiente

• **S'asseoir** est assurément la première démarche que doit faire l'infirmière (en espérant que d'autres situations similaires ne se passent pas dans les chambres voisines).

• **Prendre du temps** pour d'une part aller au chevet de cette femme et la **rassurer** de notre présence et de notre écoute :

– comment la rassurer ? En venant auprès d'elle, en lui tenant la main, en écoutant ses peurs, craintes, dans ses demandes et dans ses envies ;

– comment entendre ensuite ses propos, sinon en faisant reformuler en permanence toutes ses « revendications » afin de tenter de comprendre la justesse de ses propos et leur cohérence. Entendre cette femme parler de ses envies lui permet de se sentir respectée et l'encourage à parler des aspirations intimes qui la traversent. Il sera alors possible de mieux discerner de ce fait si ces propos sont clairs, sont pragmatiques, et ne sont pas des propos délirants.

Ce temps vécu ensemble est indispensable pour **donner du sens** à ce qu'il pourrait être proposé dans un second temps à Mme Anthony et pour **tenter de découvrir quels sont les dilemmes éthiques** que cette situation révèle.

• **Reprendre le dossier avec l'équipe** de garde qui doit pouvoir donner quelques explications au drame qui se vit devant nous.

Enfin, face à ce conflit majeur, il est urgent de **réunir l'équipe**. Si cela n'est pas du pouvoir direct de l'infirmière, celle-ci ne peut pas ne pas la solliciter voire provoquer cette réunion en invoquant la perte de dignité de la personne et en rappelant ses droits au vu des lois (4 mars 2002 et 22 avril 2005).

Une démarche en éthique clinique en équipe est mise en place, reprenant les dilemmes perçus.

4 METTRE EN ŒUVRE LES ACTIONS : LA DÉMARCHE DE L'ÉQUIPE

La réflexion de l'IDE (première partie du texte) l'amène à demander expressément que soit mise en place une démarche en éthique clinique. Elle se fera avec tous les membres de l'équipe, paramédicaux et médicaux, EMSP[4] comprise, psychologues, mais aussi art-thérapeute, kinésithérapeute, etc., c'est à dire tous ceux qui connaissent Mme Anthony.

La démarche en éthique clinique amène à reprendre depuis le début les éléments de la situation. Chaque professionnel va apporter les éléments du puzzle de la vie de cette femme, afin de mieux comprendre l'épisode actuel, ainsi resitué dans son histoire.

1- Analyse contextuelle

• Qui pose la question et la question posée est-elle la « bonne » question ?

Mme Anthony peut ici être perçue comme la première perturbatrice d'une prise en charge médicale qui semble bonne du strict point de vue de la réponse médicale, si l'on vise à lui redonner un équilibre physiologique.

En outre, vu son état clinique, Mme Anthony apparaît comme non fiable et trop faible pour être entendue. L'infirmière se doit ici d'être son porte voix d'autant qu'il n'y pas de famille proche ni d'amis. Le soignant ne peut pas rester indifférent à une telle demande. Il doit la faire émerger même si un médecin ne veut pas l'entendre.

La demande de Mme Anthony est terrible puisqu'elle crie et pleure.

• Quand et où la question se pose-t-elle ?

La question est dite de façon redondante, répétée et ne peut pas être comprise comme une réaction aiguë, isolée.

Mme Anthony avait toute sa raison (rien n'est dit sur un état dément à son entrée ou pendant les mois précédents). Elle doit être écoutée et entendue. Son « *Je* » est à prendre en compte si l'on veut suivre le premier des principes à savoir celui de la respecter dans sa dignité.

La question du « Quand » renvoie à l'histoire d'une personne. Ici il y a l'admission en institution en couple, le décès du conjoint depuis un mois.

La question du « Où » ramène à dire que l'institution est un lieu de vie, de soins mais aussi d'accompagnement vivant jusqu'à la mort. L'institution est garante de la préservation de la dignité d'une personne aussi vulnérable ou défaillante soit-elle.

• Quelle est alors la question ?

La question est ici assez simple mais dramatique. La femme demande à être laissée sans hydratation. La mort va survenir dans les jours à venir. La déshydratation va entrainer un état de coma et le décès.

• Conclusion de cette partie

Peut-on en tant que soignant accepter la demande de cette femme qui l'amènera à la mort si on la suit ?

4 Équipe mobile soins palliatifs.

Comment répondre à cette question ? N'y a t-il pas d'autres dilemmes à travailler avant d'arriver à la réponse ultime ?

Question intermédiaire : faut-il la réhydrater systématiquement contre son gré pour qu'elle soit en mesure de répondre à la question ? Pourquoi l'équipe ne la croit-elle pas aujourd'hui ? Pourquoi l'équipe n'a-t-elle rien anticipé d'une telle réaction puisque ce type de situation n'est pas rare et reste connu depuis l'Antiquité ?

2- Analyse des dilemmes selon les différents prismes rationnels

La question à traiter ici est de savoir si l'équipe peut ou doit mettre une perfusion et une contention pour la faire vivre ou ne pas mettre ces éléments amenant assurément à son décès, sauf à la voir se remettre spontanément à boire puis à manger d'elle-même ?

Cette question de savoir si elle ne veut pas se remettre à boire et à manger elle-même est en fait celle qui doit se résoudre avant toute chose.

Et il faudrait alors tout reprendre pour savoir comment lui parler, la réconforter, l'entendre sur sa vie, sur son histoire, écouter ce qu'elle dit des projets avec son mari. Que s'étaient-ils dit en venant dans cette institution, n'avaient-ils pas écrit des « testaments de vie ». Si oui, où sont-ils ? Comment les retrouver si l'équipe semble ne pas l'entendre en « s'acharnant sur son bras pour la perfuser ». Réduire une personne à une perfusion ne peut pas aider à mettre en confiance cette personne qui se sent alors soumise à un diktat médical.

Voilà donc des allers et retours dans la réflexion qui sont obligatoires nécessaires avant de poursuivre la démarche éthique.

Après avoir réfléchi de nouveau à ces questions suscitées, continuons la réflexion sur le fait de savoir si on peut ou doit la reperfuser ou la forcer à être gavée puisqu'il est avéré qu'elle ne veut plus se remettre à boire ou à manger spontanément.

Prisme scientifique de la question

Peut-on aider la personne à se réhydrater autrement que par la perfusion ou le gavage ? Il y a les perfusions sous-cutanées qui peuvent se faire sans douleur après anesthésie locale par exemple de la zone de piqûre et avec une perfusion douce. Il y a donc d'autres techniques. Mais cette injection sous-cutanée est de la même nature que la perfusion qu'elle avait arrachée. Mme anthony fera probablement de même pour la sous-cutanée.

Elle a fait de même aussi pour la sonde de gavage.

A-t-elle encore une capacité de raison et sa dépression consécutive à la perte de son époux est-elle accompagnée ? La dépression d'un deuil ne nécessite pas de chimiothérapie dans 95 % des cas. Cela n'aurait d'ailleurs pas de sens vu son âge. Mais peut être peut-on encore l'aider avec un anxiolytique à petite dose, si elle ne dort plus du tout, si la perte est accompagnée d'une angoisse de se sentir seule.

Elle peut certes refuser le traitement mais l'a-t-on proposé et si oui, comment ?

Certes, quand elle devient confuse et irritable, il est difficile de dire que sa parole est optimale mais la personne doit être écoutée. Et tout ce qu'elle avait pu dire avant cette phase de confusion et d'agitation aux aides-soignantes notamment est ici très important à rapporter. Ce sont probablement les confidentes les plus importantes de Mme Anthony, lors des toilettes, des

Prisme scientifique de la question

aides du quotidien. N'a-t-elle pas donné son avis sur une éventuelle situation analogue, avant sa maladie aiguë ?

De ce fait, comment considérer telle ou telle attitude thérapeutique ? Pour répondre à la question : est-ce une obstination raisonnable ou déraisonnable, encore faut-il avoir travaillé la notion de projet de vie et de projet de soins avec la personne. Si cela n'a pas été fait, il est urgent de commencer par là. Si cela a été fait comme le plus souvent à la rentrée en EPAHD, qu'avaient dit M. et Mme Anthony ?

Prisme juridique

Le médecin semble se retrancher derrière le droit : « on n'a pas le droit ! » de laisser mourir une personne dans cet état. On peut aussi envisager une habitude de prescription, ou une lutte contre un sentiment d'impuissance qui le persuade en conséquence d'être dans son bon droit. Peut-être faut-il demander de quel droit il parle.

Le droit à mourir dans la dignité est inscrit dans les lois du 4 mars 2002 et dans celle du 22 avril 2005.

Qu'en est-il du droit de la patiente à être écoutée après avoir eu des explications claires afin d'obtenir de sa part un consentement libre et éclairé ? Comment donner à la personne âgée et ici pas malade la parole pour mieux délibérer ? Attendre qu'une personne crie et pleure n'est pas éthique.

Y a t-il eu une personne de confiance désignée auparavant ? Certes cela n'est pas obligatoire à l'entrée en institution mais cela lui a-t-il été proposé conformément à l'obligation de l'établissement ?

Le médecin ici est peut être son médecin traitant, ce n'est pas spécifié dans le texte. Si c'est le cas, il a pour mission d'être au service de la personne et pas de répondre techniquement à une question existentielle.

Où sont les directives anticipées, dont l'écriture aurait pu être proposée à l'entrée dans l'institution ?

Tous ces éléments sont à rechercher désormais comme éléments de base à partir desquels la décision peut être prise.

Qui doit décider dans une telle situation ? La loi du 22/04/2005 (dite Leonetti) souligne qu'après avoir pris l'avis de toutes les personnes de l'équipe, de la famille, de la personne de confiance, d'une directive anticipée, d'un médecin expert hors service, le médecin impliqué comme référent de la personne prendra la décision ultime.... après toute cette concertation. Ni autonomie, ni hétéronomie, ni paternalisme, mais konomie

Prisme économique

Il est évident que dans la nouvelle prise en charge des patients, l'impact financier est fort. Quelles seront les ressources financières effectivement de Mme Anthony désormais veuve ? Cela joue t-il dans sa décision de ne plus vivre ? Ne lui demande-t-on pas de changer de chambre puisqu'elle est seule et qu'il y a d'autres demandes d'admission de couple ? Ici ce n'est pas le coût des soins qui fera peser la balance car ce sont des soins usuels et quotidiens accessibles financièrement.

Prisme anthropologique et sociologique

Quel regard la société pose-t-elle sur Mme Anthony devenue veuve et donc seule ? Puisqu'elle a vécu si longtemps en couple, comment ressent-elle sa place comme femme seule, et ce au-delà du chagrin d'avoir perdu son conjoint ? Quel sens de l'utile ? Se sent-elle encore à sa place parmi les autres ?

Quelle place la société laisse-t-elle à la mort dans notre société occidentale ? La mort reste taboue et peu abordée même dans les formations médicales ou paramédicales et pourtant les soignants y sont confrontés régulièrement. Comment faire face à ce paradoxe : une formation pour guérir et la confrontation nécessaire au décès ? Et comment ne pas penser qu'une personne de 90 ans ne se sent pas proche de la mort ? En quoi penser la mort proche d'une personne âgée est-elle irrespectueuse ? N'est-ce pas la nature de l'être humain que de mourir ?

Mais si mourir est la destinée humaine, comment l'accompagner ? De ce fait jusqu'où peut-on aller dans la médicalisation pour ne pas être inhumain ou déshumanisant ?

Prisme philosophique

La vie, sa vie est sûrement sacrée pour cette épouse. Mais probablement pas à n'importe quel prix. La vie ne lui paraît pas plus sacrée désormais après la mort de son époux.

Une façon de vivre c'est aussi d'accepter de mourir, disent certains philosophes stoïciens. La démarche des soins palliatifs est de privilégier la qualité de vie à la quantité de jours dès lors que la maladie est inexorablement fatale. Pour ce qui concerne Mme Anthony, la vieillesse n'est pas une maladie inexorablement fatale, mais du fait de son âge, sa vie est nécessairement bornée à quelques années au plus. Vouloir absolument lui permettre de les vivre est en soi signe du respect de sa dignité mais à l'inverse, ne pas l'entendre sur son désir de retrouver son mari n'est pas être sensible à sa dignité d'humain.

Les principes de sollicitude et de liberté sont ici à mettre en valeur. La sollicitude pour souligner que Mme Anthony a besoin de trouver en l'autre non pas un agresseur (celui qui demande de poser une sonde et celui qui la pose) mais un vrai soignant, avec tous les sens du mot soin, un écoutant plein d'attention et de capacité à faire émerger du sens à cette longue vie.

La bientraitance implique ici de souligner que l'autre a besoin de ce rapport humain plutôt qu'un rapport technique.

Prisme théologique ou aspects spirituels

Nous n'avons pas d'éléments en lien avec une pratique religievuse ou des croyances dans cette situation. Cet aspect a-t-il ou non été abordé au cours des soins avec Mme Anthony ? Qu'avait demandé Mme Anthony pour son mari ? Pourtant, toute personne proche de la mort relit non seulement sa vie mais aussi pense à l'au-delà en y croyant ou pas. Il est toujours important d'écouter le patient qui s'interroge sur le sens de la vie et cette dimension de foi ou de non foi est toujours remise en cause. Si Mme Anthony n'en parle pas, ne serait-ce pas dû au climat de « violence » qu'elle subit et qu'il n'y a donc plus de place pour aucune autre parole ? Si vivre de cette manière, sans son mari n'a peut être plus de sens pour elle, elle a bien eu une longue vie avec lui et le soignant a pour mission de lui permettre de la raconter avant pour qu'elle soit apaisée avant de mourir. L'équipe pourrait aborder cette discussion qui nécessite une relation de confiance pour que la personne soignée s'ouvre à cette dimension dans le dialogue.

3- Prise de décision

La question peut donc être reprise ainsi :

• **la non hydratation entraînera le décès de la personne**. Mais le décès peut s'accompagner de soins (massages doux, hydratation de la bouche, paroles douces et éventuellement quelques traitements apaisants par voie buccale en sublinguale…). Si c'est la perspective en jeu, il faut savoir s'entourer d'une équipe de soins palliatifs si le médecin se sent peu aguerri dans une telle situation ;

• **la personne est ce jour confuse**. Elle n'est plus tout à fait autonome au sens juridique du terme. Elle n'a pas donné de directive anticipée ni présenté auparavant une personne de confiance. Les aspects actuels juridiques soulignent qu'il faut l'écouter. La dignité de la personne est d'être respectée dans son évolution physiologique, qui est un décès dans les quelques jours, sans espoir de stabilisation ou de guérison, mais avec des soins palliatifs ;

• **l'équipe peut s'aider pour la prise de décision des autres principes procéduraux.** Ne pas mal faire, tenter de bien faire, principe de bénéfices – risques, et justice (équité). Il faut tenter aussi de proposer une attitude cohérente pour que cela ne se fasse pas au détriment d'autres résidents :

– ne pas « mal faire » c'est aller dans le sens de la personne, à savoir la laisser sans perfusion vu la réitération de ses gestes de déperfusion ou ses cris et pleurs,

– bien faire, c'est reprendre avec elle une discussion sur son histoire, sur ce qu'elle est. Cela peut l'amener à changer spontanément d'avis ou à mourir en paix et en sérénité d'être entourée. Bien faire, c'est l'accompagner avec les soins palliatifs,

– suivre le principe de justice, c'est prendre le temps pour ne pas faire une action automatique,

Bénéfices-risques ? Le bénéfice de la perfusion est une hydratation. Le risque est que la personne se sente malmenée, torturée, violée dans sa dignité.

Deux alternatives : ou l'équipe perfuse avec contention et on obtient un gain au niveau corporel et physiologique (stabilisation de son état) mais c'est au détriment de sa volonté et de sa dignité ou l'équipe ne perfuse pas et cela permet le respect de la personne dans son autonomie mais la vie de Mme Anthony s'arrête dans les jours à venir.

La discussion relève donc d'une sagesse entre tous les membres de l'équipe soignante et la décision d'accompagner la personne avec tous les soins palliatifs sont de mise probablement, sauf si elle changeait d'avis spontanément, ce qui est toujours possible si elle sent qu'elle est respectée. À l'équipe d'être attentive et de savoir reprendre une hydratation si elle le demandait au bout de quelques heures ou jours.

La démarche en éthique ne s'arrête jamais à une décision. Elle est vivante parce qu'elle parle de vie.

5 ÉVALUATION DE LA DÉCISION PRISE

Les deux niveaux d'évaluation

• **La première évaluation** consiste à savoir si tous les éléments ont pu être discutés, explicités au mieux en équipe, si ensuite la décision a été conforme au concept de konomie, c'est à dire à un respect de tous les partenaires impliqués dans la discussion, enfin si l'application de la décision a été réalisée comme il le faut (techniquement parlant).

• **Le deuxième niveau d'évaluation** permet de savoir si chaque personne peut se sentir (même si ou malgré le décès de la personne) rassurée dans l'humanité partagée, peut se sentir renforcée dans la confiance en soi et en les autres afin que la vie demain soit construite sur plus de confiance que de reproches ou de craintes. C'est l'évaluation de la confiance résultante. Car la situation se reproduira très certainement dans l'institution. Et avoir pu prendre une décision « bonne et juste » aux yeux de tous donnera à l'équipe une capacité à discerner les options optimales pour le futur.

Conclusion

La sortie du dilemme n'est possible qu'après toutes ces étapes. Les membres de l'institution pourront ensuite en reparler, et se « servir » de cette expérience pour aller plus avant dans le respect de tous les résidents.

S'ENTRAINER

VÉRIFIER SES CONNAISSANCES

1 QROC (Questions à réponses ouvertes courtes)

1. Quelles sont les différentes étapes de la démarche en éthique clinique ?

2. Lors de la seconde étape, quels sont les différents prismes par lesquels les dilemmes doivent être analysés ?

TRANSFÉRER À D'AUTRES SITUATIONS

3 CAS CLINIQUES

Une correction ne sera proposée que pour le premier cas, il s'agit d'apprendre à se questionner, la correction ne doit pas faire penser qu'il n'y a qu'une seule solution. La correction du premier cas est donc indicative.

1. Madame Martin, 76 ans, est admise en service suite à un AVC. hémorragique. D'emblée, les résultats du scanner montrent une inondation du parenchyme et intraventriculaire rendant toute intervention de neurochirurgie impossible.
L'état de la patiente se dégrade sur 12 jours et la fin de vie apparaît imminente. La famille est très présente, les enfants se relaient dans la prise de nouvelles et la présence effective auprès de la patiente, ainsi que son mari, aussi âgé qu'elle et vivant à domicile avec oxygénothérapie. Une des filles habite au domicile ainsi qu'un neveu handicapé.
L'équipe les appelle pour les informer de l'aggravation importante de l'état de la patiente.
L'état buccal de la patiente est particulièrement altéré avec une bouche croûteuse qui saigne au moindre soin de bouche malgré toutes les précautions prises par l'équipe. De nombreux produits ont été testés sans succès et ce symptôme est particulièrement mal vécu par l'équipe impuissante et par la famille.
Les enfants et le mari se présentent suite à l'appel de l'équipe et ce monsieur manifeste sa souffrance de voir son épouse dans cet état. Il interroge ses filles et son fils qui sont présents et demande : « mais on ne peut pas lui débrancher ce truc-là, plutôt que de la laisser traîner comme ça ? » (En parlant de son pacemaker).
Réaction des filles, l'une médecin, l'autre infirmière : « non, on n'a pas le droit ».
Le monsieur va reposer plusieurs fois la question, le temps de cette visite. Les uns et les autres se sont relayés au chevet de la dame. Ils sont finalement partis tard le soir. Son décès s'est produit vers 5 heures du matin, la famille est arrivée juste après mais l'infirmière de nuit était auprès de la patiente et lui a tenu la main pendant ce dernier voyage.
La respiration paradoxale, la décompensation cardiaque ont donné le sentiment à l'infirmière que la patiente était inconfortable malgré le traitement administré, celui-ci avait été réajusté pour essayer de pallier à cet inconfort.
Fallait-il maintenir l'activité du pacemaker ? Est-il considéré comme prothèse inamovible ?

2. Xavier (22 ans) a été victime d'un accident de la circulation alors qu'il se promenait à vélo. Il a été fauché par une voiture qui lui a refusé la priorité et a pris la fuite.
Suite à cette collision, il a été admis aux urgences dans un hôpital pour grands traumatisés. Il est inconscient, présente de multiples fractures et un traumatisme crânien. Le diagnostic de tétraplégie a été rapidement posé.
Il est admis en service de réanimation dans un état de coma profond.
Quelques jours plus tard, il fait un arrêt cardiorespiratoire. Il est sauvé cette fois-ci mais que faire la prochaine fois ?

3. Au décours de la toilette de M. René, celui-ci demande à l'infirmière de l'aider à mourir.
L'infirmière ne sait comment comprendre cette demande.
M. René, 78 ans, est atteint d'un cancer de la prostate depuis 2 ans avec depuis quelques mois des métastases osseuses. Très algique, il bénéficie déjà d'un traitement antalgique lourd géré par l'équipe de soins palliatifs. Il est dépendant pour se lever et faire sa toilette, mais effectue beaucoup d'efforts afin de surmonter sa douleur.
Sa femme est décédée il y a de nombreuses années d'un cancer du sein. Il a ensuite élevé seul son fils. Il garde un très mauvais souvenir de cette période.
Ce matin, il est fatigué, il souffre d'œdèmes des membres inférieurs et semble très triste. Il reformule sa demande plusieurs fois au cours du soin : « Abrégez mes souffrances s'il vous plaît ! » « Je n'en peux plus ».

4. M. Dimitri 31 ans, ancien toxicomane, est porteur du virus VIH. Il présente depuis 3 semaines une importante pneumopathie bilatérale (pneumocystose) et une toxoplasmose cérébrale. Il est hospitalisé en médecine interne. L'équipe n'arrive pas à contacter ses 2 sœurs ; M. Dimitri n'a plus ses parents, vit seul sans enfant.

Les traitements antirétroviraux ne sont plus efficaces car M. Dimitri a été longtemps inobservant, la charge virale du VIH est donc non stabilisée et très évolutive.

L'altération de son état général a été rapide ces derniers jours. Il est confus, se promène incohérent dans les couloirs et présente une altération cutanée à plusieurs endroits (coudes, sacrum). Il a perdu 7 kilogrammes et est devenu cachectique. Depuis hier, M. Dimitri est fiévreux, alité, diarrhéique et agité avec une hyperthermie à 40,3 °C qui ne cède pas aux antipyrétiques. Le traitement antibiotique par perfusion est modifié ; seulement le capital veineux de M. Dimitri est abîmé. Il est difficile à perfuser et cela fait 3 fois qu'il arrache son accès en cherchant à se lever à tout prix.

Lors de la prise des constantes à 19 h 30, l'infirmière relève une hyperthermie à 41,2 °C. M. Dimitri est calme dans son lit, souriant malgré une dyspnée importante. Il s'est à nouveau déperfusé.

Devant cette aggravation mais aussi son grand calme, elle pense que la fin de vie est proche. Elle est « touchée » émotionnellement par cette personne vulnérable.

Elle prévient le médecin de cette modification de l'état général du patient. Ce dernier modifie la prescription médicale et rajoute aux 2 premiers, un troisième antibiotique.

L'infirmière n'a pas envie de reperfuser M. Dimitri qui risque à nouveau de s'agiter à cause du soin, elle trouve le soin agressif vu l'état des veines. En même temps, l'état de confusion rend difficile le fait de lui demander son avis.

Le médecin et l'infirmière ne sont pas d'accord et s'interpellent dans la salle de soin.

CORRIGÉS

VÉRIFIER SES CONNAISSANCES

1 QROC (Questions à réponses ouvertes courtes)

1. Il y a 4 étapes : analyse du contexte, analyse des dilemmes par différents prismes, prise de décision, évaluation de la décision prise.

2. Les différents prismes sont : prisme scientifique, prisme juridique, prisme économique, prisme sociologique, prisme anthropologique, prisme philosophique, prisme théologique, prisme philosophique.

TRANSFÉRER À D'AUTRES SITUATIONS

3 CAS CLINIQUES

1.

Première phase : contexte

– **Qui pose la question et la question posée est-elle la « bonne » question ?**

Qui pose la question : le mari ? Serait-ce la même chose si c'était un des enfants qui posait la question ? Et à qui, où et comment ?

La question est ici assez simple. C'est le mari qui ose dire qu'il ne lui semble y avoir aucun intérêt de conserver un système qui stimule le cœur quand la maladie est dite incurable et doit amener le décès probable. Il la pose au médecin qui est directement impliqué et le fait en présence de ses enfants. Il n'y a pas de secret.

Les enfants semblent croire que cela est interdit de faire un tel geste. On ne sait pas si c'est parce qu'ils ne veulent pas ou si leur désir est aussi de retirer cet appareil.

Le médecin doit pouvoir répondre tant sur les aspects techniques du système que sur l'aspect juridique ou déontologique.

La personne malade est inconsciente. Elle ne peut dire son avis ni poser aucune question.

Conclusion de cette partie : on garde la question comme elle a été posée. Elle est claire. Il est normal que les membres de la famille posent ce type de question.

– **Lieu de la surveillance de la personne**

Est-ce identique si la personne est en réanimation ou en service de neurologie ?

– **Contexte familial**

La famille semblait unie. Le père lui-même est malade et handicapé.

Ils se sont occupés longtemps d'une personne plus jeune avec un handicap important.

Depuis combien de temps cette femme avait le stimulateur cardiaque ? Que lui avait-on expliqué, qu'en avait-elle compris ? Il est vrai qu'on ne parle pas de son retrait au moment où on le pose mais le changement des piles, les anomalies liées à la technique ont pu amener à discuter de son retrait au cas où. Nous n'avons pas les réponses sur ces sujets ici.

Aurait-il fallu que cette question soit posée par l'équipe ? Si oui comment le faire ? Faut-il demander aux familles ? Parfois les familles souffrent tellement qu'elles souhaitent la mort. Cela n'interférait-il pas avec le sentiment de reproche de ne pas en avoir fait assez ou au contraire d'en avoir fait trop ?

Il y a l'après ; après la mort comment parler de ce geste de retrait ou du vécu d'une agonie difficile du fait de la persistance d'un rythme cardiaque ?

Comment aider la famille face à cette question ? Probablement en rappelant à la famille les aspects scientifiques et juridiques actuels.

Seconde phase : analyse de la question selon les différents prismes rationnels

– **Aspects scientifiques**

Pourquoi maintenir l'activité du pacemaker ? Est-il une prothèse inamovible ? Pourquoi maintenir cet artifice sachant que son arrêt n'entraînera pas nécessairement la mort ? La patiente souffrait-elle ? Comment utiliser les drogues pour faire de ces derniers moments des moments les moins violents possibles pour les proches ? Assimile-t-on le pacemaker à un respirateur ?

Le pacemaker est invisible, c'est d'autant plus magique alors que le respirateur est visible.

Un arrêt de respirateur entraîne la mort – est-ce le pacemaker qui la maintient en vie ? Est-ce que la famille croit cela ? Quand on est la famille on ne voit pas de la même façon.

La première des démarches est de discuter sur ce qu'est véritablement cet appareil, à quoi il sert, pourquoi il est mis, sa finalité.

Il est possible de dire qu'un tel appareil n'est pas posé pour maintenir le rythme cardiaque d'une personne en fin de vie.

Un tel appareil a pour fonction de stimuler le cœur d'une personne qui aurait un trouble du rythme et pas un ralentissement du fait d'une commande cérébrale défaillante prémortem.

Faut-il le comparer à d'autres appareils de soutien : le respirateur, une perfusion, des traitements vasopresseurs, une transfusion de sang pour pouvoir mieux discerner la réponse ?

La seconde est de rappeler quel était le pronostic réel de cette femme. Une hémorragie massive chez une personne de cet âge ne permet pas d'espérer une survie et le décès est proche dans les jours ou semaines à venir. La personne peut être déclarée en soins palliatifs, même si ici on ne le dit pas.

Quelle était la souffrance psychologique de la patiente ? N'étant pas consciente, il est impossible de préjuger de son état psychique. Entendait-elle ce qu'on lui disait, ressentait-elle une angoisse ? Sans la mettre hors du champ de la réponse, il n'est pas possible ici de prendre en considération un quelconque vœu de sa part, même si elle retrouvait quelques formes de conscience pendant quelques minutes ou heures. N'a-t-elle pas donné son avis sur une éventuelle situation analogue, avant sa maladie aiguë ? Il ne semble pas qu'elle ait parlé d'une telle situation.

– **Aspects Juridiques**

On voit ici que la fille se tranche derrière le droit « on n'a pas le droit ! » dit-elle. Peut-être faut-il demander de quel droit elle parle ?

Peut-on dire qu'on n'a pas le droit ? L'utilisation d'un stimulateur est bien précise. Arrêter le stimulateur alors qu'il n'aurait plus de fonction si ce n'est de lui octroyer une augmentation des désagréments (c'est-à-dire avoir un cœur qui continue à être stimulé alors que le cerveau, la commande centrale, lui impose de s'arrêter) ne semble en soi pas très éthique.

Il est vrai que nous disposons en France de la loi du 4 mars 2002 qui demande à avoir un consentement libre et éclairé ? Par la personne malade mais aussi par son entourage afin de mieux délibérer. Qu'avait-il été dit à cette femme lors d'une hospitalisation précédente, avait-elle pu définir une personne de confiance, qui était-elle ? Est-ce son mari, un de ses enfants ?

Certes la situation a été brutale et non imaginable et les directives anticipées dans cette situation ne peuvent pas avoir été pensées. Car personne ne pouvait penser à l'hémorragie cérébrale chez cette personne. Ce n'est pas en général l'évolution d'une maladie chronique en soi. Cela montre qu'il y a de nombreuses situations brutales qu'on ne peut pas anticiper.

Qui doit décider dans une telle situation ? La loi du 5 avril 2005 (dite Leonetti) souligne qu'après avoir pris l'avis de toutes les personnes de l'équipe, de la famille, de la personne de confiance, d'une directive anticipée, d'un médecin expert hors service, le médecin impliqué comme référent de la personne prendra la décision ultime. Ni autonomie, ni hétéronomie, ni paternalisme, mais konomie[5].

– **Économique**

Il est évident que dans la nouvelle prise en charge des patients, l'impact de la tarification à l'activité est fort. Car comment demander au médecin de penser à être rentable (c'est-à-dire d'ajuster son activité à l'efficience financière de sa pratique) et de surtout ne pas y penser quand il prend un malade en charge avec toutes ces questions difficiles. La situation rend schizophrène le praticien et l'équipe. Il y a des conflits majeurs entre toutes ces obligations.

– **Anthropologiquement**

Qu'est-ce que la nature de l'homme ?

Sommes-nous tous mortels ? Telle est la question. Si oui, qu'est-ce que la mort et comment l'aborder ? De ce fait jusqu'où peut-on aller dans la médicalisation pour ne pas être inhumain, déshumanisant ?

Qu'est-ce que la vie si ce n'est relations, si ce n'est un développement permanent ?

Comment fait-on de la relation quand on est inconscient, quand on est en réanimation ?

– **Philosophie**

La vie, est-elle sacrée et si oui pourquoi ? La vie est-elle d'autant plus sacrée qu'elle est longue ?

Qu'est-ce que le principe de dignité pour chacun des protagonistes dans la situation ? Au-delà de leur propre définition de la dignité.

– **Théologique**

La vie est sacrée pour les personnes confessant une foi. Les religions sont pour la vie. Mais est-ce la vie dans n'importe quelles conditions ? La mort n'est-elle pas acceptée voire acceptable dans leurs perspectives ?

Cela n'aide t-il pas à prendre une décision respectueuse des uns et des autres ?

5 La konomie est le *Je* qui dit « Je prends telle ou telle décision en pleine responsabilité et moi seul la prendra parce que *Je* assume totalement cette interdépendance et les conséquences de son *Je* sur tous ceux qui l'entourent. Cette décision peut alors prendre sens pour lui et tout l'entourage. Définition du concept explicité in de Broca A, *Comnent penser l'Homme*, Éd. de l'Atelier, Paris,2009 et de Broca A., De l'autonomie au principe de konomie, *Éthique & Santé*, Elsevier-Masson, 2007 ; 4 : 69-73.

Troisième temps : prendre une décision

La question peut donc être reprise ainsi :

– l'arrêt du stimulateur n'entraînera pas le décès de la patiente. Il peut gêner le décès en cas de stimulation intempestive au décours d'une commande cérébrale d'arrêt cardiaque ;

– la personne est ce jour inconsciente. Elle n'est pas autonome au sens juridique du terme. Elle n'a pas donné de directive anticipée ni présentée auparavant une personne de confiance. Il n'y a pas d'élément juridique qui donne une réponse à la question. La digité de la personne est d'être respectée dans son évolution physiologique, qui est malheureusement un décès dans les quelques jours, sans espoir de stabilisation ou de guérison, sauf « miracle » ;

– on peut s'aider pour la prise de décision des autres principes procéduraux : ne pas mal faire, tenter de bien faire, principe de bénéfices/risques, et justice (équité et tenter de proposer une attitude cohérente aussi pour que cela ne soit pas au détriment d'autres malades) ;

– la discussion relève donc d'une sagesse entre la famille et l'équipe médicale en reprenant ces trois principes sus-cités ;

– l'arrêt du stimulateur ne gênera en rien la prise ne charge de la fin de vie de cette malade.

Quatrième temps : évaluation

Il y a deux niveaux d'évaluation :

– la première consiste à savoir si tous les éléments ont pu être discutés, explicités au mieux en équipe et avec la famille ; si, ensuite, la décision a été conforme à cette konomie, c'est-à-dire à un respect de tous les partenaires impliqués dans la discussion. Enfin si l'application de la décision a été réalisée comme il le faut (techniquement parlant) ;

– le deuxième niveau est de savoir si chaque personne peut se sentir (même lors ou malgré le décès de la personne) rassurée dans l'humanité partagée, peut se sentir renforcée dans la confiance en soi et en les autres afin que la vie de demain soit construite sur davantage de confiance que sur davantage de reproches ou de craintes. C'est l'évaluation de la confiance résultante.

Elsevier Masson S.A.S
62, rue Camille-Desmoulins, 92442 Issy-les-Moulineaux Cedex
Dépôt Légal : septembre 2010

Mise en page : Nord Compo

Achevé d'imprimer par Printer Trento
en juillet 2011
Imprimé en Italie

470965-(II)-(5)-CSB-L-100°